Hans-Joachim Röll

U 997
Geleitzugschlachten im Eismeer

Hans-Joachim Röll

U 997
Geleitzugschlachten im Eismeer

Mit Ritterkreuzträger
Hans Lehmann
auf Feindfahrt vor Murmansk

FLECHSIG

Umwelthinweis:
Dieses Buch und der Umschlag wurden auf chlorfrei gebleichtem Papier gedruckt.
Die Einschrumpffolie – zum Schutz vor Verschmutzung – ist aus umweltverträglichem und recyclingfähigem PE-Material.

3. Auflage 2022

Flechsig Verlag
Internet: www.flechsigmedien.de
Einbandgestaltung: Silberwald Agentur für visuelle Kommunikation, Würzburg
Gesamtherstellung: VDM Heinz Nickel, Zweibrücken
ISBN 978-3-8035-0026-7

Inhalt

Vorwort

Dieses Buch erzählt die Geschichte eines deutschen Unterseeboots im Zweiten Weltkrieg in den Jahren von 1943 bis 1945. U 997, von seiner Besatzung auch der „Rote Renner“ genannt, gehörte unter den deutschen U-Booten, die im Nordmeer eingesetzt waren, sicher zu den bekanntesten. Unter Oberleutnant zur See der Reserve Hans Lehmann absolvierte U 997 in den Jahren 1944 und 1945 sieben Feindfahrten in der Barentssee, von Jan Mayen bis vor Murmansk.

Die schwierigen Bedingungen, die im Eismeer, im hohen Norden herrschten, mussten von den Männern auf den dort operierenden U-Booten irgendwie ertragen werden. Nur mit bedingungsloser Disziplin und eiserner Willenskraft konnten die Besatzungen gegen die menschenfeindliche Natur und einen übermächtigen Gegner bestehen.

Die militärischen Ziele der deutschen U-Boote waren die alliierten Geleitzüge, die zumeist von Schottland aus durch das nördliche Eismeer in den russischen Hafen Murmansk liefen. Sowjetische Zubringerkonvois brachten im eisfreien Sommer die Handelsschiffe dann weiter nach Archangelsk und Molotowsk. Die Frachter beförderten Waffen aller Art, Sprengstoff und Munition, Lastkraftwagen, Jeeps, Panzer, Flugzeuge, Benzin, Nahrungsmittel und Medikamente.

Die gefährlichsten militärischen Feinde der U-Boote kamen aus der Luft und sorgten unablässig für tödliche Gefahr: Alliierte Jäger starteten von Geleitträgern, die die Konvois begleiteten. Schwere viermotorige Bomber aus Nordschottland operierten im südlichen Teil des Nordmeeres. Und sowjetische Flugzeuge, von den Flugfeldern Kareliens und den Basen der roten Nordmeerflotte startend, kämpften ab Winter 1944/45 immer verbissener gegen die Unterseeboote.

Obwohl die Frachter von Kriegsschiffen und Flugzeugen gesichert wurden und die deutschen U-Boote in den Jahren 1944 und 1945 den Alliierten zahlenmäßig weit unterlegen waren, gelangen manchen U-Boot-Kommandanten noch bemerkenswerte Erfolge. Zu diesen Erfolgreichen gehörte Hans Lehmann, dem kurz vor Kriegsende für seine beeindruckenden Leistungen noch das Ritterkreuz zum Eisernen Kreuz verliehen wurde.

Die natürlichen Feinde der U-Boote im Eismeer waren Eis, Nebel, Schneesturm und die unbezähmbare, tosende See. Der Nebel bedeckte vor allem im Sommer und Winter weite Gebiete der Barentssee. Nördliche Winde brachten kalte Luft aus der Eisregion über das verhältnismaßig warme Wasser des Golfstroms und verursachten damit schwere Stürme, Schneetreiben und Vereisung – all das behinderte die U-Boote auf der Suche nach den Geleitzügen stark. Wie jede andere U-Boot-Besatzung zur damaligen Zeit, waren auch die Männer von U 997 durchdrungen vom Geist der

Kameradschaft. An Bord von U 997 wusste jeder, vom Kommandanten bis zum Matrosen, dass er sich auf den anderen auch in kritischsten Situationen verlassen konnte.

Das vorliegende Buch will kein Heldenepos sein, das glorreiche Siege darstellt – die gab es im geschilderten Zeitraum sowieso nicht mehr – , vielmehr soll das Leben der Männer von U 997 aus ihrer Sicht und der ihres Kriegstagebuches erzählt werden.

Bei der Recherche zu diesem Buch konnte auf persönliche Aufzeichnungen und Erinnerungen einzelner U-Boot-Männer zurückgegriffen werden, als Hauptquelle aber diente das Kriegstagebuch von U 997, das über sieben Feindfahrten berichtet und Daten und Fakten akribisch genau aufführt. Aber auch das Kriegstagebuch des Führers der Unterseeboote (F.d.U.) Norwegen – bzw. Nordmeer, wie er später hieß – mit den Aufzeichnungen von Fregattenkapitän Reinhard Suhren wurde ausgewertet.

Wichtige Informationen konnten auch den Berichten des Leitenden Ingenieurs Klaus-Ulrich Sadewasser über die sieben Unternehmungen von U 997, die er in der Gefangenschaft aufschrieb, entnommen werden. Zudem wurden durch die Korrespondenz mit noch lebenden ehemaligen Besatzungsmitgliedern oder deren Angehörigen vorhandene Lücken geschlossen.

Hierfür und für die Zurverfügungstellung des beeindruckenden Bildmaterials möchte ich mich besonders bedanken bei Linda Appel (Otto Gerecht), Ina Chinnow, Irma Eisenmenger, Wolfgang Gindorf, Erika Goldbeck, Herbert Kistenmacher, Irma Kleihauer (Heinz Sannemann), Anna Krause, Renate Kuhlmann (Wilhelm Rützler), Heinz Lange, Edith Lehmann (†), Dorothea Maiwald, Thekla Müller, Margot Preuß-Skibb, Horst Puder, Klaus-Ulrich Sadewasser, Theo Schabmüller (Franz Xaver Buchner), Käthe Scheurer, Gerda Sollmann, Walter Tegtmeier, Else und Roswitha Trösken, Wolfgang Wedel (Paul Wedel) und Diether Wolffram.

Besonders bedanken möchte ich mich bei Herrn Vinzenz Koller, der mit nimmermüdem Einsatz die Enstehung des Buches „U 997 – Geleitzugschlachten im Eismeer“ tatkräftig unterstützte, ja eigentlich erst ermöglichte. Er steuerte nicht nur wertvolles Quellenmaterial bei, sondern auch den größten Teil der Fotos. Ebenfalls gedankt – vor allem für das hervorragende Bildmaterial – sei Horst Bredow, dem Begründer und Leiter der Stiftung „Deutsches U-Boot-Museum“ in Cuxhaven-Altenbruch, der mir mit fachlicher Beratung und großer Kompetenz zur Seite stand. Schließlich sei auch Thomas Weis vom Institut für Zeitgeschichte, Stuttgart, und Thomas Wende von der U-Boot-Kameradschaft, Dresden, ein herzlicher Dank gesagt.

Hans-Joachim Röll

Würzburg, im Mai 2012

Kapitel 1: Erste Unternehmung zwischen Bäreninsel und Jan Mayen

U 997 wurde in den Jahren 1942 und 1943 auf der Werft Blohm & Voss in Hamburg gebaut, also zu der Zeit, in der die Stadt den schrecklichen alliierten Luftangriffen während der Operation Gomorrha ausgesetzt war, die Hamburg fast völlig zerstörten. Die Angriffe der Royal Air Force Ende Juli 1943 brachten zum ersten Mal den Serienbau von U-Booten bei Blohm & Voss aus dem Tritt. Dabei machten sich weniger die unmittelbaren Einwirkungen durch Bombentreffer auf die Werft bemerkbar, als vielmehr der Arbeitsausfall durch das Ausbleiben der getöteten oder geflüchteten Arbeiter. Viele der am Bau von U 997 Beteiligten verloren ihr Leben, Angehörige und ihr Zuhause. Die Angriffe führten dazu, dass Blohm & Voss mehrere Monate lang nur noch etwa die Hälfte der geplanten Stückzahlen an U-Booten bauen konnte.

Trotz dieser widrigen Umstände lief U 997 am 18. August 1943 pünktlich vom Stapel. Bereits seit Juni 1943 war der Großteil der Besatzung in Hamburg eingetroffen, wo das Maschinenpersonal und die Seeleute der 8. Kriegsschiffbau-Lehrabteilung (K.L.A.) in Hamburg-Reiherstieg und deren Kommandeur, Fregattenkapitän (Ing.) Fritz Albrecht, unterstellt wurden. Die Besatzung von U 997 wurde der 1. Baulehrkompanie zugeteilt und wohnte anfangs auf dem Wohnschiff „Hein Godenwind", das der 8. K.L.A. als Wohn- und Büroschiff diente. Als die „Hein Godenwind" am 20. Juli 1943 nach einem Fliegerbombentreffer ausbrannte, wurde die Besatzung im Bunker der Hamburger Howaldtswerft einquartiert. Während der Bauzeit des Bootes wurden immer wieder einzelne Besatzungsmitglieder oder auch kleinere Gruppen zu Speziallehrgängen geschickt, um sie mit neuesten Entwicklungen auf verschiedensten Fachgebieten vertraut zu machen. Nach dem Stapellauf erfolgte im Eiltempo der Endausbau und die Ausrüstung in der Werft.

23. September 1943: Endlich war es soweit! Punkt 11.00 Uhr übergab Fregattenkapitän Fritz Albrecht U 997 während einer feierlichen Zeremonie an den Kommandanten, Oberleutnant zur See der Reserve Hans Lehmann. Dessen kurze Ansprache und sein Befehl „Heiß Flagge und Wimpel" beendete die offizielle Indienststellung des U-Boots, das der 5. U-Flottille in Kiel unter dem Kommando des Ritterkreuzträgers Korvettenkapitän Karl-Heinz Moehle zugeteilt war. Anschließend trafen sich Besatzung und Werftangehörige zu einer schlichten, aber dennoch fröhlichen Feier.

An den folgenden Tagen vervollständigten die U-Boot-Männer ihre Ausrüstung und warteten die hochwertigen Maschinen und Apparaturen, aber auch die ersten Erprobungen in der Werft und auf der Elbe fanden statt.

Am 26. September 1943 erfolgte die Überführungsfahrt durch den Kaiser-Wilhelm-Kanal – heute Nord-Ostsee-Kanal – nach Kiel. Bis zum 10. Oktober unterstand U 997 dem dortigen U-Boot-Abnahmekommando (U.A.K.). Hier wurde das Boot Tag für Tag in der westlichen Ostsee getestet. Höhepunkt dieser Testreihen waren Anfang Oktober 1943 die Abhorchversuche vor Sønderborg/Dänemark.

Am 10. Oktober verlegte U 997 über Warnemünde nach Swinemünde zur Flak-Schule. Fünf Tage lang dauerte hier die Ausbildung an der 2-cm-Fla-Waffe, in dieser Zeit sollten die U-Boot-Männer den Kampf gegen Flugzeuge und das Flak-Seezielschießen erlernen. Anschließend ging es weiter nach Danzig, wo U 997 der Zweigstelle des U-Boot-Abnahmekommandos (U.A.K.) unterstellt wurde. In der Danziger Bucht fanden auch der erste Tieftauchversuch auf 90 Meter und die Meilenfahrt mit einer Höchstgeschwindigkeit von 18,02 Seemeilen statt.

Am 23. Oktober lief das Boot nach Hela, wo es in die Agru-Front (Technische Ausbildungsgruppe für Front-U-Boote) eingereiht wurde. Während der Ausbildung bei der Agru-Front sollte die Besatzung lernen, das Boot auch in extremen Gefahrensituationen zu beherrschen. Fronterfahrene U-Boot-Offiziere führten Alarmtauchübungen durch, Ausfälle und Störungen jeder Art wurden während Über- und Unterwasserfahrt simuliert und mussten behoben werden.

Nach Abschluss dieser Übungen wurden auf dem Boot einen Monat lang Leitende Ingenieure ausgebildet. Der Instruktor der LI-Schüler war Kapitänleutnant (Ing.) Oskar Fromm. In dieser Zeit stieß auch Oberleutnant zur See Ingolf Windschügl als zusätzlicher Wachoffizier zur Besatzung von U 997.

Zur Durchführung von Funk- und Strahlungsversuchen verlegte das Boot am 28. November nach Stolpmünde, wo es beim Nachrichtenmittel-Erprobungskommando (N.E.K.) verschiedenen Tests unterzogen wurde.

Am 6. Dezember ging es zurück nach Hela zur Agru-Front. Nach drei weiteren mehrtägigen Einzelausbildungen erhielt das Boot Mitte Dezember 1943 das von der Besatzung schon lange erwartete Gütesiegel: „Frontreif".

Ab dem 18. Dezember begann eine vierzehntägige vortaktische Übung bei der 20. U-Flottille in Pillau/Ostpreußen, die die Besatzung aufgrund ihres vorher erworbenen hohen Ausbildungsstands ohne große Anstrengungen absolvierte.

In der Nacht zum 3. Januar 1944 verlegte U 997 von Pillau nach Gotenhafen, wo bis zum 8. Januar 1944 in der dortigen Werft einige kleinere Reparaturen durchgeführt wurden. Auf der Fahrt nach Gotenhafen bekam die Besatzung zum ersten Mal die Widrigkeiten eines Seesturms zu spüren: Die Marks-Rettungsboje ging über Bord und verloren.

Vom 9. bis 11. Januar überprüfte das Torpedo-Erprobungskommando (T.E.K.), Gotenhafen, die Torpedoarmierung des Bootes. Anschließend fuhr U 997 nach Pillau zurück, wo es der 26. U-Flottille, der so genannten Torpedo-Schießflottille für U-Boote, zu Schießübungen unterstellt wurde. Die Tage vom 14. bis 29. Januar 1944 verlangten der Besatzung alles ab, aber auch diese schwierigen Übungen meisterten die Männer mit Bravour. Bei Tag- und Nachtangriffen auf Zielschiffe, die zum Teil im Konvoi fuhren, konnten bemerkenswert gute Schussergebnisse erzielt werden.

Vom 2. bis 11. Februar begannen die taktischen Übungen bei der 27. U-Flottille in Gotenhafen. Korvettenkapitän Erich Topp, der ehemalige, durch seine Verwegenheit berühmte Kommandant von U 552, dem „Roten Teufelsboot“, führte die Flottille und schonte während der kriegsmäßigen Manöver weder Mensch noch Material. Mit eiserner Disziplin mussten sich die angehenden Front-U-Boote, deren Kommandanten und Besatzungen durch die Übungen „beißen“. Während der Manöver operierten mehrere U-Boote gleichzeitig auf einen von Überwasserstreitkräften und Flugzeugen gesicherten Geleitzug. Im Operationsgebiet in der mittleren Ostsee, zwischen Bornholm und Memel, mussten die Boote den Konvoi suchen und bekämpfen. Unbeeindruckt von der Größe des Seegebiets, Kälte, Nässe, hohem Seegang oder Nebel hatten die Männer, für die es nun keine Pausen mehr gab, ihre Aufgaben zu erfüllen. Der Höhepunkt jeder Übung war die Schlussbesprechung. Auf dem U-Boot-Begleitschiff „Saar“ trafen sich die Kommandanten mit dem Flottillenchef, der die Leistungen schonungslos kritisierte und manchen Kommandanten zur Wiederholung des Manövers verdonnerte.

Hans Lehmann musste nicht wiederholen, er erhielt eine hervorragende Beurteilung. Auch die Funker konnten sich über ihre guten Zensuren freuen, obwohl nur Wolfgang Gindorf längere Erfahrung hatte, alle anderen kamen direkt von der Nachrichtenschule und waren ohne jegliche Praxis. Zu Recht waren alle stolz auf ihre Leistungen. Bereits bei den ersten Lehrgängen hatten die Besatzungsmitglieder gemerkt, dass sie mit Hans Lehmann einen erfahrenen, mit allen Salzwassern gewaschenen Kommandanten hatten, der trotz seines jungen Alters von 28 Jahren von Vorgesetzten und Offizierskameraden als gewiefter Seebär und großes Schlitzohr bezeichnet wurde.

Nach Abschluss der Manöver bei der 27. U-Flottille wurde U 997 zur 22. U-Flottille, die – geführt vom damals legendären Wolfgang Lüth – ebenfalls in Gotenhafen stationiert war, befohlen. Die 22. U-Flottille war mit neuen Front-Booten aufgefüllt worden und sollte möglichst bald zum Einsatz kommen. Der Grund für die Eile war der drohende Durchbruch der Roten Armee an der Narva-Front. Hastig wurde auch U 997 mit Proviant und Torpedos ausgerüstet und zum Einsatz frei gegeben. Nach zehn Tagen beruhigte sich die Lage im Nordabschnitt der Ostfront allerdings, und das Boot musste Lebensmittel und Aale wieder abgeben.

Nun wurde U 997 in die Werft Deutsche Werke, Gotenhafen befohlen. Schon während der Übungen bei der Agru-Front war ein Riss im Tauchbunker 2i bemerkt worden, der inzwischen so groß war, dass das Boot täglich drei bis vier Tonnen Wasser aufnahm, die immer wieder abgepumpt werden mussten. Dieser Schaden wurde in Gotenhafen behoben, dann ging es zu weiteren Arbeiten nach Hamburg zu Blohm & Voss.

Die Liegezeit dort dauerte vom 28. Februar bis 4. April 1944. In mehreren Törns durfte die Besatzung endlich in den verdienten Urlaub fahren. Der Zusatz-WO Ingolf Windschügl hatte ebenfalls das Boot verlassen, allerdings nicht um in Urlaub zu fahren. Er war schon Anfang März 1944 als I. Wachoffizier auf U 390 kommandiert worden. Der freundliche und immer hilfsbereite Offizier fand am 5. Juli 1944 in der Seinebucht den Tod, als U 390 von dem britischen Zerstörer „Wanderer" und der britischen Fregatte „Tavy" durch Hedgehog-Wasserbomben versenkt wurde. Als Ersatz für ihn war bereits im Januar 1944 Leutnant zur See Norbert Köhler als Wachoffiziersschüler zu den Männern von U 997 gestoßen.

Nach dem Werftaufenthalt verlegte U 997 zunächst nach Kiel und dann – ausgestattet mit einer neuen Fliegerabwehrarmierung – zur Flak-Schule nach Swinemünde. An eine fünftägige Schulung schlossen sich noch einmal kleinere Überholungsarbeiten bei der Germania-Werft in Kiel an. In diesen Tagen verließ Leutnant zur See Norbert Köhler U 997, er wurde nach weiteren Lehrgängen im Juli 1944 als Wachoffizier auf das neue Elektroboot vom Typ XXI, U 2502, kommandiert.

Dann war es soweit: U 997 wurde endlich für seine erste Feindfahrt ausgerüstet. Am Nachmittag des 24. April wurde der Schlusstrimmversuch durchgeführt und das Boot vom Chef der 5. U-Flottille, Korvettenkapitän Karl-Heinz Moehle, und dem Flottilleningenieur, Kapitänleutnant (Ing.) Erich Zürn, endgültig abgenommen. Nach der Verabschiedung durch die Flottille legte U 997 noch am gleichen Abend ab und durchquerte mit langsamer Fahrt die Kieler Förde bis Kiel-Feuerschiff, wo noch einmal der Anker fiel.

Am nächsten Morgen zogen Regenwolken über die Kieler Förde, die den Himmel dunkelgrau färbten. Die diesige Luft beschränkte die Sicht auf nur wenige 100 Meter. Es war der 25. April 1944, und U 997 ankerte nun schon seit Stunden vor Kiel-Feuerschiff. Neben dem Boot waren die Umrisse zweier weiterer U-Boote zu sehen, die ebenfalls auf ihren Auslaufbefehl nach Norwegen warteten.

Aus dem Bootsinneren hastete plötzlich eine hagere Gestalt die Leiter zur Brücke empor, zwängte sich durch das Turmluk und rief aufgeregt:

„Herr Kaleu[1], Herr Kaleu, der Auslaufbefehl ist da!"

Ruhig drehte sich Oberleutnant zur See Hans Lehmann in die Richtung der Stimme und blickte in das hochrote Gesicht des Funkmaats:

„Na endlich, Gindorf, jetzt kann's losgehen!"

Der Funkmaat wollte dem Kommandanten einen Zettel reichen, doch der winkte ab: „Lesen Sie vor, Gindorf."

„Auslaufen 25. April 1944, um 08.00 Uhr. Ab Punkt Knospe im Rottenmarsch zusammen mit Niethmann (U 476) und Köhntopp (U 995) nach Kristiansand-Süd, anschließend Weitermarsch nach Egersund als Bereitschaftsboote", es spru-

1 Nach Aussagen ehemaliger U-Boot-Fahrer wurde auch ein Oberleutnant zur See, wie Hans Lehmann, der Kommandant eines U-Bootes war, mit „Kaleu" angesprochen.

Oberleutnant zur See der Reserve Hans Lehmann
im Jahre 1943 als Kommandant von U 997.

Fregattenkapitän (Ing.) Fritz Albrecht, der Kommandeur der 8. Kriegsschiffbaulehrabteilung (K.L.A.), beglückwünscht Hans Lehmann am 23. September 1943 zur Indienststellung von U 997.

Feierliche Indienststellung von U 997 am 23. September 1943 bei Blohm & Voss in Hamburg.

Hans Lehmann der Kommandant von U 997 am Tag der Indienststellung seines U-Bootes.

Leutnant (Ing.) Klaus-Ulrich Sadewasser der Leitende Ingenieur von U 997 am Tag der Indienststellung.

Leutnant zur See Gerhard Nösel der I. Wachoffizier von U 997 am Tag der Indienststellung.

Oberfähnrich zur See Walter-Erich Friederichs der II. Wachoffizier von U 997 am Tag der Indienststellung.

V.l.n.r.: Maschinenobergefreiter Schneider, Maschinengefreiter Schmengler, LI Sadewasser, Obermaschinenmaat Trogbacher, Maschinenobergefreiter Schrader, Maschinenobergefreiter Schüsselbauer, Diesel-Obermaschinist Kistenmacher am Tag der Indienststellung von U 997.

V.l.n.r.: Maschinenobergefreiter Schneider, Maschinenobergefreiter Schüsselbauer, LI Sadewasser, Maschinenmaat Puder, Diesel-Obermaschinist Kistenmacher, Maschinenmaat Kiener, Maschinengefreiter Gerecht und Maschinenobergefreiter Rützler.

V.l.n.r.: Oberfunkmaat Gindorf, Maschinenmaat Herfert, Obermaschinenmaat Hoffmann, Bootsmaat Goldberg, Obermaschinenmaat Trogbacher, unbekannt, Mechanikermaat Czublinski, Maschinenmaat Horst Puder, Maschinenmaat Kiener und Bootsmaat Zich.

V.l.n.r.: Maschinengefreiter Scheurer, Maschinengefreiter Müller, Maschinengefreiter Sannemann, LI Klaus-Ulrich Sadewasser, Obermaschinenmaat Hoffmann, Maschinenmaat Herfert und E-Obermaschinist Jimmy Barkowski.

V.l.n.r.: Obersteuermann Schwab, E-Obermaschinist Jimmy Barkowski und Diesel-Obermaschinist Herbert Kistenmacher.

Vordere Reihe v.l.n.r.: Naefe – Schneider – Eisenhardt – Schneidereit – Schrader – Rützler – Klammer
Hintere Reihe v.l.n.r.: Wedel – Ludwig – Medler – Maiwald – Igl – Schmengler – Scheurer – Schneemann – Müller – Schlüsselbauer – Sannemann – Schmitz – Chinnow – unbekannt – Gerecht.

V.l.n.r.: Maschinenmaat Horst Puder, Oberfunkmaat Wolfgang Gindorf und Maschienenmaaat Kiener.

V.l.n.r.: Maschinenobergefreiter Willi Rützler, Matrosenobergefreiter Fritz Klammer und Matrosenhauptgefreiter Willi Schneidereit.

Das Gruppenfoto zeigt einen Teil der Besatzung von U 997 am Tag der Indienststellung.

Die Besatzung von U 997 am 23. September 1943, dem Tage der Indienststellung des U-Bootes.

Feierlichkeiten zur Indienststellung von U 997: 1. von links: Helmut Franke (LI von U 678), 2. von links: Jürgen Jürgensen (LI von U 998), 1. von rechts: Walter-Erich Friederichs (II WO von U 997), 4. von rechts: Oberleutnant Hans Lehmann (Kommandant von U 997).

V.l.n.r.: Jimmy Barkowski (E-Obermaschinist), Herbert Kistenmacher (Diesel-Obermaschinist) und Walter Schwab (Obersteuermann).

Feierlichkeiten zur Indienststellung von U 997 am 23. September 1943 auf dem Wohnschiff „Veendam" im U-Stützpunkt Hamburg. Vorne links: Funker Vinzenz Koller, vorne rechts: Matrosengefreiter Fritz Klammer.

Feierlichkeiten zur Indienststellung von U 997 auf dem Wohnschiff „Veendam".

In den ersten Tagen der Ausbildung: Maschinenobergefreiter Ludwig Müller und rechts neben ihm Maschinenobergefreiter Bruno Scheurer.

V.l.n.r.: Ludwig Müller (E-Maschine), Hannes Schneider (Zentrale), Erich Schaller (Smutje), Heinz Sannemann (E-Maschine) und vor den Turm stehend: Matrose Igl (Zentrale).

U 997 noch mit Blumen geschmückt kurz vor Beginn der Ausbildung.

Frühstückspause auf U 1163 (Balduhn). Zwischen den Besatzungen von U 1163 und U 997 bestanden enge Freundschaftsbeziehungen. Bereits während der Ausbildungszeit in der Ostsee und später im Nordmeer waren die Besatzungen der beiden Boote oft zusammen.

Das Foto entstand während der Ausbildungszeit von U 997 und zeigt ein auslaufendes U-Boot.

Das Foto aufgenommen von U 997 zeigt den Porsangerfjord in Norwegen.

U 997 in Kristiansand-Süd in Norwegen am 27. April 1944.

Der Flekkefjord in Norwegen am 28. April 1944.

Funker Vinzenz Koller auf der Brücke von U 997 beim Luftschnappen.

Von links nach rechts: Matrosenobergefreiter Klockenmeier, Oberbootsmaat Medler und der Leitende Ingenieur Klaus-Ulrich Sadewasser im Hintergrund.

Sommer 1944: U 997 läuft in Narvik ein.

Reinhard Suhren (auf dem Foto noch als Eichenlaubträger), Träger des Eichenlaubs mit Schwertern zum Ritterkreuz des Eisernen Kreuzes. Seit 1. Juni 1944 im Rang eines Fregattenkapitäns war er Führer der Unterseeboote (F.d.U.) Norwegen bzw. Nordmeer.

delte geradezu aus Gindorf heraus. „Gut!“, erwiderte Lehmann kurz, sah auf seine Armbanduhr und wandte sich dann an seinen I WO, der lässig an der Brückenwand lehnte, „Einsatzbereitschaft herstellen, Nösel!“

Gerhard Nösel nickte eifrig und eilte zusammen mit dem Funkmaat in die Zentrale. Pünktlich um 08.00 Uhr legten die drei U-Boote ab. Die Führung lag beim Kommandanten von U 995, Walter Köhntopp, der den höchsten Rang hatte – er war bereits Kapitänleutnant.

Auf der Brücke von U 997 war die I. Wache aufgezogen. Jeder der vier Posten suchte mit seinem Doppelglas einen Sektor von 90 Grad ab. Zwar war in diesem Seegebiet nicht mit feindlichen Kriegsschiffen zu rechnen, aber vor gegnerischen Flugzeugen drohte immer Gefahr. Zudem wollte Lehmann die Einsatzbereitschaft und Konzentration seiner Männer hochhalten. Immer wieder forderte er die Brückenposten zu äußerster Wachsamkeit auf und schärfte ihnen ein, dass das Leben der Kameraden unten im Boot voll und ganz von ihrer Aufmerksamkeit abhängig sei.

Inzwischen war die U-Boot-Rotte von mehreren Geleitschiffen aufgenommen worden, die sie bis zum 26. April um 23.45 Uhr begleiteten. Dann war der Punkt Knospe erreicht, und U 476, U 995 und U 997 waren von nun an auf ihrem Weg nach Kristiansand auf sich allein gestellt. Kurz nach Mitternacht, am 27. April befahl Lehmann einen Tieftauchversuch auf 160 Meter. Dabei stellte sich heraus, dass durch die Verpackung des Flutklappengestänges Brennstoff ins Boot eindrang. Rasch wurden die Verschraubungen nachgezogen – der Schaden konnte mit Bordmitteln behoben werden.

Um 08.33 Uhr befahl der Kommandant aufzutauchen. U 997 stand nur noch wenige Seemeilen vor Kristiansand-Süd und steuerte mit langsamer Fahrt den sicheren Hafen an. Um 11.17 Uhr machte das Boot im Westhafen von Kristiansand-Süd bei den Mickelwerken längsseits von U 476 fest, um Brennstoff und Frischwasser zu übernehmen.

Am frühen Morgen des folgenden Tages legten U 476, U 995 und U 997 gemeinsam, geschützt von einem Geleit, ab. Die Fahrt führte in den Flekkefjord, der gegen 14.00 Uhr erreicht wurde. Für die Besatzung blieb zunächst ein Tag der Ruhe. Am 29. April, um 10.06 Uhr machten sich U 476 und U 997, gesichert von zwei U-Jägern, auf den Weg nach Egersund, wo um 13.53 Uhr an der Pier vor dem Haus des Hafenkapitäns festgemacht wurde. Hier erhielt Oberleutnant Lehmann die Weisung, dass sein Boot vorerst in Bereitschaft in Egersund bleiben sollte. Dem Kommandanten schmeckte diese Nachricht überhaupt nicht. Das Boot war vollständig ausgerüstet und einsatzbereit, die Mannschaft war motiviert, alle Voraussetzungen für einen sofortigen Fronteinsatz waren gegeben – und nun sollte man in Egersund versauern. Um die Einsatzbereitschaft der Besatzung weiter zu gewährleisten, setzte Lehmann täglich Übungen an, die die Männer, wenn auch manchmal murrend, zu seiner Zufriedenheit absolvierten. Die in Südnorwegen liegenden U-Boote waren mittlerweile zur Gruppe Mitte zusammengezogen worden, um gegen die vom Oberkommando der Wehrmacht erwartete Invasion der Westalliierten in Norwegen eingesetzt zu werden. Die Alliierten hatten in ostschottischen und ostenglischen Häfen starke Kräfteansammlungen vorgetäuscht, die freilich in Wirklichkeit überhaupt nicht existierten. Aber die deutsche Führung ging dem Manöver auf den Leim und fasste in Bergen, Stavanger, Egersund und Kristiansand 22 U-Boote als Gruppe Mitte zusammen. U 997 wurde in diesem Zusammenhang der 9. U-Flottille, die eigentlich in Brest stationiert war, zur Verfügung gestellt.

Zwei Wochen vergingen für die Männer von U 997 mit „Gammelei" im Hafen, wie es der Kommandant so schön nannte, dann tauchte am späten Abend des 15. Mai der Funkgefreite Koller bei Hans Lehmann mit der Abschrift eines Fernschreibens auf. Lehmann las die Zeilen ohne eine Miene zu verziehen.

Geheim! U 997, U 476 – 16.05., 06.00 Uhr Einfahrt Egersund stehen zur Geleitaufnahme nach Bergen durch „M-446". Vorpostenboot „NS-22" sichert U-Boote bis Eintreffen Sicherung. Admiral norwegische Westküste.

Die Untätigkeit wich plötzlich hektischer Betriebsamkeit an Bord von U 997. Innerhalb einer knappen halben Stunde meldete die Besatzung das Boot klar zum Auslaufen. Lehmann befahl die Freiwächter in die Kojen. Die Männer sollten sich ausruhen, bevor es am nächsten Morgen in aller Herrgottsfrühe losging.

Pünktlich um 05.15 Uhr, am 16. Mai 1944 legte U 997 zusammen mit U 476 ab. Am Fjordausgang erwartete sie bereits das Vorpostenboot, das zu ihrem Schutz abgestellt worden war. Um 06.30 Uhr wurden sie schließlich von einem nach Norden gehenden Geleit aufgenommen, in dem jetzt das Minensuchboot „M-446" den Flak-Schutz übernahm. Die Fahrt nach Bergen verlief ohne besondere Vorkommnisse. Um 17.15 Uhr wurde U 997 vom Geleit entlassen, eine halbe Stunde später war die Stadt schon erreicht.

Auch der folgende Tag verging mit hektischer Betriebsamkeit. Brennstoff, Proviant und Ausrüstung mussten für die erste Feindfahrt ergänzt werden. Am vorderen Torpedoluk arbeiteten die Mechaniker, die zwei G7a-Torpedos mit Aufschlagzünder gegen zwei G7e-Torpedos mit elektrischem Zünder eintauschten.

„Geht wohl ins Nordmeer, Herr Kaleu?", fragte der Leitende Ingenieur Ulrich Sadewasser auf der Brücke den Kommandanten und zog an seiner Zigarette.

Lächelnd wandte sich Lehmann seinem LI zu: „Sie haben die Ausrüstung für das Nordmeer ja fein erkannt, Sadewasser. Ich denke, dass es nicht mehr lange dauert, bis wir auslaufen."

„Na dann isses ja gut", grinste Sadewasser, „wird Zeit, dass endlich Schluss ist mit der

Gammelei." Der Leitende Ingenieur schnippte seine halb gerauchte Zigarette über die Turmbrüstung ins Hafenbecken, drehte sich um und verschwand leichtfüßig ins Bootsinnere. Bereits am nächsten Tag, dem 18. Mai 1944, erhielt Lehmann erneut die Abschrift eines Fernschreibens:

Verlegungsbefehl für U 344 (Pietsch), U 476 (Niethmann), U 394 (Borger), U 995 (Köhntopp) und U 997 (Lehmann).
1. *Auslaufen Bergen 18.05., abends nach Narvik-Skjomenfjord.*
2. *Bis 63 Grad Nord gemäß Befehl Nr. 13, anschließend mit hoher Marschfahrt. Küstenabstand ab Ansteuerungspunkt 60 Seemeilen.*
3. *Voraussichtliches Eintreffen Ansteuerungspunkt Vestfjord 24 Stunden, zusätzlich beim Passieren Punkt V 1 kurz melden.*
4. *Funkschaltung Anton.* *F.d.U. Norwegen/Admiral Nordmeer.*

Pünktlich um 19.00 Uhr legten U 394, U 476, U 995 und U 997 in Bergen ab. Etwa eine Stunde später wurden sie von einem Geleit – zwei U-Jägern – aufgenommen, das sie bis Hellesøy sicherte.

„Wir laufen gemäß Kursanweisung 278 Grad, 25 Seemeilen – und dann zum Ansteuerungspunkt vor Narvik", wies Lehmann den Obersteuermann, Walter Schwab, an. Der nickte kurz und machte sich dann über seine Seekarten her.

„Ich denke, dass die Führung die Boote auseinanderziehen will", murmelte Lehmann mehr zu sich selbst.

Die folgenden Stunden verliefen eintönig. Erst am 20. Mai, um 18.30 Uhr, U 997 passierte gerade im Überwassermarsch 63 Grad Nord, gab es zum ersten Mal Alarm:

„Fliiieger, 260 Grad, Entfernung 9.000, Höhe 100 Meter."

Lehmann nahm auf der Brücke sein Doppelglas an die Augen, er war eiskalt:

„Der hat uns nicht gesehen, Männer, keine Panik, wir sind im Dunst für ihn nicht auszumachen."

Gleich darauf kam aber aus dem Boot eine Meldung, die den Kommandanten irritierte. Das Naxosgerät, das Feindflugzeuge anhand der Ausstrahlungen ihrer Radargeräte aufspüren sollte, hatte keine Ortung gezeigt. Während auf der Brücke noch gegrübelt wurde, machte sich der vordere Backbordausguck bemerkbar.

„Flugboot null Grad, Entfernung 10.000, Höhe 100 Meter."

Lehmann hob eilig sein Glas und visierte die Maschine an, die allerdings schnell im Dunst verschwand, ohne das U-Boot bemerkt zu haben.

„Keine Gefahr für uns, der will heim nach Schottland", beruhigte der Kommandant. Doch schon eine Stunde später änderte sich die Lage dramatisch:

„Alarm, Flugboot in 330 Grad, Entfernung 10.000, Höhe 200 Meter."

Hastig riss Lehmann sein Fernglas an die Augen. Das Flugboot war bereits im Anflug, musste aber bei seinem Kurs am Boot vorbei stoßen. „Fla-Waffen besetzen. Nur auf mein Kommando schießen“, befahl Lehmann laut, nun doch hörbar erregt.

Im gleichen Moment raste die Maschine in nur wenigen 100 Metern Entfernung vor dem Bug des Bootes vorbei und verschwand kurz darauf im Dunst – die Brückenwächter waren starr vor Schreck.

„Eine ‚Sunderland‘, Herr Kaleu“, meldete der II. Wachoffizier, Leutnant zur See Friederichs.

„Ja, und sie scheint uns nicht bemerkt zu haben. Komisch eigentlich, so nah wie die war“, sinnierte Lehmann.

Wegen der offensichtlich starken Luftüberwachung des Seegebietes und des wahrscheinlichen Defekts des Naxosgeräts entschied sich der Kommandant, für die nächsten zweieinhalb Stunden unter Wasser zu bleiben. Erst gegen 22.00 Uhr tauchte U 997 wieder auf. Die Wolkenhöhe betrug mittlerweile nur noch 200 Meter. Zwar war es diesig, aber man konnte durch das fahle Licht der Mitternachtssonne über zehn Seemeilen weit sehen.

Noch war das Boot keine Stunde über Wasser, als aus dem Funkraum die Meldung kam, dass im Naxosgerät ein gleichmäßiges Rauschen und Kratzen, ähnlich wie bei atmosphärischen Störungen im Radio, zu hören war. Aber Lehmann hatte keine Zeit, sich mit dieser Nachricht zu beschäftigen, denn von der Brücke kam der Ruf:

„Alarm vor Flugboot in 40 Grad, Entfernung 8.000, Höhe 200 Meter.“

Der Kommandant eilte sofort nach oben, wo er eine Maschine im Anflug auf das Boot sah. Sie zog knapp unterhalb der Wolken dahin und konnte in wenigen Minuten, vielleicht zwei oder drei, U 997 angreifen. „Alarmtauchen!“

Das Brückenpersonal – eben noch gelähmt vor Schreck – stürzte polternd die schmale Leiter in die Zentrale hinab. Der Leitende Ingenieur und die Tiefenrudergänger waren bereits auf Gefechtsstation. Die Geräte zeigten dem LI Sadewasser an, dass U 997 tauchklar war. Nun musste der Auftrieb des über Wasser fahrenden U-Bootes möglichst schnell beseitigt werden.

„Alle Mann in den Bug!“, brüllte Sadewasser, während der Kommandant das Turmluk festdrehte.

Alle verfügbaren Männer der Freiwache stürmten nach vorne, um das Boot schneller vorlastig zu machen. In der Zentrale wurde hastig, aber exakt gearbeitet. Wasser strömte in die Tauchtanks, das laute Brüllen der Diesel wich dem leisen Summen der E-Maschinen. Im Boot wurde es nun still, nur das Rauschen der Luft, die aus den Untertriebszellen entwich, war zu hören. Wie ein riesiger Wal tauchte U 997 in die schützende Meerestiefe. Der Leitende Ingenieur fixierte gebannt die Lastigkeitswaage, danach den Tiefenmesser.

„15 Meter sind durch, 20 Meter“, hörte man Sadewassers sonore Stimme.

Lehmann schaute auf seine Armbanduhr. Zwei Minuten waren seit dem Tauchen vergangen. Die Feindmaschine musste die Luftblasen an der Tauchstelle von U 997 gesehen haben, dennoch blieb es eigenartig ruhig. Langsam begannen die Männer aufzuatmen.

Der Kommandant beschloss, zunächst eine Stunde unter Wasser abzuwarten. Erst um 00.05 Uhr, der 21. Mai war gerade angebrochen, ließ er wieder auftauchen. Eine halbe Stunde später meldete der Funkraum Geräusche der Lautstärke 2 aus dem Naxosgerät. Um kein Risiko einzugehen, ließ Lehmann sofort wieder tauchen.

Um 04.03 Uhr, also dreieinhalb Stunden später, kam das Boot wieder an die Wasseroberfläche, um seinen Marsch fortzusetzen. Doch der normale Betrieb auf U 997 währte nicht lange. Kurze Zeit später verstummten urplötzlich beide Dieselmotoren, und bevor Kommandant und Leitender Ingenieur fragen konnten, meldete sich der Obermaschinist Tegtmeier aus dem Dieselraum:

„Beide Diesel ausgefallen!"

Der Grund war rasch ermittelt: Wasser war in den Brennstoff gelangt. Kommandant und LI mussten nur kurz beratschlagen. Beide kamen zu dem Ergebnis, dass es das Beste sei zu tauchen, um den Schaden unter Wasser in Ruhe zu reparieren. Die Entscheidung war richtig, denn schon nach einer halben Stunde konnten die Diesel wieder einsatzklar gemeldet werden. U 997 tauchte wieder auf und lief weiter nach Narvik. Um 09.15 Uhr ließ Lehmann folgenden Funkspruch absetzen:

Stehe 24 Stunden vor Ansteuerungspunkt. U 997.

Das Boot setzte nun die Fahrt unter Wasser fort, um nicht zu früh am Ansteuerungspunkt V 1 einzutreffen. Gegen 06.00 Uhr, am 22. Mai war der Treffpunkt erreicht. U 997 tauchte wieder auf. Als das zugesagte Geleit nicht eintraf, befahl Lehmann nach einiger Zeit, aufgetaucht mit hoher Fahrt in Zick-Zack-Kursen in den Vestfjord einzulaufen. Am Abend gegen 22.00 Uhr machte das Boot längsseits des Werkstattschiffes „Kärnten" fest, wo die Männer sofort mit der Brennstoff- und Frischwasserergänzung begannen.

Schon am folgenden Tag, dem 23. Mai erhielt Oberleutnant zur See Lehmann vom F.d.U. Norwegen, Fregattenkapitän Reinhard Suhren, den Auslaufbefehl noch für den gleichen Tag. Das Boot sollte durch den Vestfjord marschieren und das Planquadrat AE 88 ansteuern. Um 18.30 Uhr legte U 997 ab. Nun sollte die erste Feindfahrt endlich beginnen. Um 23.20 Uhr meldete sich der F.d.U. über Funk:

U 997 ausläuft 24.05., früh, Vestfjord nach Planquadrat AB 8941. Boot tritt zur Gruppe Grimm. Gruppen Trutz und Grimm Abmarsch am 24. Mai, 24.00 Uhr nach Angriffsräume, Tiefe 20 Seemeilen. Hellwig (U 289) AB 4624, Bentzien (U 425) AB 4694, Schaar (U 957) AB 5742 und Vorpostenstreifen von AB 8126 bis 8941 in

Reihenfolge: Brasack (U 737), de Buhr (U 347), Franz (U 362), Büchler (U 387), Schwassmann (U 742), von Eickstedt (U 668) und Lehmann (U 997). F.d.U.

Lehmann studierte den Funkspruch eingehend und ging dann zum Kartentisch, an dem der Obersteuermann völlig unsoldatisch lümmelte.

„Wo sind wir jetzt, Schwab?"

„Ausgang Vestfjord", gab der Obersteuermann zurück.

Lehmann beugte sich über die Karte, und nach einiger Zeit deutete er auf einen Punkt.

„Planquadrat AB 8941, Obersteuermann, das ist unser erstes Ziel, danach geht es weiter ins Operationsgebiet."

Dann wandte sich der Kommandant in die Zentrale und befahl:

„Kurs 340 Grad, langsame Marschfahrt."

Der LI quittierte mit einem Nicken. Alles war gesagt. Lehmann machte auf dem Absatz kehrt und verschwand in seinem Kommandantenschapp.

Mittlerweile war die See rau geworden. Wasser schwappte durch das Turmluk ins Boot und ergoss sich unglücklicherweise über die Tauschtafeln für die Kenngruppen. Die Tafeln F, G, H und J wurden unleserlich. Da keine zweite Ausfertigung an Bord war, musste Lehmann das Malheur kleinlaut an den F.d.U. Norwegen melden.

Nur zwei Stunden nach Absetzen des Funkspruchs drückten feindliche Flieger das Boot mehrere Male unter Wasser. Offenbar hatte der Gegner den Funkspruch aufgefangen und mit der Suche nach U 997 begonnen. Es galt nun, zunächst absolute Funkstille zu halten und unter Wasser zu bleiben. Kurz nach Mitternacht, am 25. Mai erreichte das Boot den zugewiesenen Vorpostenstreifen. Wegen starken Regens und Schneetreibens war die Sicht fast bei null. Gegen 04.00 Uhr beschloss Lehmann:

„Tauchen zum Rundhorchen!"

Aber zu hören war ebenso wenig wie zu sehen. Und so sollte es auch die nächsten Tage bleiben. U 997 stand im befohlenen Gebiet tatenlos auf und ab. Erst am 27. Mai kam etwas Abwechslung in den trostlosen Tagesablauf. Die Brücke meldete ein deutsches U-Boot. Es stellte sich schnell heraus, dass es sich um U 668 unter dem Kommando von Oberleutnant zur See Wolfgang von Eickstedt handelte. Erkennungssignale wurden ausgetauscht, dann trennten sich beide Boote wieder.

Missmutig stieg Lehmann vom Turm in die Zentrale hinab und hangelte sich zum Kartentisch, an dem sich Obersteuermann Schwab gerade festkrallte, als das Boot von einer hohe Dünung hin und her geschüttelt wurde.

„Wie kann es möglich sein", schimpfte der Kommandant, „überall haben wir zu wenig Boote, und dann fahren sich zwei mitten im Nordmeer fast über den Haufen, die eigentlich im Abstand von 20 oder 30 Seemeilen voneinander operieren sollen." Der Obersteuermann zuckte nur mit den Schultern und schaute schuldbewusst auf die Seekarte. Lehmann wurde nun wirklich wütend: „Wie ist unsere Besteckversetzung, dalli Schwab?"

„Mindestens 14 Seemeilen", antwortete der Obersteuermann, „das miese Wetter lässt eben kein genaues Besteck zu, Herr Kaleu!"

Der Kommandant schlug mit der flachen Hand auf den Kartentisch, dass es nur so krachte.

„Verstehe, wenn Eickstedt nun auch eine Besteckversetzung von 14 Meilen hat, und die hat er sicher, dann karren wir hier nebeneinander her, und in der Zwischenzeit schlüpfen die Tommies und Amis und Russen bequem durch die so entstandenen Löcher!"

Wütend drehte sich Lehmann um und verschwand in seinem kleinen Schapp hinter dem dicken grünen Vorhang.

Am späten Abend des 28. Mai fing U 997 dann folgenden Funkspruch auf:

Gruppe Trutz und Grimm – Luftaufklärung gegen PQ Geleitzug ausgefallen. Erhöhte Aufmerksamkeit. F.d.U.

Auch dieser Funkspruch trug natürlich nicht dazu bei, die Laune des Kommandanten zu heben. Obwohl westlich der Lofoten gutes Wetter herrschte, war auch in den nächsten 30 Stunden nichts vom Feind zu sehen. Mittlerweile war der 30. Mai angebrochen, als Oberfunkmaat Gindorf gegen 05.00 Uhr dem Kommandanten einen mitgeschriebenen Funkspruch in die Hand drückte:

1. *von Eickstedt (U 668) für Lehmann sofort Abschriften von Tauschtafeln F, G, H, J herstellen, Kennwort „Mundung".*
2. *Treffen von Eickstedt – Lehmann zur Abgabe Tauschtafel, 30.05., 12.00 Uhr in AB 8833. Lehmann Kurzsignal „Nein" melden, falls bis 31.05., 12.00 nicht erhalten. F.d.U.*

Lehmann überflog kurz die Meldung, reichte sie dann dem neben ihm stehenden I WO und zwängte sich durch das Luk in die Zentrale

„Auf Sehrohrtiefe steuern, LI!"

Lehmann betrachtete durch das Periskop kurz die Gegend, dann ließ er auftauchen und den Treffpunkt mit U 668 ansteuern. Gegen Mittag des 30. Mai stand U 997 im verabredeten Planquadrat AB 8833. Da trotz verschiedener Suchkurse von U 668 nichts zu sehen war und wegen aufkommenden Nebels die Sicht immer schlechter wurde, befahl Lehmann kurz entschlossen zum Rundhorchen zu tauchen. Kaum unter Wasser, meldete sich schon der Funkgefreite Vinzenz Koller:

„U-Boot-Diesel, Lautstärke 2, rechtsweisend 160 Grad!"

„Auftauchen! AK, 160 Grad steuern", befahl Lehmann sofort. Irgendwo in der Nähe musste U 668 sein, aber zu sehen war das Kameradenboot nicht. Als nach einer halben Stunde der Nebel weiter zunahm, ließ Lehmann erneut tauchen.

„Auf 30 Meter gehen, LI", rief der Kommandant dem Leitenden Ingenieur zu, schlängelte sich katzengleich durch das Zentraleluk und baute sich vor dem Funkraum auf. „Keine Peilung, Herr Kaleu", meldete Koller mürrisch.

Es gab keine andere Wahl, als unter Wasser zu bleiben. Bei den vorherrschenden Wetterverhältnissen konnte U 668 eher gehorcht als gesichtet werden. So verging eine Stunde, dann eineinhalb, aber nichts war zu hören.

„Verdammt, verdammt, irgendwo muss doch dieser Eickstedt stecken – er müsste doch schon längst da sein", Lehmann wurde langsam nervös.

Plötzlich meldete Koller:

„Schwache Horchpeilung in rechtweisend 180 Grad, wird schnell lauter!"

Wenige Minuten später ließ Lehmann auftauchen. Über Wasser hatte sich der Nebel mittlerweile etwas gelichtet, die Sicht war besser geworden. Die Brückenwächter hatten sofort ihre Positionen bezogen und suchten ihre Sektoren ab. Auch Lehmann und der I WO Gerhard Nösel waren auf der Brücke und sahen angestrengt in Richtung einer Nebelwand, aus der sie U 668 erwarteten.

„Da ein Schatten, könnte ein deutsches U-Boot sein, Herr Kaleu", raunte plötzlich der I WO.

„Ja stimmt, Nösel", bestätigte Lehmann.

Langsam kroch U 668 aus dem Nebel, schon waren winkende Seeleute auf dessen Brücke schemenhaft zu erkennen, und Minuten später lagen beide Boote nebeneinander. Die Tauschtafeln wurden schnell übernommen, und nach einem kurzen Gespräch der beiden Kommandanten trennten sich die Boote wieder.

U 997 marschierte nun mit Höchstfahrt in Richtung des neuen Vorpostenstreifens, den der F.d.U. zwischenzeitlich per Funk befohlen hatte.

Kurz nach Mitternacht des 31. Mai fing U 997 einen Funkspruch von U 957 auf. Dessen Kommandant Gerd Schaar meldete einen Kriegsschiffverband, bestehend aus zwei Flugzeugträgern, einem Leichten Kreuzer und zwei Zerstörern in Planquadrat AB 4696, gleichzeitig aber auch, dass er die Fühlung verloren habe. Nur wenig später ließ der F.d.U. von sich hören:

De Buhr (U 347), Franz (U 362), Gruppe Grimm: sofort neuen Vorpostenstreifen besetzen von AB 6315 bis AB 6684. Höchstfahrt, alte Reihenfolge. F.d.U.

Mit äußerster Kraft lief U 997 in Richtung der neuen Position. Kaum hatte das Boot den befohlenen Kurs eingeschlagen, als Oberfunkmaat Gindorf abermals einen Zettel mit einem Funkspruch auf die Brücke brachte. Lehmann nahm ihn entgegen und begann laut zu lesen:

Neuen Vorpostenstreifen bilden von AB 3584 bis AB 6256. Reihenfolge de Buhr (U 347), Franz (U 362), Büchler (U 387), Schwassmann (U 742), von Eickstedt (U 668), Lehmann (U 997), Schweiger (U 313), Lange (U 711), Herrle (U 307), Zoller (U 315) als neue Gruppe Grimm. Höchstfahrt. F.d.U.

Obersteuermann Schwab berechnete den neuen Kurs, und kurz darauf lief das Boot mit 16,5 Knoten gegen die leichte See der zugewiesenen Position entgegen, die am späten Abend erreicht wurde. Dort, westlich der Bäreninsel, zog U 997 seine Bahnen durch die mittlerweile aufgewühlte See. Offiziell war das Boot seit dem 1. Juni der 13. U-Flottille in Trondheim unterstellt, aber davon erfuhr die Besatzung vorerst nichts. „Wir sind doch nichts anderes als ein Fliegenschiss auf dem riesigen Meer", schimpfte der achtere Brückenposten Leo Skibb und schaute angewidert in die endlose Weite der See, die völlig verlassen schien.

Gegen 19.00 Uhr, am 2. Juni 1944 kam ein neuer Funkspruch des F.d.U.:

Gruppe Grimm und Trutz: Abmarsch 02.06., 16.00 Uhr über Standlinie 1, AB 2818 bis AB 9117 nach Standlinie 2, AB 4673 bis 8836. Standlinie 1 am 03.06., 16.00 Uhr passieren, Standlinie 2 am 04.06., 16.00 Uhr erreichen.
Reihenfolge Gruppe Grimm: de Buhr (U 347), Franz (U 362), Büchler (U 387), Schwassmann (U 742), von Eickstedt (U 668), Lehmann (U 997), Schweiger (U 313), Lange (U 711), Herrle (U 307), Zoller (U 315).
Gruppe Trutz: Brasack (U 737), Bentzien (U 425), Schaar (U 957), Pietsch (U 344), Nees (U 363), Schreyer (U 987), Borger (U 394). F.d.U.

Mit langsamster Fahrt, so wie vorgeschrieben, und wechselnden Kursen steuerte U 997 die zugewiesenen Positionen an. Pünktlich wurde die Standlinie 1 passiert und zur befohlenen Zeit, um 16.00 Uhr am 4. Juni, erreichte das Boot die Standlinie 2. Schon folgte der nächste Funkspruch des F.d.U. Norwegen, der die Boote der Gruppen Grimm und Trutz auf dem Vorpostenstreifen von AB 4673 bis AB 8836 im Seegebiet nordostwärts von Jan Mayen, einer Insel nordöstlich von Island, stoppte. Doch auch diesmal blieb die See wie leergefegt, vom Feind war weit und breit nichts zu sehen, nicht einmal eines der gefürchteten Flugzeuge zeigte sich am Himmel – und das, obwohl gute Sicht herrschte und die See fast spiegelglatt war. Wo war der Feind?

Ein Funkspruch, der um die Mittagszeit des 6. Juni 1944 aufgefangen wurde, ließ den Kommandanten und seine Offiziere ratlos zurück:

1. Sofort Rückmarsch: de Buhr (U 347), Büchler (U 387), Bentzien (U 425), Franz (U 362), Schaar (U 957), Brasack (U 737), Schwassmann (U 742) nach Narvik-Andfjord. Höchstfahrt. Nach Ergänzung sofort Bereitschaft.

2. Übrige Boote: Abmarsch nach Vorpostenstreifen von AB 4455 bis AB 8495. Reihenfolge: von Eickstedt (U 668), Lehmann (U 997), Schweiger (U 313), Lange (U 711), Herrle (U 307), Zoller (U 315), Pietsch (U 344), Nees (U 363), Schreyer (U 987), Borger (U 394) bilden Gruppe Trutz. F.d.U.

Auch die Kommandanten der anderen Boote rätselten: Weshalb hatte der F.d.U. sieben noch einsatzfähige Boote aus dem Vorpostenstreifen abgezogen und nach Narvik zurück beordert? Die Antwort war einfach:

Am 6. Juni 1944 waren die Alliierten in der Normandie gelandet. Die deutsche Nordmeerflotte verfügte an diesem Tag über 32 U-Boote, von denen 17, zusammengefasst in den Gruppen Grimm und Trutz, auf See waren und vergeblich nach alliierten Murmansk-Konvois suchten, die die Alliierten von der deutschen Führung unbemerkt vorübergehend eingestellt hatten. Die restlichen Boote der 13. Nordmeer-U-Flottille lagen in den nordnorwegischen Häfen von Trondheim bis Narvik entweder in Bereitschaft oder zur Reparatur.

Als Fregattenkapitän Reinhard Suhren, der Führer der Unterseeboote Norwegen, die Meldung von der alliierten Invasion erhielt, beorderte er sofort sieben Boote der Gruppen Grimm und Trutz nach Narvik zurück. Die anderen zehn Boote stießen nach Auflösung der Gruppe Grimm zur weiter bestehenden Gruppe Trutz und bildeten einen Aufklärungsstreifen, der von der Insel Jan Mayen von Nordwesten nach Osten verlief. Diese deutschen U-Boote sollten die immer noch vermutete alliierte Invasion in Nordnorwegen abwehren und zugleich nach Murmansk laufende Geleitzüge angreifen. Dieser Vorpostenstreifen der Gruppe Trutz sollte bis zum 1. Juli 1944 bestehen bleiben.

U 997 lief im Laufe des Tages mit geringer Marschfahrt der neu befohlenen Vorpostenposition entgegen. Eine Stunde nach Mitternacht des 7. Juni folgte der nächste Funkspruch des F.d.U. Norwegen:

Gruppe Trutz: sofort neuen Vorpostenstreifen besetzen von AB 7684 bis AB 2874. Funkstille bis auf Treffen von Feindfahrzeugen. Angriffe von See und aus der Luft zu erwarten. Neue Programmzeiten für Längstwelle beachten. F.d.U.

Dem Befehl gemäß machte sich U 997 sofort auf den Weg in das neue Operationsgebiet.

Die folgenden Tage blieben aber wieder völlig ruhig, Abwechslung brachten nur Prüfungstauchen, die der Kommandant zwischendurch immer wieder ansetzte – „die Trägheit aus den Knochen herausexerzieren“, wie das Lehmann so schön nannte. Am 15. Juni stand das Boot südostwärts von Jan Mayen, als sich in den frühen Morgenstunden der F.d.U. Norwegen meldete:

Gruppe Trutz: 15.06., 15.00 Uhr in neuen Vorpostenstreifen stehen von AB 4828 bis AF 2216, alte Reihenfolge. F.d.U.

Um 15.30 Uhr erreichte U 997 den neuen Angriffsraum. Die See war ruhig, nur der Nebel beeinträchtigte einmal mehr die Sicht. Im Laufe des Abends wurde er immer dichter, sodass Lehmann in die Mitte des Vorpostenstreifens steuerte, um von dort mit dem Horchgerät sein Operationsgebiet zu überwachen. Wenig später traf ein Funkspruch des F.d.U. Norwegen ein, der den Kommandanten eindringlich mahnte, absolute Funkstille einzuhalten. Lehmann blickte schuldbewusst um sich: Die Kritik war berechtigt. Er hatte kurz vorher seinen Brennstoffvorrat gemeldet.

Auf U 997 wusste man natürlich nicht, dass die Alliierten den Geleitzugverkehr nach Murmansk vorerst eingestellt hatten. Man nahm an, dass nur wegen des schlechten Wetters keine Konvois zu entdecken waren, zumal bekannt war, dass die Alliierten Wetterdiensttrupps auf Island, Grönland, Jan Mayen, der Bäreninsel und Spitzbergen unterhielten. So liefen die meisten Geleitzüge erst aus, wenn die Wetterlage eine starke Behinderung der Deutschen gewährleistete.

Ein Tag nach dem anderen verging trist und eintönig. Die Langeweile zehrte an den Nerven der Männer. Am Abend des 18. Juni kam dann endlich der erlösende Befehl zum Rückmarsch nach Hammerfest – am 20. Juni, Punkt 10.00 Uhr sollte es losgehen. Die Männer konnten die Zeit bis dahin kaum mehr erwarten. Sie wollten endlich diese öde Meereswüste verlassen, zumal sich das Wetter weiter verschlechterte, der Wind auffrischte und so den Seegang belebte. Schon zeigte das Meer weiße Schaumköpfe, und immer wieder setzte leichter Nieselregen ein, der die Sicht weiter einschränkte. Zusätzlich verbreitete der arktische Sommer – die Zeit der Mitternachtssonne – ein fahles Dämmerlicht, das fast 24 Stunden am Tag anhielt, sodass die U-Boot-Fahrer schnell jedes Zeitgefühl verloren.

U 997 war nun schon drei Wochen lang unterwegs. Die Männer konnten sich in dieser Zeit kaum waschen, von rasieren ganz zu schweigen, die Kleidung war verdreckt und roch. Die noch vorhandenen frischen Lebensmittel waren so gut wie verdorben: Das Brot schimmelte vor sich hin, in den Schinken tummelten sich die Maden. In allen möglichen Ecken hatten sich leere Konservendosen und Kisten angesammelt. Die Stimmung war auf dem Nullpunkt. Dann war es endlich Zeit zum Umkehren. Als der Kommandant den Befehl dazu gab, brachen die Männer zwar nicht in Jubel aus, aber die Erleichterung war jedem anzusehen. Nur der Matrosengefreite Skibb lief mit griesgrämigem Gesicht herum.

„Was ist denn los, Leo?“, fragte ihn Smut Schaller neugierig.

„Weißt Du Schaller, alle freuen sich über die Heimreise – ich nicht“, entgegnete der mit Leichenbittermiene, „wir laufen in Hammerfest ein, weißt Du, wo das ist, Mann?“

„Natürlich“, grinste der Smut. „Am Arsch der Welt isses. Da gibt es keine Kneipen, keine Mädchen", sprudelte es aufgebracht aus Skibb heraus, „nur Wasser, Steine und vergammelte Norwegerhütten. Das haben wir nicht verdient!" Schaller ließ ein dröhnendes Lachen hören und schlug dem Matrosengefreiten mit seinem Kochlöffel spielerisch auf den Kopf:

„Na das ist doch gut für Dich, da kannst Du Dir wenigstens keinen Tripper holen!" Bereits am folgenden Tag stand U 997 schon 36 Stunden vor dem Geleitaufnahmepunkt. Wenig später bekam das Boot vom F.d.U. Norwegen den genauen Einlaufweg nach Hammerfest und die Warnung, dass mit feindlichen U-Booten zu rechnen sei.

Am Vormittag des 22. Juni erreichte U 997 getaucht den Ansteuerungspunkt, wo es vom Geleit aufgenommen werden sollte. Nach einiger Zeit ließ Lehmann auftauchen, und etwa eine Stunde später kam ein deutsches Räumboot angetuckert, das U 997 unter seine Fittiche nahm. Langsam ging es durch die lange Einfahrt nach Hammerfest, wo das Boot um 15.50 Uhr längsseits des U-Boot-Begleitschiffes „Black Watch" festmachte. Der Stützpunktleiter, Korvettenkapitän (Ing.) Friedrich-Walter Müller, empfing die Männer herzlich und ließ als erstes die Post verteilen. Nach vielen Wochen bekam die Besatzung endlich wieder einmal Nachricht von ihren Lieben zu Hause. Der Tag endete mit einem kleinen Fest an Bord der „Black Watch".

Kommandant Hans Lehmann fasste die erste Feindfahrt von U 997 im Kriegstagebuch mit dürren Worten zusammen:

Auch nach einer guten, vollständigen Heimatausbildung des Bootes ist es notwendig, dass zu jeder passenden Gelegenheit Störungsübungen und vor allen Dingen Flak-Exerzieren durchgeführt werden. Nur dadurch lässt sich die Besatzung laufend in bester Form halten. Auf der ersten Unternehmung zeigte sich die Besatzung frisch und bei der Sache. Schwierigkeiten, die nicht in den alltäglichen Rahmen fielen, traten nicht auf. Außer einigen Flugzeugsichtungen keine Feindberührung. Eine astronomische Besteckkontrolle war nicht immer möglich. Funkpeilungen durchschnittlich gut zu gebrauchen. Die besten Peilungen machte ich mit den Rundfunksendern Bodø, Tromsø und Finnmark.

Noch einsilbiger war der Kommentar des F.d.U. Norwegen:

Erste Unternehmung (23.05. bis 22.06.1944) ohne besonderen Einsatz und Erfolgsmöglichkeit.

Kapitel 2: Im Nordmeer gegen den Geleitzug JW.59

Kommandant und Besatzung waren eigentlich davon ausgegangen, nach Treibstoff- und Proviantergänzung sofort wieder auf See geschickt zu werden. Aber zunächst kam nur der Befehl, sich in 24-stündiger Bereitschaft zu halten, die bis zum 17. Juli 1944 andauerte. Erst am 18. Juli, um 11.05 Uhr ließ der F.d.U. wieder von sich hören:

Klare Boote aus Hammerfest, Tromsø, Harstad und Narvik beschleunigt auslaufen nach AB 9120 – hohe Fahrt. F.d.U.

Schon drei Stunden später wurde U 997 in Marsch gesetzt. Die Männer wurden wieder munter. Die Seeleute schafften schnell Frischproviant unter Deck, Wasser und Ersatzteile wurden übernommen, die Torpedorohre bestückt, Reservetorpedos festgezurrt. Das Maschinen- und Zentralepersonal überprüfte noch einmal Motoren und Apparate, und die Funker sorgten für die Funkbeschickung des Grenzwellenpeilers. Es konnte wieder losgehen.

Lehmann und die anderen Kommandanten der Unterseeboote in Hammerfest hatten mittlerweile erfahren, dass ein Aufklärer schwere gegnerische Seestreitkräfte, einschließlich eines Flugzeugträgers, entdeckt hatte. Darauf sollten U 997 zusammen mit U 425, das unter dem Kommando von Kapitänleutnant Heinz Bentzien stand, und U 362, das Oberleutnant zur See Ludwig Franz führte, operieren. Pünktlich um 14.00 Uhr liefen die Boote im Geleit mehrerer Räumfahrzeuge von Hammerfest aus.

Mittlerweile hatte sich die Meldung konkretisiert. Den U-Booten wurden zwei feindliche Kriegsschiffgruppen gemeldet, die erste bestand aus einem Flugzeugträger, zwei Kreuzern und sieben Zerstörern im Planquadrat AF 1920, die zweite ebenfalls aus einem Flugzeugträger und zahlreichen anderen Kriegsschiffen im Planquadrat AF 1950. Ein weiterer Funkspruch meldete wenig später noch einen Gleitzug im Quadrat AF 2132.

Gegen 17.00 Uhr wurde die Sicherungsgruppe entlassen. U 997 lief nun auf sich allein gestellt mit hoher Fahrt ins befohlene Planquadrat AB 9120. Diesmal würde es ernst werden, das war allen an Bord klar. Ein Prüfungstauchen und ein anschließender Tieftauchversuch auf 160 Meter ergab, dass das Boot absolut einsatzbereit war.

Kurz vor Mitternacht ging ein neuer Funkspruch des F.d.U. Norwegen ein. Lehmann traute seinen Augen nicht, als er den Funkzettel las. Schwarz auf weiß stand dort, dass die Geleitmeldung vom Nachmittag eine Fehlmeldung gewesen sei, dass die beiden Flugzeugträgergruppen von AF 1920 und AF 1950 nicht mehr erfasst werden konnten, weil sie wahrscheinlich mit Südkurs abgelaufen seien. Der zweite Teil des Funkspruchs befahl aber dennoch Gerd Schaar (U 957), Hans-Jürgen Sthamer

(U 354), Heinz Bentzien (U 425), Ludwig Franz (U 362) und ihn selbst (U 997) mit sparsamster Fahrt in das Operationsgebiet.

Hans Lehmann schlich wie ein geprügelter Hund zu seinem Leitenden Ingenieur und drückte ihm den Funkspruch in die Hand:

„Langsame Fahrt voraus – Dieselelektrisch!"

Eine Stunde später sichtete die Brückenwache eine treibende Mine.

„Wir haben doch sowieso ein Funktionsschießen mit der Flak vorgesehen, II WO", schmunzelte Lehmann und visierte mit seinem Zeissglas die Mine an, „jetzt haben wir ja ein schönes Ziel dafür."

Rasch war die Flak-Bedienung auf der Brücke, und nur Sekunden später meldete der II WO:

„Flak einsatzbereit!"

„Na dann, Feuer frei!", befahl Lehmann fröhlich.

Sein letztes Wort ging schon im Geratter der Maschinenwaffen unter, das nur durch das trockene „Plop, Plop, Plop" der 3,7-cm-Fla-Kanone unterbrochen wurde. Schon nach wenigen Sekunden traf ein Fla-Geschoss die Mine, die allerdings nicht explodierte, sondern mit einer enormen Rauchentwicklung unterging. Nach getaner Arbeit verschwanden die Geschützbedienungen wieder unter Deck, während Lehmann wegen der guten Sichtverhältnisse vorsichtshalber weiter auf der Brücke blieb. Kurz nach Mitternacht, der 19. Juli war angebrochen, erreichte ein Funkspruch U 997, der befahl, nach Erreichen des Operationsgebietes erst einmal abzuwarten, sich keinesfalls in irgendwelche Scharmützel verwickeln zu lassen.

Schon am frühen Morgen stand das Boot im zugewiesenen Planquadrat AB 9385. Lehmann steuerte sein Boot kreuz und quer durch das befohlene Gebiet, bis um 19.40 Uhr ein weiterer Funkbefehl des F.d.U. Norwegen eintraf, der das Boot stoppte und die Männer doch sehr verwunderte:

Rückmarsch: Franz (U 362), Lehmann (U 997) am 20. Juli, 07.00 Uhr auf Einlaufweg SR 1 stehen. F.d.U.

Offiziere und Mannschaftsdienstgrade beider Boote rätselten lange über diese Anweisung. Die deutsche Führung verhielt sich aber konsequent. Ihr war klar geworden, dass kein alliierter Geleitzug in See stand, deshalb sollten die Boote ihre Ressourcen sparen und wieder zu ihren Stützpunkten zurückkehren. Zudem waren in diesen Tagen zahlreiche alliierte Flugzeuge im Nordmeer unterwegs, die die Boote sofort angriffen.

Schon am 17. Juli 1944, um 21.48 Uhr war U 347 unter der Führung von Oberleutnant zur See der Reserve Johann de Buhr westlich von Narvik von der „Liberator U" der britischen 86. Squadron versenkt worden. Die Maschine überraschte das Boot an der Wasseroberfläche und zerstörte es mit sechs Wasserbomben. Nachdem es gesunken war, beobachtete die Flugzeugcrew sechs Überlebende im eisigen Wasser, von denen allerdings keiner gerettet werden konnte.

Nur wenige Minuten später wurde im gleichen Seegebiet das über Wasser marschierende U 361 unter dem Kommando von Kapitänleutnant Hans Seidel von der „Catalina Y" der britischen 210. Squadron angegriffen. Das deutsche U-Boot ergab sich natürlich nicht kampflos, sondern feuerte mit der Bordflak auf die anfliegende Maschine. Mehrere Geschosse trafen das Flugboot, die den Navigator töteten, den Flugzeugführer, Flying Officer J. A. Cruikshank, schwer und drei weitere Besatzungsmitglieder leicht verwundeten. Trotz seiner Verletzungen flog Cruikshank den Angriff eiskalt weiter und versenkte U 361 mit sechs Wasserbomben. Alle Besatzungsmitglieder des U-Bootes fanden den Tod. Über das weitere Schicksal der „Catalina Y" ist schier Unglaubliches zu berichten: Nach dem erfolgreichen Angriff flog der Co-Pilot das beschädigte Flugzeug und die Verwundeten zum Stützpunkt zurück. Kurz vor der Landung bestand Cruikshank darauf, wieder die Steuerung der Maschine zu übernehmen, und obwohl er durch den Blutverlust deutlich geschwächt war, meisterte er die schwierige Landung mit dem durchlöcherten Flugboot. Für diese Leistungen wurde Flying Officer J. A. Cruikshank mit dem Victoria Cross ausgezeichnet.

Am 18. Juli 1944 wurde U 742 unter Führung von Kapitänleutnant Heinz Schwassmann, ebenfalls westlich von Narvik, durch die „Catalina Z" der britischen 210. Squadron versenkt. Zwar gelang es 40 Männern, das Boot zu verlassen, doch keiner von ihnen konnte letztlich aus dem eisigen Meer gerettet werden. Die am Steuerbordmotor beschädigte „Catalina" erreichte dagegen ohne Probleme ihren heimatlichen Stützpunkt.

U 997 hatte sich schon zwanzig Minuten nach Befehlseingang zusammen mit U 362 auf den Rückmarsch nach Hammerfest gemacht. Punkt 07.00 Uhr standen beide U Boote am vereinbarten Treffpunkt. Eine Viertelstunde später kam ein Vorpostenboot, das sie aufnahm und sicher nach Hammerfest führte. Um 12.20 Uhr machte U 997 am Begleitschiff „Black Watch" fest. Unmittelbar nach der Begrüßung wurden Dieselobermaschinist Tegtmeier und der Seemännischen Nr. 1, Oberbootsmaat Medler, das U-Boot-Kriegsabzeichen und das Eiserne Kreuz 2. Klasse verliehen. Insgesamt waren Boot und Besatzung bisher 39 Tage auf Feindfahrt gewesen. Erneut begann nun der ungeliebte Bereitschaftsdienst, der bis zum 5. August andauern sollte.

Das große offizielle Thema dieser Tage war das Attentat auf Hitler vom 20. Juli 1944. Die Besatzung hatte aber ganz andere Sorgen. Die Gedanken waren bei ihren Familien, die daheim in Deutschland den Bombenhagel der alliierten Flugzeuge mit all seinen Folgen ertragen mussten. Keiner der Männer wusste, wie es seiner Familie erging, ob sie ausgebombt, allem Hab und Gut beraubt, verletzt oder gar getötet worden war. Über den weiteren Verlauf des Krieges war man sich nicht einig. Konnte er noch gewonnen werden oder war bereits alles verloren? Viele U-Boot-Männer hatten zu diesem Zeitpunkt des Krieges schon ihr Leben lassen müssen, und auch die Besatzungsmitglieder von U 997 waren sich bewusst, dass auf der nächsten Feindfahrt der Tod auf sie lauerte.

Die Tage der Bereitschaft im hohen Norden waren von Langeweile und Tristesse geprägt, die den Männern immer mehr aufs Gemüt schlugen. Aber Hammerfest war im Vergleich zu den anderen Stützpunkten, Narvik und Harstad, äußerst günstig für U-Boote gelegen. Von dort aus war man schnell im Eismeer, um alliierte Geleitzüge zu jagen. Bereits seit 1943 lag das U-Begleitschiff „Black Watch" am Tollbodkai nahe der Stadt vertäut. Dort konnten die U-Boote leicht mit Brennstoff und Frischwasser versorgt werden und die Besatzungen Telefon- und Fernschreiberverbindungen in die Heimat nutzen. Der Hafen von Hammerfest war allerdings dem Wetter schutzlos ausgeliefert. Starker Nordwestwind wühlte die See im Hafenbecken derartig auf, dass es für die U-Boote außerordentlich ungemütlich wurde. Deshalb verlegten die Boote bei schlechtem Wetter in den Kvalsund, circa 15 Seemeilen von Hammerfest entfernt. Dort gab es eine Signalverbindung und eine recht gut ausgebaute Luftverteidigung.

Wegen des Wetters wurde schließlich der sogenannte Pionierkai in Fugleneset, in der Nähe von Hammerfest gebaut, wo man vor den Unbilden der Natur einigermaßen geschützt war. Dorthin verlegte die „Black Watch", und hier lagen später auch durch Torpedonetze geschützt die U-Boote. Die „Black Watch" wurde dann im Winter 1944/45, als sich die Rote Armee näherte, nach Harstad beordert.

Erst am frühen Morgen des 6. August sollte die Bereitschaftszeit für U 997 zu Ende gehen. Beim Frühstück las Lehmann seinen Offizieren ein Fernschreiben des F.d.U. Norwegen vor:

Borger (U 394) 06.08., vormittags 10.00 Uhr auslaufen nach AB 8795. Lehmann (U 997) ebenfalls nach AB 9189, Tiefe 50 Seemeilen, sparsamste Fahrt. In Angriffsraum nur zum Aufladen der Batterien auftauchen. Nach Abwehrlage ausweichen bis 150 Seemeilen in 67 Grad. F.d.U.

Punkt 10.00 Uhr legten die beiden Boote, gesichert von einem Minenräumboot, ab. Um 13.50 Uhr wurden sie vom Geleit entlassen. Lehmann ließ zunächst für eine halbe Stunde auf große Fahrt gehen, um sich schnell aus dem feindverseuchten Gebiet abzusetzen. Nach den üblichen Tieftauchversuchen befahl Lehmann aufzutauchen und mit langsamer Fahrt in den Angriffsraum zu marschieren.

Am folgenden Tag um 10.20 Uhr kamen neue Befehle:

Borger (U 394) und Lehmann (U 997) treten zur Gruppe Trutz. Es besetzen Angriffs-

räume, Tiefe 50 Seemeilen: Borger (U 394) AB 5967, dafür Nees (U 363) AB 8795, Lehmann AB 9189. F.d.U.

Die ersten Tage auf See blieben völlig ruhig. Am 9. August sichtete die Brückenwache dann eine englische Treibmine vom Typ Mark I. Sie schwamm offenbar schon lange im Meer, denn sie war stark mit Algen bewachsen und zeigte fast keine Farbe mehr. Nach einigen Treffern aus der Fla-Kanone sank die Mine. Am Abend des nächsten Tages machte ein Ausguck eine Rauchwolke aus. Der Kommandant eilte rasch auf die Brücke, doch als er oben ankam, war sie verschwunden.

„War nur etwa 15 Sekunden zu sehen, Herr Kaleu", meldete der I WO Nösel entschuldigend.

Lehmann und Nösel schauten angestrengt durch ihre Gläser in Richtung der Rauchwolke. Kurz darauf war sie wieder gut auszumachen, doch ebenso schnell verschwand sie wieder.

„Scheint kurz hinter der Kimm zu stehen, Herr Kaleu", murmelte Nösel.

„Hmm, mir ist absolut nicht klar, wieso sich der Rauch nicht langsam verzieht, sondern immer schnell auftaucht und schnell wieder weg ist", sinnierte Lehmann, fand aber keine Erklärung.

Eine Stunde später tauchte dann eine Walherde auf, die die Männer auf der Brücke zu der Erkenntnis brachte, dass sie die Fontänen der Wale für eine Rauchwolke gehalten hatten.

Inzwischen war die Dämmerung angebrochen. Da absolut nichts vom Feind zu sehen war und auch ein Rundhorchen nichts erbrachte, entschloss sich Lehmann, den Marsch in den befohlenen Angriffsraum fortzusetzen, der am folgenden Tag um 03.00 Uhr früh erreicht wurde. Bis zum 15. August verliefen die Tage wie so oft eintönig und ereignislos. Den Männern ging diese Gammelfahrt wieder gehörig auf die Nerven. Sollte auch diese Reise wieder ohne Feindberührung enden?

Dabei wimmelte es im Nordmeer nur so von alliierten Schiffen. An diesem 15. August 1944 lief der alliierte Konvoi JW.59, der erste der neuen Staffel von Eismeer-Geleitzügen, mit 33 Schiffen von Loch Ewe nach Murmansk aus. Ein Rettungsschiff und elf amerikanische SC-U-Jäger aus diesem Konvoi waren für die sowjetische Nordflotte bestimmt. Die Sicherung von JW.59 übernahmen die Geleitträger – so nannte man kleine Flugzeugträger – „Vindex", auf dem sich Vizeadmiral Dalrymple-Hamilton eingeschifft hatte, und „Striker" sowie der Kreuzer „Jamaica". Zusätzlich standen dicht gestaffelt die 20. und die 22. Escort-Group mit sieben Zerstörern, vier Sloops, zwei Fregatten und fünf Korvetten am Konvoi.

Weiter nördlich des Geleitzuges marschierte ein sowjetischer Überführungsverband unter der Leitung von Admiral Levchenko und dem Kapitän 1. Ranges Fokin, der zwei Tage später, am 17. August 1944, ausgelaufen war. Diese Kriegsschiffe, die

die Briten als sowjetischen Anteil an der italienischen Flotte an die Russen für deren Nordmeerflotte abgegeben hatten, fuhren bereits mit sowjetischen Besatzungen. Unter ihnen waren das in den USA überholte ehemalige britische Schlachtschiff „Royal Sovereign", das jetzt den russischen Namen „Archangelsk" trug, und acht alte amerikanische Glattdeck-Zerstörer, die 1940 bis 1941 im Rahmen des britisch-amerikanischen Lend-Lease-Abkommens England überstellt worden waren und jetzt die Namen „Zarkij", „Zivucij", „Zjucij", „Zestkij", „Derzkij", „Doblestnyj", „Dostojnyj" und „Dejatelnyj" führten. Außerdem bekamen die Sowjets von den Briten noch vier U-Boote, von denen eines allerdings versehentlich von einer eigenen „Liberator" der 86. Squadron versenkt wurde.

Unterdessen operierte die Home Fleet – so die traditionelle Bezeichnung für den Teil der britischen Flotte, der eigentlich dem Schutz der britischen Inseln diente – unter Admiral Henry Moore in zwei Gruppen gegen das im Kaafjord liegende deutsche Schlachtschiff „Tirpitz". Durch Luftschläge sollte dessen Auslaufen gegen den Geleitzug JW.59 verhindert werden. Der erste Verband unter der Führung von Konteradmiral McGrigor, der sich auf dem Träger „Indefatigable" eingeschifft hatte, bestand aus der „Indefatigable", den Geleitträgern „Formidable" und „Furious", dem Schlachtschiff „Duke of York", den Kreuzern „Devonshire" und „Berwick" sowie vierzehn Zerstörern. Die zweite Gruppe umfasste den britischen Geleitträger „Trumpeter", den kanadischen Geleitträger „Nabob" und die 5. Escort-Group, bestehend aus den Geleitzerstörern „Bickerton", „Aylmer", „Bligh", „Garlies", „Keats" und „Kempthorne". Zur Unterstützung der Kriegsschiffe folgten zwei Tanker, die wiederum von vier Korvetten eskortiert wurden. Damit fuhr eine gewaltige alliierte Armada im Eismeer auf, das nun eines der gefährlichsten Einsatzgebiete in der Welt geworden war.

Die Schiffe und ihre Besatzungen mussten deutsche U-Boote und Kampfflugzeuge fürchten, außerdem wurden sie von Packeis, Nebel und eisigen Stürmen bedroht. Im Sommer belastete das ständige Tageslicht, wenn die Mitternachtssonne am Himmel stand, und im Winter die endlosen Nächte. Dazu verursachte die Nähe des magnetischen Pols Fehlweisungen der Kompasse, die die Steuerleute vor große Probleme stellten. Aber am schlimmsten waren die Temperaturen weit unter null Grad Celsius.

U 997 stand am 16. August 1944 nördlich der Lofoten, als am Nachmittag der Funkgefreite Koller dem Kommandanten einen Zettel mit einem Funkspruch in die Hand drückte:

1. *Focke Wulf 200 startet am 17.08., 04.50 Uhr Trondheim zur Eisaufklärung nach Planquadrat AA 60.*
2. *Als Sicherheitsboote sofort Abmarsch: Pietsch (U 344) nach AB 4776, Lehmann (U 997) nach AF 2190. Erhöhte Fahrt. F.d.U.*

Mit zwölf Knoten Fahrt marschierte U 997 dem befohlenen Planquadrat entgegen, das es am Mittag des 17. August erreichte. Zwanzig Minuten vor Mitternacht kamen neue Anweisungen vom F.d.U.:

An Gruppe Trutz:
1. Maschine gelandet. Pietsch (U 344) und Lehmann (U 977) kehrt machen.
2. Lehmann (U 977) Standort melden.
3. Neue Angriffsräume, Tiefe 50 Seemeilen – Lehmann (U 977) Quadrat AB 9189.
F.d.U.

Mit sparsamster Marschfahrt lief U 997 nun in den alten Angriffsraum zurück, in dem es am Morgen des 19. August ankam.

Am folgenden Tag meldete eine „Junkers 88" des Fliegerführers 5 ostwärts Jan Mayen einen Kriegsschiffverband, was der F.d.U. Norwegen sofort an die Boote der Gruppe Trutz weiterleitete, und am Abend horchte Kapitänleutnant Borger, der Kommandant von U 394, aus dem Planquadrat AB 78 Detonationen, die auf eine feindliche Suchgruppe hindeuteten und die er um 21.10 Uhr meldete.

Lehmann entschied sich allerdings, auf die doch etwas vagen Nachrichten nicht zu reagieren, sondern vorerst weiter im befohlenen Angriffsraum zu bleiben.

Inzwischen hatte sich der Konvoi JW.59 am Morgen des 21. August dem Vorpostenstreifen der Gruppe Trutz mit U 344 (Pietsch), U 668 (von Eickstedt), U 394 (Borger), U 363 (Nees) und U 997 (Lehmann) genähert. Um 10.25 Uhr sichtete Pietsch den Geleitzug und machte sofort Meldung. Die Nachricht weckte die Männer von U 997 von einer Minute zur anderen aus ihrer Lethargie. Lehmann eilte zum Navigationstisch, um mit Obersteuermann Schwab die Position des Geleitzuges zu berechnen. Nur wenig später war das geschehen – und der Kommandant befahl:

„Große Fahrt, auf 60 Grad steuern. Wir operieren auf Geleitzug!"

Die Gefechtspositionen wurden besetzt, und mit elf Knoten Fahrt steuerte U 997 dem gemeldeten Konvoi entgegen.

Mittlerweile hatte U 344 auf eigene Faust gehandelt und angegriffen. Doch die zwei abgefeuerten akustisch gesteuerten T-V-„Zaunkönig"-Torpedos verfehlten die anvisierten Dampfer. Dann griff Pietsch mehrere Sloops und Korvetten der 22. Escort-Group an und konnte mit einer Salve von zwei FAT (Flächen-Absuch-Torpedos), die nach einer bestimmten Lauflänge immer wieder ihre Richtung änderten, das britische Geleitboot „Kite" treffen, das unter der Führung von Lieutenant-Commander A.N.G. Campell stand. Die „Kite" sank und riss eine große Anzahl von Menschenleben in den Tod. Nur neun Mann der über 200-köpfigen Besatzung konnten gerettet werden. Allerdings ließ die Reaktion der Alliierten nicht lange auf sich warten. Wegen des ungewöhnlich guten Wetters konnten die Flugzeuge der beiden Geleitträger „Vindex" und „Striker“ ständig in der Luft bleiben und so U 344 unter Wasser halten. Um 19.55 Uhr reagierte der F.d.U. auf die Situation:

Gruppe Trutz.
Von Quadrat AB 5450 folgende Generalkurse operieren: Pietsch (U 344) 60 Grad, von Eickstedt (U 668) 65 Grad, Borger (U 394) 75 Grad, Nees (U 363) 80 Grad, Lehmann (U 997) 85 Grad. Brünner (U 703), Sthamer (U 354) südlich anschließen. Mit Geleitfahrt 10 Knoten rechnen. Wetter melden. F.d.U.

Der Funkspruch bedeutete, dass ein neuer Vorpostenstreifen in Richtung des Konvois bezogen werden sollte, in dem auch U 997 vorgesehen war. Zugleich wurden zwei neu aus Narvik auslaufende Boote, U 703 und U 354, in diesen Vorpostenstreifen beordert.

Obersteuermann Schwab hatte mittlerweile berechnet, dass U 997 dem Konvoi gegen 22.00 Uhr begegnen musste, aber als das Boot zwei Stunden später den vermuteten Treffpunkt erreichte, war von feindlichen Schiffen nichts zu sehen. Lehmann ließ zum Horchen tauchen – und tatsächlich: In 80 und 90 Grad waren laute Geräusche von über Wasser fahrenden Schiffen auszumachen, dazwischen schnell laufende Schrauben, die wahrscheinlich von einem U-Boot stammten und nach rechts auswanderten. Lehmann entschloss sich, getaucht auf den Geleitzug zu operieren.

Mittlerweile war der 22. August angebrochen. Vom Konvoi war nach wie vor nichts zu sehen, als um 02.20 Uhr ein neuer Funkspruch einging:

Gruppe Trutz:
1. *Gegen 23.00 Uhr starten drei Flugboote zur Geleitaufklärung. Ab 01.00 Uhr Peilwelle Dora.*
2. *Nicht bekämpfen gemäß Nordmeerbefehl Nr. 8, nur Fühlung halten. Wichtig sind Meldungen aller Vorkommnisse. Unklarer Funkspruch von Pietsch (U 344) deutet auf ostwärts gehendes Geleit hin. Bis Ergebnis Luftaufklärung alle Boote möglichst Raum gewinnen. Bis 06.00 Uhr 22 Grad Ostlänge austreten.*
3. *Der beachtliche Erfolg von Pietsch (U 344) ist ein guter Anfang. Weiter so. F.d.U.*

Dass der F.d.U. Norwegen Pietschs Erfolg „beachtlich“ nannte, lag an dessen Funkspruch, in dem er die versenkte Sloop „Kite“ als Kreuzer der „Dido“-Klasse – also als Schiff mit fast 500 Mann Besatzung – bezeichnete.

U 344 sollte übrigens nicht ungestraft davonkommen. Ein „Swordfish“-Doppeldecker der 825. Marineflieger-Squadron, der vom Geleitträger „Vindex“ gestartet war, sichtete das Boot, das mit nordöstlichem Kurs genau auf den Konvoi JW.59 zuhielt, und griff sofort an. Die „Swordfish X“ warf drei Mark-XII-Torpex-Wasserbomben, die direkt an der Steuerbordseite explodierten. U 344 sank sofort mit dem Bug voran. Als die Crew der „Swordfish“ einen Überlebenden entdeckte, versuchte sie, ein aufblasbares Schlauchboot abzuwerfen, das sich jedoch im Leitwerk des Doppeldeckers verhedderte, sodass es weggeschossen werden musste. So überlebte von der Besatzung von U 344 niemand den Untergang.

Etwa zur gleichen Zeit, als der Konvoi JW.59 durch die Barentssee fuhr – am Morgen des 22. August – , befahl Admiral Moore einen zweiten Angriff auf die „Tirpitz“. Den ersten Versuch hatten die britischen Flugzeugträger zwei Tage vorher wegen der Wetterlage abbrechen müssen, aber nun sollte die Attacke der „Barracuda“- und „Corsair“-Staffeln gegen das deutsche Schlachtschiff gelingen. Allerdings wurden die alliierten Maschinen von den Deutschen rechtzeitig geortet. Der Angriff konnte durch schwere Artillerie, schwere Flak und einige „Messerschmitt 109“ des Jagdgeschwaders 5 abgefangen werden. Elf gegnerische Flugzeuge wurden abgeschossen – die eingenebelte „Tirpitz“ kam ungeschoren davon.

Am Nachmittag des gleichen Tages traf U 354 unter dem Kommando von Oberleutnant zur See Hans-Jürgen Sthamer auf eine Geleitträgergruppe, bestehend aus der „Nabob“ und der „Trumpeter“ und der 5. Escort-Group. Sthamer griff sofort an, schoss einen FAT-Fächer (Flächen-Absuch-Torpedo-Fächer), der die „Nabob“ traf, die sogleich Schlagseite bekam. Sein Versuch, den Träger mit einem Fangschuss zu versenken, schlug insofern fehl, als der Torpedo an seinem Ziel vorbeischoss, dafür aber den Geleitzerstörer „Bickerton“ traf und diesem das Heck wegriss. Sthamers zweiter Angriff auf die „Nabob“ wurde durch die Flugzeuge der Geleitträger verhindert. U 354 drehte daraufhin ab, um auf den weiter im Norden marschierenden Geleitzug JW.59 zu operieren.

Da die „Bickerton“ nicht mehr zu retten war, wurde sie durch einen Fangschuss der H.M.S. „Aylmer“ versenkt. Der schwer beschädigte, aber noch schwimmfähige kanadische Geleitträger „Nabob“ konnte nach Hause geholt werden, wurde aber im Laufe des Krieges nicht mehr repariert. Nach dem Krieg wurde die „Nabob“ im Auftrag des Norddeutschen Lloyd zum Frachter umgebaut.

In der Zwischenzeit griffen nacheinander U 363, U 668, U 703 und U 394 den Konvoi JW.59 an, wurden aber alle durch Flugzeuge der Geleitträger „Vindex“ und „Striker“ unter Wasser gedrückt. Auch U 997, das mittlerweile seine Position im Vorpostenstreifen eingenommen hatte, sichtete am Vormittag um 11.05 Uhr ein Trägerflugzeug in einer Entfernung von etwa 10.000 Metern.

„Auf Fliegergefechtsstation“, brüllte Lehmann hektisch, und schon Sekunden später hatten die Flak-Mannschaften ihre Positionen besetzt. Unten im Boot hämmerte Oberfunkmaat Gindorf ein Kurzsignal in den Äther:

„Trägermaschine, Doppeldecker in AC 4121.“

Der Flieger umkreiste das U-Boot in respektvollem Abstand, offenbar sollte er nur

Fühlung halten, bis weitere Feindflugzeuge herangezogen waren. Wegen der guten Sicht wollte Lehmann über Wasser bleiben und beobachten, aus welcher Richtung die erwarteten Angreifer kamen. Daraus konnte der Standort des Flugzeugträgers geschlossen werden. Mit Schüssen aus der 3,7-cm-Fla-Kanone ließ er die Fühlungshalter-Maschine auf 5.000 bis 6.000 Metern Abstand halten.

11.41 Uhr: Die Seemännische Nr. 2, Bootsmaat Goldberg, hatte etwas entdeckt.

„Drei Flugzeuge in 40 Grad, Entfernung 5.000 Meter!", brüllte er, und schon flogen die Köpfe des Kommandanten und des II. Wachoffiziers in die angegebene Richtung. Drei britische „Martlet"-Maschinen stürzten aus einer kleinen Wolke in die Tiefe und setzten sofort zum Angriff an.

Unglücklicherweise hatte sich Lehmann kurz vorher zum Tauchen entschlossen und deshalb die 3,7-cm-Kanone festzurren und die Bedienung ins Boot einsteigen lassen. Nun mussten die Männer schleunigst wieder an die Bordwaffen.

„Alarm! Auf Fliegergefechtsstation!", schrie der Kommandant heißer durch das Turmluk.

Aber der Angriff hatte schon begonnen. Aus allen Rohren feuernd, flogen die Feindflugzeuge an und warfen ihre Bomben, die aber schlecht gezielt waren und weit vor dem Boot in der See explodierten. Auch die Schüsse aus den Bordwaffen trafen nicht. U 997 beantwortete das Feuer aus einem 2-cm-Zwillingsgeschütz – ebenfalls erfolglos. Wenigstens konnten die Flugzeuge so auf Abstand gehalten werden. Zunächst kreisten sie in einer Entfernung von etwa 3.000 Metern vor dem U-Boot, setzten dann aber urplötzlich zu einem neuen Angriff an. In einer Höhe von 50 Metern über dem Wasser stürzten die Feindflugzeuge direkt auf U 997 zu. Als sie nur noch 1.000 Meter entfernt waren befahl Lehmann:

„Feuer!"

Sofort bellten die beiden 2-cm-Zwillingsgeschütze los, schwere Maschinengewehre, die rasch auf der Brücke montiert worden waren tackerten. Heftiges Abwehrfeuer schlug den feindlichen Maschinen entgegen. Die „Martlets" flogen trotzdem wild schießend mit Höchstgeschwindigkeit bis auf etwa 150 Meter an das Boot heran, zogen dann scharf in die Höhe, kippten schließlich nach links und drehten ab. Deutlich sahen die Männer die von unten weiß gestrichenen Maschinen, konnten allerdings die Hoheitsabzeichen nicht erkennen.

„Unser Abwehrfeuer hat sie zum Abdrehen gezwungen, II WO", murmelte Lehmann und atmete tief durch.

Doch der Kommandant hatte sich geirrt. Die „Martlets" hatten sich nur zum nächsten Anflug gesammelt. Schon brausten sie wieder heran. Jedes der Flugzeuge hatte sechs Kanonenrohre unter den Tragflächen, aus denen pausenlos Feuerstöße auf das U-Boot zuhielten. Nun gab es die ersten Treffer in der gepanzerten Brücke. Die Geschosse entwickelten beim Einschlagen undurchdringlichen Rauch, und im Nu war die Brücke so verqualmt, dass die Flak-Mannschaften kaum mehr etwas erkennen konnten. Ein Höllenspektakel war losgebrochen. Das Krachen der einschlagenden Geschosse wurde nur durch das Rattern der 2-cm-Zwillingsgeschütze und das hohle Plopp der 3,7-cm-Kanone unterbrochen, dazwischen wurden Befehle gebrüllt und hektisch Munition herangeschafft – alles sah nach einem heillosen Durcheinander aus. Wie durch ein Wunder war noch kein einziger Mann der Brückenwache oder der Flak-Mannschaft zu Schaden gekommen.

Insgesamt fünf Angriffe flogen die britischen Jäger, aber jeden konnte U 997 parieren. Doch dann bekamen die Maschinen Zuwachs. Ein zweimotoriger Eindecker – ein sowjetisches „Catalina"-Flugboot des 118. Aufklärerregiments – gesellte sich zu den drei „Martlets".

Und dann brüllte der Matrosengefreite Goldbeck zu allem Überfluss: „Drei Doppeldecker, Typ Swordfish in 60 Grad, Entfernung 7.000 Meter!"

Er hatte als erstes neue Feindflugzeuge bemerkt.

Lehmann drehte sein rauchgeschwärztes Gesicht in die angegebene Richtung und sah angestrengt durch sein Fernglas. Tatsächlich zogen drei „Swordfish"-Doppeldecker unterhalb der Wolkenbank ihre Bahn – sie konnten nur von einem Träger kommen. U 997 hatte es nun mit insgesamt sieben feindlichen Maschinen zu tun. Eine schier ausweglose Situation! Wenn die sieben Piloten einigermaßen aufeinander eingespielt waren, konnten sie das U-Boot zu Tode hetzen. Langsam gewannen die Flugzeuge Höhe, teilten sich dann auf, und nur Sekunden später stürzten sie aus verschiedenen Richtungen zum Angriff auf das träge im Wasser liegende Ziel, U 997. Die U-Boot-Männer an den Fla-Waffen und Maschinengewehren wehrten sich verzweifelt, schossen aus allen Rohren, und tatsächlich gelang es, auch diesen Angriff zurückzuschlagen. Die Flugzeuge drehten ab. Aber die Ruhe war nur kurz, die feindlichen Maschinen stiegen nur, um Höhe für den nächsten Sturzflugangriff zu gewinnen.

„Zweimotorige achtern, greift an!", rief der hintere Backbordposten, der Matrosenobergefreite Klockenmeier, seine Stimme überschlug sich.

Die Köpfe schnellten herum, über dem Heck des U-Bootes war in etwa 1.000 Metern Entfernung das sowjetische Flugboot als großer, dunkler Punkt zu erkennen. Bevor Lehmann überhaupt reagieren konnte, blaffte schon das 3,7-cm-Heckgeschütz los. Die Geschosse lagen gut, sehr dicht neben dem Ziel. Die „Catalina" schien sich mehrmals zu schütteln und begann dann zu schaukeln wie ein Betrunkener. Vermutlich versuchte der sowjetische Pilot, so dem Abwehrfeuer des U-Bootes zu entkommen. Aber der Richtkanonier des 3,7-cm-Geschützes, Mechanikerobergefreiter Grützenbach, war ein Meister seines Fachs. Egal in welche Richtung das Flugboot auswich, Grützenbachs Geschosse verfolgten es. Als es dann auch noch das Feuer der leichten Fla-Geschütze und Maschinengewehre auf sich zog, drehte der entnervte Pilot die „Catalina" urplötzlich auf die Steuerbordseite, zog eine Kurve und machte sich davon. Hans Lehmann sah nun die Chance, unter Wasser zu kommen. Die alliierten Maschinen mussten sich erst wieder sammeln, was noch einige Minuten dauern würde. Das musste reichen um zu tauchen!

„Feuer einstellen, alle Mann ins Boot, Alarmtauchen“, brüllte der Kommandant heißer.

Blitzschnell ließen sich die Männer einer nach dem anderen durch das offene Turmluk fallen. Als letzter stieg Lehmann ein. Noch während er hastig den Lukendeckel festdrehte, schrie er:

„Fluuuuten, auf 100 Meter gehen, LI, schnell, schnell!“

Mit großer Fahrt und Hartruder ging es in die Tiefe. Nur Sekunden vergingen, schon meldete der Leitende Ingenieur Sadewasser:

„Befohlene Tiefe 100 erreicht, Boot ist durchgependelt!“

„Gut, LI“, sagte der Kommandant, „hart Steuerbord“, und fügte ironisch hinzu, „wie es bei fliehenden Hasen so üblich ist.“

Lehmann sah auf seine Armbanduhr: 11.46 Uhr. Gerade einmal fünf Minuten waren seit dem ersten Anflug der feindlichen Flieger vergangen. In diesen fünf Minuten, die den Männern wie eine Ewigkeit vorkamen, hatten sie sieben Angriffe abgewehrt und anschließend ein perfektes Schnelltauchmanöver durchgeführt.

„Mein Gott, was man bei der Kriegsmarine in fünf Minuten alles so erleben darf“, grinste Lehmann und löste damit die Spannung. Manch einer, dem eben noch das Grauen im Gesicht stand, musste nun schmunzeln.

Ganz allmählich wurde es ruhig im Boot. Erst jetzt bemerkten die Männer ein beunruhigendes Geräusch: Irgendwo rauschte Wasser.

„Wassereinbruch“, raunte der I. Wachoffizier, Leutnant zur See Nösel.

„Frage Schadensmeldungen“, reagierte Lehmann sofort.

Die Ursache war schnell gefunden. Das Drehrohr des Funkmessbeobachtungsgeräts machte stark Wasser. Schon nach kurzer Zeit waren die Flurplatten in der Zentrale überschwemmt. Doch die Männer konnte das nicht weiter irritieren. Oft genug hatten sie während der Ausbildung die Bekämpfung von Wassereinbrüchen simuliert. In Windeseile war das Rohr durch diverse Verschraubungen abgedichtet.

Da die alliierten Flugzeuge zweifellos weiter nach U 997 suchten, beschloss Lehmann, vorerst unter Wasser zu bleiben. Um 12.10 Uhr war eine Wasserbombendetonation zu hören, allerdings weit weg.

„Schreckwasserbombe, die suchen uns. Na ja, war klar“, murmelte der Kommandant mehr zu sich selbst.

Gegen 13.00 Uhr hatte Lehmann dann genug von der Warterei. Er ließ auf Sehrohrtiefe steuern und sah durch das Periskop einen Doppeldecker, der über der letzten Tauchstelle des Bootes kreiste.

„Auf 40 Meter gehen, wir bleiben noch eine Stunde unter Wasser. Die haben uns verloren.“

Um 14.23 Uhr wagte der Kommandant den nächsten Rundblick. Diesmal war der Himmel frei.

„Auftauchen!"

Kaum wieder an der Wasseroberfläche, machte Obersteuermann Schwab achteraus eine Rauchboje aus, die die vermutete Position des U-Boots anzeigte. So schnell wollten die Alliierten die Suche also nicht abbrechen.

„Abgabe Kurzsignal über die Fliegerangriffe, Herr Kaleu?", wollte Funkobergefreiter Koller wissen.

„Nein, Koller. Erst müssen wir die beiden beim Alarmtauchen abgesoffenen Munitionsbehälter trockenlegen und wieder mit Munition auffüllen. Wir sollten einsatzbereit sein, falls die Flieger wieder kommen."

Die Seeleute hatten an Deck unterdessen mit der Inventur der Schäden begonnen, und da kam einiges zusammen. 50 bis 60 leichte Maschinengewehrtreffer waren in Turm und Bootskörper eingeschlagen, dazu neun schwere Kanonentreffer, Kaliber 2 cm bis 4 cm. Eines der Geschosse hatte den Schaft des Funkmessbeobachtungsgeräts durchschlagen, was für den Wassereinbruch gesorgt hatte. Ansonsten gab es in der Turmverkleidung Beulen und Löcher bis zu acht Zentimeter Durchmesser. Beunruhigend war ein Treffer in den Tauchbunker 4 an der Backbordseite. Das Loch, durch das ölverschmiertes Wasser auslief, war gut und gerne vier Zentimeter breit. Das Boot zog eine für Flugzeuge gut sichtbare Ölspur hinter sich her. Lehmann ließ Wasser in den Tauchbunker leiten, um das ölhaltige Schmutzwasser komplett herauszudrücken. Die Maßnahme hatte Erfolg, das verschmutzte Wasser wurde allmählich klarer. Allerdings stellten die Mechaniker fest, dass ein Abdichten durch Leckpfropfen wegen der gezackten Ränder nicht möglich war. Die Bestandsaufnahme der Schäden war gerade beendet, als eine „Swordfish"-Maschine auftauchte.

„Alarm! Auf 120 Meter gehen, LI!", schrie der Kommandant, und wieder polterten die Männer in die Zentrale hinab. Routiniert fing Sadewasser das Boot auf der befohlenen Tiefe ab. Sekundenlang herrschte Totenstille, dann war ein Klatschen zu hören.

„Wabos", murmelte der II WO Friederichs überflüssigerweise – jeder an Bord wusste, was das Geräusch bedeutete.

Kaum ausgesprochen, gab es einen fürchterlichen Schlag. Das Boot wurde hin und her geschüttelt, als hätte es ein riesiger Vorschlaghammer getroffen.

„Auf 150 Meter gehen, 340 Grad", flüsterte Lehmann – und gleich darauf etwas lauter, „Frage Schäden!"

Die Meldungen kamen in rascher Folge, Gott sei Dank war alles in Ordnung. Nach einer halben Stunde wagte Lehmann einen Rundblick durch das Periskop. Die Luft war rein.

„Auftauchen!"

In der Folge wurde U 997 bis kurz nach Mitternacht des 23. August noch sechsmal von Feindfliegern unter Wasser gedrückt. Die Alliierten leisteten ganze Arbeit, sie schafften es nun schon seit Stunden, die Fühlung zu halten. So konnte man nicht entkommen. Lehmann entschloss sich, mit Höchstfahrt unter Wasser abzulaufen, in der Hoffnung die Flugzeuge so abzuschütteln, zumal sich diese offensichtlich noch um ein zweites U-Boot kümmern mussten, dessen Schraubengeräusche im Horchgerät eindeutig ausgemacht werden konnten.

Um 00.05 Uhr tauchte U 997 wieder auf, doch schon fünf Minuten später meldete Bootsmaat Goldberg ein Flugzeug in 310 Grad, in einer Entfernung von 7.000 Metern.

„Die sind hartnäckig, Herr Kaleu“, nöhlte Friederichs missmutig.

„Schon, aber wir tauchen trotzdem erstmal nicht, mal sehen, was sich tut“, entgegnete Lehmann.

Zwanzig Minuten darauf warf der Fühlungshalter zwei Leuchtbomben, und nur wenig später entdeckte die Brückenwache fünf Jagdmaschinen. Jetzt musste es schnell gehen!

„Alarmtauchen, auf Sehrohrtiefe gehen, Sadewasser“, befahl Lehmann.

Fast zwei Stunden blieb man unter Wasser, dann beschloss der Kommandant aufzutauchen. Doch kaum war U 997 über Wasser, kamen auch schon die alliierten Jäger zurück. Aus einer Entfernung von 8.000 Metern stürzten sie auf das Boot zu.

Wieder schrillte die Alarmglocke, und schon eine halbe Minute nach dem Auftauchen befand sich das Boot erneut unter Wasser. Zunächst geschah nichts, im Boot war es wieder still, nur das Tropfen des Bilgenwassers war zu hören.

„Die haben uns vielleicht doch nicht gesehen“, sinnierte Lehmann, als es plötzlich viermal hintereinander ganz in der Nähe des Bootes rummste, die Fliegerbomben waren nicht schlecht gezielt. U 997 neigte sich bedenklich zur Seite. Alle möglichen Gegenstände purzelten durcheinander, die Männer, die sich nicht irgendwo festkrallen konnten, schlugen hart auf die Bodenplatten auf.

Zwei Minuten später klatschte es wieder, und gleich darauf folgten vier fürchterliche Detonationen dicht am Boot. Mit weit aufgerissenen Augen starrten die U-Boot-Fahrer an die Decke, jederzeit konnte der todbringende Wassereinbruch kommen. Einige waren kreidebleich, zitterten merklich.

„Schadensmeldungen?“, fragte Lehmann. Auch er war angespannt, fixierte wie gelähmt die Anzeigennadel des Tiefenmessers, die wie festgenagelt bei 120 Metern stand, versuchte aber vor der Mannschaft Fassung zu bewahren.

Die Meldungen von den verschiedenen Stationen gingen Schlag auf Schlag in der Zentrale ein. Es war das reinste Wunder: Außer einigen zerbrochenen Manometergläsern, gab es keine Ausfälle. Dann trat wieder nervöse Stille ein, die der Funkmaat schließlich unterbrach: „Kommandant ins Funkschapp!“

Mit schweren Schritten tappte Lehmann zum Schapp, wo ihm der Funker Koller die

Kopfhörer in die Hände drückte: „Die beharken ein anderes U-Boot, Herr Kaleu!“ Lehmann stülpte sich die Kopfhörer über und lauschte konzentriert. In Richtung 340 Grad tobte ein gnadenloser Kampf. U-Boot-Diesel, die mit hoher Fahrt liefen, waren zu hören, unterbrochen von Kanonendonner.

„Auf Sehrohrtiefe steuern, LI, das sehen wir uns mal an“, befahl der Kommandant, doch durch das Periskop war absolut nichts zu erkennen.

Da machte sich Koller wieder bemerkbar:

„Das Boot taucht“, und einige Sekunden später mit schmerzverzerrtem Gesicht, „Wasserbomben!“

Jetzt sah Lehmann im Sehrohr einen Punkt, den er als „Swordfish“-Maschine identifizierte, die in einer Entfernung von etwa acht Seemeilen Kreise drehte. Bis zur Mittagszeit zog über dieser Stelle ständig ein Flugzeug seine Bahnen. Offensichtlich hielt es Fühlung an dem Kameraden-Boot, das sich ebenfalls unter Wasser befand.

„Auf 40 Meter gehen, LI“, befahl Lehmann, während er das Sehrohr einfuhr, „wir laufen jetzt erstmal unter Wasser rechtwinklig ab. Die können unmöglich zwei Boote gleichzeitig beschatten.“

Um 12.50 Uhr befand sich U 997 ostwärts der Bäreninsel, der Kommandant ließ wieder auftauchen. Vom Feind war weit und breit keine Spur, das Absetzmanöver war gelungen. Lehmann besann sich nun wieder auf seine eigentliche Aufgabe und marschierte mit hoher Geschwindigkeit in die Richtung des zuletzt gemeldeten Geleitzuges, von dem sie etwa vierzig Seemeilen entfernt sein mussten.

Schon nach einer halben Stunde gab es den nächsten Fliegeralarm. Lehmann sah die Maschine sofort, die unterhalb der Wolken in einer Entfernung von etwa 5.000 Metern flog. Der britische Pilot hatte das U-Boot seinerseits bemerkt und zog seine Maschine in einem leichten Neigungsflug in die Richtung von U 997. Unbeeindruckt davon, dass er aus der 3,7-cm-Kanone beschossen wurde, behielt er zunächst seine Richtung bei. Dann wurde es ihm aber doch zu gefährlich. Er flog eine größere Schleife, und Lehmann nutzte die günstige Gelegenheit, um auf 100 Meter wegzutauchen. Nach zwei Minuten klatschte es zweimal an der Wasseroberfläche, und kurz darauf krachten zwei Wasserbomben, allerdings so weit entfernt, dass das Boot nicht gefährdet wurde

Um 14.27 Uhr tauchte U 997 wieder auf. Die Luft war rein, allerdings qualmte achteraus eine Rauchboje, die den alliierten Jägern signalisieren sollte, dass sich irgendwo in der Nähe ein U-Boot befand. Keine halbe Stunde später musste das Boot erneut vor vier anfliegenden „Swordfish“-Doppeldeckern tauchen.

„Donnerwetter, die Tommies tun aber wirklich auch alles, damit uns nicht langweilig wird“, höhnte der II WO Walter-Erich Friederichs und setzte ein schiefes Grinsen auf. Am frühen Nachmittag ließ Lehmann wieder auftauchen. Doch kaum über Wasser, war schon wieder eine „Swordfish“ in einer Entfernung von etwa fünfzehn Kilometern zu sehen, die das Boot aber offenbar nicht ausgemacht hatte, zumindest flog sie nicht zum Angriff an. Nach einer Viertelstunde ließ Lehmann wieder auftauchen und befahl:

„Kurs 110 Grad, Höchstfahrt."

Er wollte auf Biegen und Brechen an den Geleitzug, und tatsächlich erschienen um 17.41 Uhr drei Rauchwolken in 100 Grad am Horizont. Doch U 997 klebte das Pech weiter an den Fersen. Bis Mitternacht musste das Boot dreimal vor anfliegenden Jägern tauchen, dabei bekam es vier, allerdings schlecht liegende, Wasserbomben ab.

An diesem 23. August konnten nur U 394 (Borger), U 711 (Lange) und U 365 (Wedemeyer) aus der Gruppe Trutz ihren vorgesehenen Vorpostenstreifen besetzen, die anderen Boote wurden immer wieder von feindlichen Flugzeugen unter Wasser gedrückt und so aufgehalten. U 394 konnte mit seinem Grenzwellenpeiler den Funkverkehr der Escortschiffe des Konvois JW.59 einpeilen. Allerdings gelang es nur U 711 unter Kapitänleutnant Hans-Günther Lange, an den weiter in nördliche Richtung fahrenden sowjetischen Kriegsschiffverband heranzukommen. Lange schoss einen Flächen-Absuch-Torpedo-Fächer auf das Schlachtschiff „Archangelsk" und einen „Zaunkönig" auf den Zerstörer „Zarkij", die jedoch allesamt zu früh detonierten. Trotzdem meldete Hans-Günther Lange die Torpedierung eines Schlachtschiffes und die Versenkung eines Zerstörers, worauf ihm die deutsche Führung noch auf See am 26. August 1944 das Ritterkreuz zum Eisernen Kreuz verlieh.

Mittlerweile war der frühe Morgen des 24. August 1944 angebrochen. U 997 stand südostwärts der Bäreninsel. Das diffuse Dämmerlicht schien das Ausschwärmen der alliierten Flugzeuge zu verhindern.

„Der Konvoi muss ganz in der Nähe sein", murmelte Lehmann, als einer der Brückenwächter, der Obergefreite Wedel, um 01.25 Uhr einen Schatten meldete.

Der Geleitzug! Der Kommandant sah durch sein Fernglas deutlich die Brücken von vier Kriegsschiffen.

„Alarmtauchen", befahl Lehmann und schimpfte wie ein Rohrspatz mit den Posten, „verdammt, verdammt, die hätten wir beinahe über den Haufen gekarrt, passt bloß besser auf, Leute, sowas darf nicht mehr passieren."

Durch das Periskop waren die Fahrzeuge klar und deutlich auszumachen. Links fuhren ein Zerstörer, rechts davon zwei Fregatten. Das mittlere Kriegsschiff hatte sich etwas zurückfallen lassen. Im Hintergrund war ein weiterer Bewacher zu sehen. Alle fuhren wild zackend um Lage Null.

Lehmann fuhr das Sehrohr nun voll aus, er suchte nach einem Geleitträger oder einem größeren Frachter, konnte aber keinen finden. So entschied er sich nun für den Angriff auf die Geleitfahrzeuge und ließ das Boot mit wenigen Kursänderungen zwischen die beiden Fregatten sacken.

„Wir greifen an", flüsterte er, es war 01.52 Uhr, „T-V-Schuss aus Rohr V auf Fregatte!"

Um 01.55 Uhr folgte der nächste Befehl: „T-V-Schuss aus Rohr II auf Zerstörer der S- oder T-Klasse", und schließlich, „Doppelschuss FAT aus Rohr I und III auf mittlere Fregatte!"

Pressluft zischte in die Rohre, die Torpedos waren auf ihrem tödlichen Weg. In der Zentrale zählte Obersteuermann Schwab mit der Stoppuhr die Sekunden.

Aber U 997 war offenbar bemerkt worden. Die eine Fregatte war mittlerweile auf hohe Fahrt gegangen, die zweite lief direkt auf das Sehrohr des Bootes zu.

„Auf 100 Meter gehen, LI, 90 Grad steuern", befahl Lehmann kaltschnäuzig.

Um 01.59 Uhr war die erste Detonation zu hören, um 02.02 Uhr eine zweite. Im Horchgerät war wegen der mit Höchstfahrt laufenden E-Maschinen und der anderen Geräusche, die Lenzen und Trimmen verursachten, nichts Genaues auszumachen. Allerdings konnten die U-Boot-Männer auch mit bloßen Ohren, das Knirschen und Scheuern von Eisen hören.

„Auf 200 Meter, Schleichfahrt", befahl Lehmann, „wir schauen, dass wir hier wegkommen."

Kurz darauf detonierte eine Serie von zwölf Wasserbomben, die aber weit weg lagen.

„Horchpeilung, mehrere Maschinen, wahrscheinlich die Bewacher", flüsterte der Funkobergefreite Maiwald in die Stille.

Die Zeit verrann. Schon war über eine Stunde vorbei, ohne dass U 997 verfolgt wurde. Lehmann vermutete, dass über Wasser Schiffbrüchige geborgen werden mussten, sonst gab es eigentlich keinen Grund, die Suche nach dem U-Boot abzubrechen. Schließlich war die Tauchstelle und damit der ungefähre Standort bekannt.

Um 03.21 Uhr meldete sich Oberfunkmaat Gindorf:

„Schraubengeräusche, werden langsam lauter, kommen näher!"

Im Boot waren die peitschenden Geräusche von Schiffsschrauben mit bloßem Ohr zu hören.

„Neue Schraubenortung, ein zweiter Bewacher Herr Kaleu", flüsterte Gindorf leise.

„Auf 340 Grad gehen", zischte Lehmann.

Der zweite Bewacher war deutlich achteraus zu hören, in einiger Entfernung weitere Geräusche. Die Jagd hatte begonnen. Die Feindboote kreisten mit langsamer Fahrt über dem getauchten U-Boot. Plötzlich detonierten sechs Wasserbomben ganz in der Nähe, die U 997 kräftig durchschüttelten und es bis auf 230 Meter Tiefe durchsacken ließen. Doch der LI war auf seinem Posten und brachte es zurück auf 200 Meter und geschickt in eine stabile Lage.

„Ruder hart Backbord, Steuerbord-E-Maschine äußerste Kraft voraus", war die kaltblütige Reaktion des Kommandanten.

Lehmann nützte gekonnt den Umstand, dass das mit Höchstfahrt anlaufende Feindfahrzeug seinerseits so viel Lärm machte, dass es das U-Boot in dieser Zeit nicht orten konnte. Er konnte also kurzfristig selbst mit äußerster Kraft marschieren, bevor er zur Schleichfahrt zurückkehren musste.

Zwanzig Minuten später detonierten weitere acht Wasserbomben und ließen das Boot erbeben. Unaufgefordert kamen von allen Stationen die Klarmeldungen, lediglich das Licht war ausgefallen und musste während der Reparatur durch die Notbeleuchtung ersetzt werden. Während der Wabo-Verfolgung hatten die U-Boot-Jäger nur einmal für kurze Zeit das Asdic-Gerät einsetzen können – die Anläufe der Zerstörer lagen so dicht beieinander, dass sie keine Gelegenheit für vernünftige Ortungen hatten. In der Folge kam es zu weiteren Bombenwürfen, aber die Alliierten hatten U 997 offenbar verloren, denn die Bomben lagen immer schlechter, zu weit weg und zu flach. Um 03.55 Uhr krachte es noch einmal, dann wurde es still. Leise befahl Lehmann:

„Auf 80 Meter gehen, sobald Tiefe erreicht, Torpedos nachladen, aber macht bloß keinen Lärm, Leute!"

Tatsächlich war die Ruhe trügerisch. U 997 war bei weitem noch nicht in Sicherheit. Um 05.15 Uhr detonierten, ohne dass vorher etwas gehorcht werden konnte, kurz hintereinander fünfzehn Wasserbomben, die das Boot erneut kräftig durchrüttelten.

„Auf 200 Meter steuern, schnell LI!"

Offenbar standen die Bewacher wieder in der Nähe und lauerten. Alle 15 bis 30 Minuten fielen Serien von sechs bis acht Wasserbomben. Allerdings lagen sie weit ab, nur die beiden ersten waren in nächster Nähe explodiert.

Um 08.50 Uhr war wieder Ruhe eingekehrt, obwohl leise Schraubengeräusche in der Nähe darauf hindeuteten, dass die Jagd noch nicht zu Ende war. Lehmann lehnte am Horchschapp und ließ den Oberfunkmaat Gindorf nicht aus den Augen, der ihm laufend Standort und Kursänderungen der Bewacher zuflüsterte. Dazwischen setzte er immer wieder selbst den Kopfhörer auf, um sich ein Bild zu machen. Dann versuchte er einen neuen Ausbruchsversuch:

„Kurs 180 Grad, Bolde ausstoßen!"

Im Horchschatten eines lärmend nach rechts ablaufenden Bewachers und geschützt durch die Geräusche der Bolde, die den Jägern ein Scheinziel vorgaukelten, konnte sich das Boot nun weiter absetzen. Die zwischen 10.00 Uhr und 13.00 Uhr weit ab detonierenden Wasserbomben zeigten an, dass die Bewacher das U-Boot verloren hatten. Der Horcher bestätigte diese Annahme, er ortete zwar sechs Schiffe, aber alle in großer Entfernung.

Lehmann befahl, weiter mit kleiner Fahrt nach Nordwesten abzulaufen. Mit der Zeit konnte U 997 immer mehr Abstand zwischen sich und seine Jäger bringen. Um 18.30 Uhr ging der Kommandant auf Sehrohrtiefe. Ein Rundblick durch das Periskop überzeugte ihn, dass die Luft rein war. Der Horchraum gab dazu die Meldung, dass er keinerlei Peilung mehr habe. Die U-Boot-Fahrer atmeten langsam auf, nach 17 Stunden Unterwasserfahrt schien ein Auftauchen zum Greifen nah.

Aber Lehmann traute dem Frieden noch nicht, zu oft hatte er in den zurückliegenden Stunden gedacht, dem Feind entwischt zu sein, und genauso oft war diese Hoffnung enttäuscht worden. Und er sollte Recht behalten. Genau um 20.33 Uhr meldete der Obergefreite Vinzenz Koller, der gerade am Horchgerät saß:

„Zwei aufkommende Bewacher, laufen langsame Fahrt!"

Lehmann reagierte mit einer schnellen Kursänderung.

„Gegner wird schneller", flüsterte Koller nun.

Die Jäger liefen mit hoher Fahrt an und warfen 15 Wasserbomben. Lehmann versuchte, mit äußerster Kraft und wechselnden Kursen auszuweichen, aber das Boot wurde durch die Explosionen erneut kräftig hin und her geworfen – glücklicherweise kam es auch diesmal zu keinen Schäden. Nach diesem Angriff kehrte wieder Ruhe ein, und gegen Mitternacht meldete Koller erleichtert:

„Keine Horchpeilung mehr!"

Lehmann versuchte wieder einmal, sich mit Schleichfahrt abzusetzen.

An diesem 24. August blieben auch die Versuche anderer deutscher U-Boote, gegen die starke Luft- und Seesicherung an den Konvoi heranzukommen, erfolglos. Neben U 997 gelang es nur U 668 (von Eickstedt) und U 363 (Nees) je zwei T-V-Torpedos gegen Sicherungsschiffe zu schießen. Hans Lehmann (U 997) und Werner Nees (U 363) beanspruchten beide die Versenkung von je zwei Geleitfahrzeugen, tatsächlich hatten aber beide nur Endstreckendetonierer gehört. Die „Zaunkönige" explodierten ohne Schaden anzurichten im Kielwasser der Kriegsschiffe.

Inzwischen war der 25. August 1944 angebrochen. Um 00.30 Uhr ließ Lehmann auf Sehrohrtiefe einsteuern. Die Torpedorohre waren nachgeladen, und so entschloss sich der Kommandant, sofort anzugreifen, wenn die Bewacher noch da sein sollten. Aber der erste Rundblick zeigte ihm, dass die Wasseroberfläche leer, die Luft rein war.

Endlich, nach 23 Stunden Unterwasserfahrt gab Lehmann den heiß ersehnten Befehl aufzutauchen. Frische Luft strömte ins Boot. Gierig pumpten die Besatzungsmitglieder ihre Lungen voll. U 997 musste nun vor allem sorgfältig gelüftet werden. Es stank bestialisch nach den Ausdünstungen der Männer, fauligen Essensresten und Dieselöl. Trotz allem war Hans Lehmann wieder bester Laune. Fröhlich grinsend sagte er zu seinen Männern:

„Leute, jetzt kann sicher keiner mehr behaupten, dass wir keine Fronterfahrung haben!"

Das Boot lief nun mit hoher Fahrt nach Nordwesten. Der Kommandant und seine Offiziere machten derweil Bestandsaufnahme, und die zeigte, welch unglaubliches Glück U 997 hatte: Während der zurückliegenden Stunden hatte das Boot sage und schreibe 176 Wasserbomben abbekommen, aber abgesehen von wenigen kleinen Schäden, kamen Boot und Besatzung ungeschoren davon.

Um 02.00 Uhr meldete sich nach langer Zeit der F.d.U. Norwegen:

1. Rückmarsch zur Ergänzung: Lange (U 711) nach Hammerfest. Wieder auslaufen gemäß Operationsbefehl 16. Wedemeyer (U 365) nach Narvik-Andfjord.
2. Gruppe Trutz unter Wasser absetzen. Reihenfolge: Borger (U 394), Sthamer (U 354), Brünner (U 703), Nees (U 363), Lehmann (U 997), Pietsch (U 344), von Eickstedt (U 668). Zurückstehende Boote ohne Fahrterhöhung anschließen. F.d.U.

Der F.d.U. wusste zu diesem Zeitpunkt noch nichts vom grausamen Schicksal, das U 344 ereilt hatte, aber auch für U 354 kam der Befehl zu spät. Das Boot unter dem Kommando von Oberleutnant zur See Hans-Jürgen Sthamer bekam am Morgen des 24. August Fühlung am Geleitzug JW.59, wurde dabei allerdings von einer „Swordfish" des Geleitträgers „Vindex" gesichtet. Einem Angriff des Doppeldeckers konnte U 354 durch ein rasch eingeleitetes Schnelltauchmanöver entgehen, wurde aber dann von der herangerufenen Sloop „Mermaid" mit Asdic geortet und schließlich zwölf Stunden lang von dem Zerstörer „Keppel", der Fregatte „Loch Dunvegan" und den Sloops „Mermaid" und „Peacock" gejagt. Sthamer schoss zwei „Zaunkönige" auf die „Mermaid", die allerdings nicht trafen. Als es an der Wasseroberfläche etwas ruhiger wurde und zugleich auch die Batteriekapazität am Ende war, ließ Sthamer auftauchen. Zu seinem Pech kam er nur etwa 5.000 Meter vor der „Loch Dunvegan" an die Oberfläche. Ob er die Fregatte übersehen hatte oder ob er gezwungen war aufzutauchen, ließ sich nie klären.

Die „Loch Dunvegan" hielt sofort auf das U-Boot zu, das sich erneut durch Alarmtauchen dem Gegner zu entziehen versuchte. Zudem ließ Sthamer mehrere Bolde ausstoßen, um die Asdic-Geräte des Gegners in die Irre zu führen. Dem inzwischen herbeigeeilten Zerstörer „Keppel" und den Sloops „Mermaid" und „Peacock" gelang es aber, U 354 zu orten und mit einem Hagel von Wasserbomben zu belegen. Beim insgesamt achten Angriff, dem dritten Angriff der „Mermaid", war eine starke Unterwasserexplosion zu hören, dann trieb Öl an die Wasseroberfläche. Während die anderen Schiffe der 20. Escort-Group abzogen, um sich wieder der Sicherung des Konvois zu widmen, blieb die „Mermaid" an der letzten Tauchstelle von U 354 liegen. Erst zwölf Stunden später lief sie wieder zum Geleitzug zurück. Inzwischen hatte sich ein etwa zehn Kilometer großer Ölteppich gebildet. U 354, das zwei Tage zuvor noch einen großen Erfolg erzielt hatte, war mit seiner gesamten Besatzung zerstört worden. Die Sicherung des Konvois JW.59 hatte damit ein zweites U-Boot vernichtet. Der Geleitzug lief schließlich am 28. August 1944 ohne den Verlust auch nur eines Frachters in der Kolabucht und im Hafen von Murmansk ein.

Oberleutnant zur See Hans Lehmann, Kommandant von U 997,
nach der Beendigung der 1. Feindfahrt.

Arbeiten an Deck von U 997 bei schwerer See.

Im stürmischer See klappt die Verständigung mit der Brücke nur mit Handzeichen.

Obwohl die Männer angeseilt sind – bleibt die Arbeit an Deck bei hohem Seegang gefährlich.

Trotz der schweren Arbeit an Deck, nehmen es die Männer mit Humor.

Bald haben sie es geschafft. Wellenbrecher überspülen das Deck von U 997.

Fregattenkapitän Rolf Rüggeberg, seit Juni 1943 Chef der 13. U-Flottille in Trondheim, dem auch U 997 ab Juni 1944 unterstellt war.

Spätsommer 1944: Ein Kameradenboot läuft zusammen mit U 997 in Hammerfest ein.

Das U-Boot-Begleitschiff „Black Watch" liegt an der Pier in Trondheim. Mehrere U-Boote haben an ihr festgemacht. Die Aufnahme entstand 1942.

Das U-Boot-Begleitschiff „Black Watch" vor Hammerfest.

Maschinenobergefreiter Ludwig Müller und rechts neben ihm Maschinenobergefreiter Ewald Schneemann an Deck von U 997.

Das Werkstattschiff „Huascaran". Ohne dieses Schiff wäre die Reparatur eines U-Bootes im Nordmeer nicht möglich gewesen.

V.l.n.r.: Bootsmaat Eugen Zich, Zentralemaat Rudolf Trogbacher und Funkmaat Wolfgang Gindorf auf dem Anleger zur „Black Watch" im Hafen von Hammerfest.

Ein Schnappschuss: Zwei Lappen in Hammerfest im Sommer 1944.

Ende November 1944: Hans Lehmann schickt einige Männer mit dem Schlauchboot zur Bäreninsel, um mit Kanistern Frischwasser für U 997 zu holen.

Maschinenhauptgefreiter Walter Sollmann in der verschneiten Winterlandschaft Norwegens.

Ein deutsches U-Boot läuft von Feindfahrt kommend in Hammerfest ein. Während der Unternehmung hatte die Besatzung einen Eisbären geschossen. Sein Fell hängt über einem Gestell am Vorderdeck.

Leutnant zur See Diether Wolffram wurde Anfang Oktober 1944 auf U 997 kommandiert und vor der vierten Unternehmung des Bootes zum II. Wachoffizier ernannt.

Matrosenobergefreiter Kurt Chinnow war aufgrund seines scharfen Blickes einer der besten Brückenausgucks von U 997.

Matrosengefreiter Leo Skibb war einer der jüngsten Matrosen an Bord von U 997.

Diesel-Obermaschinist Walter Tegtmeier war ein begnadeter Techniker. Sein fachlicher Rat war immer gefragt.

1. oder 2. August 1944: U-Boote haben an der „Black Watch“ in Hammerfest angelegt. Die Aufnahme entstand am gleichen Tag wie die Aufnahme rechts und zeigt v.l..n.r.: U 365 (Haimar Wedemeyer), U 362 (Ludwig Franz), U 278 (Joachim Franze), sowie Teile des Hecks von U 711 (Hans-Günther Lange) und U 997 (Hans Lehmann).

V.l.n.r.: U 365 (Haimar Wedemeyer), U 362 (Ludwig Franz), U 278 (Joachim Franze), U 711 (Hans-Günther Lange) und U 997 (Hans Lehmann).

„Schlachttag“ auf dem Anleger vor der „Black Watch“ in Hammerfest.

Kapitänleutnant Ulrich Pietsch, Kommandant von U 344, fand am 22. August 1944 nordwestlich der Häreninsel am Konvoi JW.59 mit der gesamten Besatzung den Tod.

Oberleutnant zur See Hans-Jürgen Sthamer, Kommandant von U 354, fand am 24. August 1944 in der Barentssee nordöstlich des Nordkaps am Konvoi JW.59 mit der gesamten Besatzung den Tod.

Kapitänleutnant Walter Köhntopp, der erste Kommandant von U 995. Er wurde im Oktober von Hans-Georg Hess abgelöst.

Kapitänleutnant Haimar Wedemeyer, der erste Kommandant von U 365. Er wurde im November 1944 von Diether Todenhagen abgelöst.

Kapitänleutnant Wolfgang Borger, Kommandant von U 394, fand am 2. September 1944 im Nordmeer westlich von Harstad am Konvoi RA.59 mit der gesamten Besatzung den Tod.

Kapitänleutnant Werner Nees, Kommandant von U 363, führte das U-Boot auf sieben Unternehmungen im Nordmeer bis zum Ende des Krieges.

Kapitänleutnant Heinz-Dieter Mohs, Kommandant von U 956, führte das Boot auf zwölf Unternehmungen im Nordmeer bis zum Ende des Krieges.

Kapitänleutnant Hans-Günther Lange, Kommandant von U 711 wurde noch am 29. April 1945 mit dem Eichenlaub zum Ritterkreuz ausgezeichnet.

Die „Black Watch" in Hammerfest.
Zwei U-Boote haben neben dem Schiff festgemacht.

U-Boote im U-Stützpunkt Hammerfest.

U 997 vor dem Auslaufen.
Hintere Reihe v.l.n.r.: Oberbootsmaat Medler, Funkmaat Wysgol, Obersteuermann Schwab.
Mittlere Reihe v.l.n.r.: Oberfunkmaat Gindorf, Diesel-Obermaschinist Tegtmeier.
Vordere Reihe v.l.n.r.: E-Obermaschinist Jimmy Barkowski, I WO Walter-Erich Friederichs und der Leitende Ingenieur Klaus-Ulrich Sadewasser.

Maate von U 997 an Bord der „Black Watch“: Maschinenmaat Horst Puder (3), Bootsmaat Wolters (2), Funkmaat Heinz Wysgol (1), Obermechanikermaat Willi Schallenberg (4), Maschinenmaat Emil Ascherl (7), Maschinenmaat Kiener (5), Oberfunkmaat Wolfgang Gindorf (8) und Obermaschinenmaat Gerhard Hoffmann (6).

Auf Feindfahrt vor Murmansk: In aller Eile muss ein Schaden am Boot behoben werden. Dabei wird der Seemann, der die Reparatur ausführt, von zwei Kameraden festgehalten.

Hammerfest im Juli 1944: Die Mannschaft von U 997 ist an Deck angetreten und erhält letzte Instruktionen. Ein Foto noch, dann geht es los zur dritten Feindfahrt.

U 997 kurz nach dem Einlaufen in Hammerfest. V.l.n.r.: Der Kommandant Hans Lehmann, der II. Wachoffizier Walter-Erich Friederichs und der Leitender Ingenieur Klaus-Ulrich Sadewasser.

Die Mannschaft von U 997 kurz vor dem Auslaufen des Bootes aus Hammerfest im Juli 1944.

Die Mannschaft von U 997 im Juli 1944 in Hammerfest, kurz vor dem Auslaufen des Bootes: Koller (1), Chinnow (2), Eisenmenger (3), Medler (4), Tegtmeier (5), Schwab (6), Czublinski (7), Zich (8), Gindorf (9), Krause (10), Hoffmann (11) und Goldberg (12).

Narvik am 13. September 1944: Der Stützpunktleiter Narvik verabschiedet U 997 zur 3. Unternehmung. Links im Bild: Oberleutnant zur See Hans Lehmann.

Die „Stella Polaris", ein norwegisches Luxuskreuzfahrtschiff war von 1942 bis Kriegsende Wohnschiff des U-Stützpunktes Narvik.

U 997 hatte sich mittlerweile den Befehlen gemäß aus dem ehemaligen Suchstreifen nach Westen hin abgesetzt. Wegen des starken Nebels am Vormittag des 26. August befahl Lehmann, tagsüber getaucht zu fahren und sich auf die akustischen Eindrücke des Horchers zu verlassen. Der nahm auch tatsächlich mehrmals verdächtige Ortungsgeräusche wahr, auf die sich aber niemand einen Reim machen konnte. Im Sekundentakt war so etwas wie ein Peitschenknallen zu hören. Erst gegen Mittag wanderte das Geräusch langsam nach Süden aus, bis es um 12.45 Uhr völlig verschwand. Lehmann hatte die Neugierde gepackt. Er wollte unbedingt wissen, was es mit den seltsamen Lauten auf sich hatte, und befahl mit südwestlichem Kurs der Geräuschquelle nachzustoßen.

Um 13.30 Uhr – das Boot stand mittlerweile südöstlich der Bäreninsel – waren die Laute erneut zu hören. Den ganzen Tag über sollte die seltsame Geräuschkulisse andauern, und am Abend wurde dazu noch ein ebenso seltsames Kratzen aufgefangen. An Bord von U 997 rätselte man, zumal Joachim Brünner, der Kommandant von U 703, die gleichen Erscheinungen über Funk meldete.

„Vielleicht ist es ein U-Boot, das ortet, ein Brite oder Russe, vielleicht sogar ein eigenes Boot“, sinnierte der I. Wachoffizier Gerhard Nösel.

„Nein I WO, wir haben heute Nachmittag bewusst mit den Schrauben Lärm gemacht. Ein U-Boot hätte daraufhin seine Ortungstätigkeit sofort eingestellt“, entgegnete Lehmann fachmännisch, „ich glaube, wir verfolgen ein Phantom. Wahrscheinlich sind es nur Ortungsbojen, die der Feind hier ausgesetzt hat. Wir laufen jetzt jedenfalls zu unserem alten Standort zurück.“

Der 27. August verlief ruhig, nur der Funkspruch des F.d.U. Norwegen um 13.10 Uhr ließ die Männer aufhorchen:

Nach Passieren Standlinie 3, Angriffsräume besetzen, Tiefe 50 Seemeilen.
Borger (U 394) AB 5619, Lehmann (U 997) AB 6387, Nees (U 363) AB 6818, Brünner (U 703) AB 9345. F.d.U.

Es sollte also gegen das erwartete Rückgeleit gehen. Sofort änderte U 997 den Kurs und lief in den neuen Angriffsraum südlich der Bäreninsel, den es am 28. August gegen 05.00 Uhr morgens erreichte. Nach dem Einlaufen von JW.59 in der Kolamündung am 28. August machte sich sofort der Rückkonvoi RA.59A mit neun Frachtern und der starken Sicherung von JW.59 auf den Weg. Der F.d.U. setzte daraufhin die verbliebenen Boote der Gruppe Trutz auf diesen Geleitzug an. Freilich sollte alle Mühe vergeblich bleiben. Weder die deutsche Luftaufklärung noch die Unterseeboote kamen an den Konvoi heran. Auch U 997 suchte im zugewiesenen Planquadrat vergeblich. Am Abend des 31. August stand das Boot südwestlich der Bäreninsel, als um 21.00 Uhr ein Funkspruch des F.d.U. Norwegen eintraf:

Nach Peilung wird Trägerverband 14.00 Uhr in AB 6260 vermutet. Annahme Südwestkurs. Borger (U 394) und Nees (U 363) darauf operieren. Nördlicher Kurs. Borger unverständlich. F.d.U.

Lehmann und Obersteuermann Schwab zogen sich kurz zurück, um den Standort der Trägergruppe und den eigenen zu prüfen. Sie brauchten nur wenige Minuten um festzustellen, dass die Kriegsschiffe unerreichbar weit weg marschierten.

„Wir tauchen auf, auf 100 Grad gehen", befahl der Kommandant müde und winkte ab.

Um 23.55 Uhr machte dann ein neuer Funkspruch des F.d.U. Norwegen, der nur an U 997 gerichtet war, Lehmann und seine Männer wieder munter:

Lehmann möglichst noch auf vermuteten Verband operieren. Anschließend Rückmarsch Narvik-Andfjord. F.d.U.

U 997 lief nun mit äußerster Kraft ins Planquadrat AB 6760, in dem U 394 unlängst Flugzeugträger gemeldet hatte. Um 00.30 Uhr, am 1. September 1944 befahl der Kommandant zum Rundhorchen zu tauchen. Alle Blicke in der Zentrale richteten sich auf den Funkraum. Der diensthabende Funker Koller hatte die Augen geschlossen und lauschte konzentriert, doch schließlich ließ er den Kopf enttäuscht sinken:

„Keine Horchpeilung!"

Nach einer Viertelstunde ließ Lehmann wieder auftauchen, um weiter auf den Geleitträgerverband zu operieren.

Um 09.25 Uhr meldete der Brückenwächter Goldbeck ruhig:

„Drei Flugzeuge 45 Grad, Entfernung 6.000 Meter."

Der Kommandant und der I. Wachoffizier richteten ihre Gläser rasch in die angegebene Richtung.

„Vorne fliegt eine ‚Swordfish', dahinter zwei ‚Martlet'-Jäger", stieß der I WO hervor.

„Sie setzen zum Angriff an, Herr Kaleu", schnaufte Goldbeck Sekunden später hastig.

Fast gleichzeitig gab Lehmann den Befehl zum Alarmtauchen. U 997 hatte gerade die schützende Wassertiefe erreicht, als schon eine Wasserbombe detonierte, allerdings weit ab. Lehmann beschloss, zunächst unter Wasser zu bleiben und abzuwarten. Durch das Luftzielsehrohr beobachtete er ständig die drei Maschinen, die weiter südlich kreisten – offenbar sicherten sie die dort stehende Trägergruppe. Lehmann wollte nun versuchen, in Unterwasserfahrt in die Nähe des Konvois zu kommen. Als er durch das Sehrohr sah, dass sich die alliierten Flugzeuge weiter nach Süden absetzten, schienen sich seine Vermutungen zum Standort des Geleits zu bestätigen.

Als dann aber auch um die Mittagszeit noch kein Fahrzeug in Sicht gekommen war, befahl Lehmann resigniert den Rückmarsch. Bereits um 19.07 Uhr meldete er dem F.d.U. per Funk:

Stehe 18 Stunden vor Ansteuerungspunkt. U 997.

Am 2. September, Punkt 16.00 Uhr machte U 997 in Harstad zur Lotsenübernahme fest. Um 16.35 Uhr legte das Boot wieder ab und lief in den Vestfjord ein, wo der Lotse um 19.20 Uhr in Lødingen wieder abgesetzt wurde. Punkt 22.00 Uhr legte das Boot in Narvik längsseits der „Stella Polaris" an.

So glücklich dieser Tag für U 997 verlief, so tragisch war er für ein anderes U-Boot der Gruppe Trutz. Kapitänleutnant Wolfgang Borger kam mit seinem U 394 zu nahe an den Geleitzug RA.59A heran und wurde von einem Patrouillenflugzeug des Trägers „Vindex" gesichtet. Die Zerstörer „Keppel" und „Whitehall" und die Fregatte „Affleck" beharkten das Boot sechs lange Stunden mit Wasserbomben – bis schließlich Wrack- und Leichenteile an der Meeresoberfläche schwammen. Die gesamte Besatzung von U 394 war zu Tode gekommen. Der Geleitzug RA.59A erreichte dagegen am 6. September 1944 unbehelligt Loch Ewe.

Am nächsten Morgen war die gesamte Besatzung von U 997 zur Ordensverleihung angetreten. Der F.d.U. Norwegen, Fregattenkapitän Reinhard Suhren, den alle nur „Teddy" nannten, ließ noch auf sich warten. Suhren, der mit Eichenlaub und Schwertern zum Ritterkreuz ausgezeichnet worden war, war bei der U-Boot-Waffe äußerst beliebt. Er galt als zäher und unbeugsamer Mann, der mit seiner Kritik auch die eigene Führung nicht schonte und sich immer hinter seine Untergebenen stellte. So rettete er wohl dem psychisch und physisch schwer angeschlagenen Kommandanten von U 995, Kapitänleutnant Köhntopp, das Leben. Auf der Feindfahrt vom 25. September bis 3. Oktober 1944 entdeckte Köhntopp einen Geleitzug, den er aber weder meldete noch angriff. Er kehrte einfach zum Stützpunkt nach Narvik zurück. Der I. Admiralstabsoffizier, Kapitänleutnant Reinhart Reche – selbst ein erfahrener U-Boot-Kommandant und mit dem Ritterkreuz ausgezeichnet – , dem er Bericht erstatten musste, war der Meinung, dass Köhntopp wegen Feigheit vor dem Feind vor ein Militärgericht gestellt werden müsse.

Reches Bericht gelangte natürlich auf den Tisch seines Vorgesetzten, des F.d.U. Reinhard Suhren, der um den unmenschlichen Druck, der auf den Schultern der Kommandanten lastete, wusste. Zu oft hatte er erlebt, dass Kommandanten und ihre Besatzungen als nervliche Wracks von ihren Feindfahrten zurückgekehrt waren. Suhren beschloss, Köhntopp zu helfen. Er wandte sich an den Chefarzt des Marinelazaretts Narvik, dem er Köhntopps Zustand in drastischen Bildern schilderte. Der Arzt bescheinigte Köhntopp daraufhin völlige nervliche Zerrüttung, und so wurde der U-Boot-Kommandant nicht vor ein Kriegsgericht gestellt, sondern von Oberleutnant zur See Hans-Georg Hess abgelöst.

Seit dieser Begebenheit wurde „Teddy" Suhren von den U-Boot-Besatzungen als Held verehrt. Sein Ansehen war allerdings auch darin begründet, dass die Männer Suhren als einen der Ihren betrachteten, war er doch ein alter U-Boot-Haudegen. Zu Beginn des Kriegs diente er als I. Wachoffizier auf U 48, wo er an der Versenkung von 42 Handelsschiffen beteiligt war. 1941 wurde er Kommandant von U 564, mit dem er bis September 1942 19 Schiffe mit 96.444 Bruttoregistertonnen, darunter die Korvette „Zinnia", versenkte. Weitere fünf Schiffe mit 31.036 Tonnen konnte er schwer beschädigen. Reinhard Suhren war also bei seinen Männern, aber auch bei der Bevölkerung unglaublich populär. Und diese Popularität nützte er, wenn es galt, sich schützend vor seine Leute zu stellen.

Dieser Reinhard Suhren trat nun zu den Männern von U 997 und hielt eine kurze Rede. Danach überreichte er allen Männern das U-Boot-Kriegsabzeichen. I WO Nösel, II WO Friederichs, LI Sadewasser, Obersteuermann Schwab, E-Obermaschinist Barkowski, Zentralemaat Trogbacher, Oberfunkmaat Gindorf, Maschinenmaat Herfert, Maschinenobergefreiter Sannemann und Matrosenobergefreiter Klockenmeier bekamen dazu das Eiserne Kreuz 2. Klasse, Bootsmaat Goldberg sogar das Eiserne Kreuz 1. Klasse. Personell kam es auf U 997 zu zwei Veränderungen. Klockenmeier und Sannemann wurden zu Lehrgängen in die Heimat geschickt, für sie kamen die Gefreiten Buchner und Koch an Bord. Während seiner zwei Unternehmungen waren Boot und Besatzung mittlerweile 67 Tage am Feind gewesen.

Am Abend des 3. September kam Hans Lehmann endlich ein wenig zur Ruhe. Jetzt konnte er seine Gedanken sammeln und eine Betrachtung der letzten Feindfahrt niederschreiben:

Erfahrungen: Möglichst sofort vor Trägerflugzeugen tauchen, da Fühlungshalter binnen kurzem beliebig viele Flugzeuge zur Stelle hat. Dreimal habe ich Doppeldecker mit Jägern zusammen beobachtet. Taktik: Jäger versuchen durch sofortigen Angriff Boot über Wasser zu halten und rufen Verstärkung. Im Falle, dass U-Boot taucht, von Doppeldecker zwei Wasserbomben. Fühlungshalter beim Überwasserbleiben nur mit der 3,7-cm auf Entfernung zu halten, 2-cm nicht besetzen, weil möglichst wenig Soldaten auf der Brücke, damit bei Annäherung der Jäger das Tauchen schnell vonstatten geht. Besteck (Standortbestimmung) wurde nur astronomisch genommen, da Funkpeiler bereits zwei Tage nach dem Auslaufen wegen Überkippens der mechanischen Drehvorrichtung unklar war. In dieser Jahreszeit Besteck nach der Sonne fast regelmäßig möglich, zudem ist es genauer als Funkpeilungen. Die Besatzung war während der gesamten Unternehmung frisch und einsatzfreudig. Als Erfolg der Reise, annehme einen Zerstörer versenkt und eine Fregatte torpediert. Versenkung der Fregatte ist möglich, jedoch nicht klar erwiesen.

Auch der F.d.U. Norwegen, Reinhard Suhren, äußerte sich zur zweiten Feindfahrt von U 997:

1. Überlegt durchgeführte Geleitunternehmung bei starker Luftabwehr.
2. Zum 10. August: Täuschung durch Wale wahrscheinlich.
3. Zum 20. August, 21.10 Uhr: Verhalten war richtig. Nur ein schwerfälliger Geleitzug rechtfertigt selbständiges Operieren auf so weite Entfernung.
4. Zum 26. August: Gegner verwendet offenbar Geräuschkörper mit Eigenbewegung.
5. Die Schlussbetrachtung des Kommandanten ist bemerkenswert.
6. Boot hat Luftangriff am 22. August gut abgewehrt.
7. Erfolge: Je ein Treffer auf Zerstörer und Fregatte wahrscheinlich.

Der Kommentar des Befehlshabers der Unterseeboote (B.d.U.) zum Kriegstagebuch von U 997, der vom Chef der Operationsabteilung Unterseeboote, Konteradmiral Eberhard Godt, unterzeichnet wurde, war vorzüglich:

Den außerordentlich starken feindlichen Luftstreitkräften wurde geschickt und entschlossen begegnet. Das herausragende Verhalten bei den Flugzeugangriffen am 22. August wird ganz besonders hervorgehoben. Die Angriffschance auf die Sicherung des Geleits wurde voll ausgenutzt. Einwandfreie Versenkungsbeobachtung hätte das Boot bei dieser harten Unternehmung verdient gehabt. Versenkung eines Zerstörers und Treffer auf Fregatte wird angenommen. Zum 26. August: Verwendung von Geräuschbojen mit Eigenbewegung ist noch nicht erwiesen. Im Übrigen wird der Stellungnahme des F.d.U. Norwegen zugestimmt.
Anerkannte Erfolge: Fregatte, Treffer wahrscheinlich. Zerstörer, Versenkung angenommen.

Exkurs: Technische Neuerungen bei der U-Boot-Waffe: Torpedos – Schnorchel – Enigma-Schlüssel

Die seit 1943 angeschlagene Moral der deutschen U-Boot-Besatzungen war durch das Vertrauen in die Fähigkeiten der neuen akustisch gesteuerten „Zaunkönig"-Torpedos – die offizielle Bezeichnung war T-V – wieder gestiegen, obwohl dieses Modell erst Anfang 1944 an die in Nordnorwegen stationierten U-Boote ausgegeben wurde – und das auch nur in geringen Stückzahlen. Der „Zaunkönig" war mit einer akustischen, passiv wirkenden Zielsteuerungsanlage ausgestattet, die aus zwei Horchempfängern, einer sogenannten Magnetostriktionsschwinger-Schallempfangsanlage, bestand, die die Schallwellen von Schiffspropellern auffing und die Empfangsrichtung über eine pneumatisch-elektrische Autogiroanlage auf das Ruder übertrug. Er war ein lageunabhängiger Torpedotyp, das heißt, er konnte aus jeder Lage des Bootes abgeschossen werden und suchte sich nach einer gewissen Sicherheitslaufstrecke sein Ziel anhand der Schraubengeräusche des feindlichen Schiffes. Der große Vorteil des neuen Torpedos lag darin, dass er nur in die ungefähre Richtung eines ausgesuchten Ziels abgeschossen werden musste, der akustische Zielkopf besorgte dann die genaue Ansteuerung. Der Kommandant musste also nicht mehr für längere Zeit das Sehrohr ausfahren, was ja immer die Gefahr der Entdeckung in sich barg, zugleich war es auch nicht mehr nötig, Geschwindigkeit und Kurs des feindlichen Schiffes genau zu berechnen. Der „Zaunkönig" erwies sich anfangs als wirkungsvoll, vor allem wenn die feindlichen Schiffe von vorne, in Lage Null angegriffen wurden. Nach dem Schuss musste das U-Boot dann aber so schnell als möglich auf 100 bis 120 Meter abtauchen, um nicht selbst Opfer des eigenen Torpedos zu werden, der immer dem lautesten Geräusch zustrebte.

Im September 1943 führten die Boote der Gruppe Leuthen die ersten Einsätze mit T-V-Torpedos im Nordatlantik gegen die Konvois ON.202 und ONS.18 durch. Am Morgen des 20. September 1943 traf der erste „Zaunkönig", abgeschossen von U 270 (Otto), ein feindliches Ziel. Der Fregatte „Lagan" wurde dabei das Achterschiff abgerissen. Am Abend des 20. September versenkte U 305 (Bahr) den kanadischen Zerstörer „St. Croix" mit einem T-V, weitere Schüsse von U 229, U 260, U 952, U 641, U 270, U 377, U 731, U 402 und U 584 gingen fehl oder detonierten im Kielwasser der Geleitschiffe. U 666 (Engel) schoss zwei „Zaunkönige", von denen der eine die Korvette „Morden" verfehlte, der andere die „Itchen" traf. Die Fregatte explodierte. Da die Kommandanten nach Abschuss des Torpedos ja tauchen mussten, konnten sie deren Wirkung nicht beobachten. So gingen sie bei jeder gehörten Torpedodetonation von einem Treffer aus und meldeten nach der Schlacht die Versenkung von insgesamt neun Frachtern und zwölf Geleitschiffen, tatsächlich waren aber nur sechs Handelsschiffe und von den Sicherungsfahrzeugen lediglich ein Zerstörer, eine Fregatte und eine Korvette zerstört worden. Die Abschussmeldungen wurden aber von der erfolgshungrigen deutschen Führung akzeptiert und führten zunächst zu einer erheblichen Überschätzung der „Zaunkönige".

Mit der Zeit machten sich weitere Nachteile der vermeintlichen Wunderwaffe bemerkbar. Der Torpedo erreichte nur eine maximale Geschwindigkeit von 21 Seemeilen, was nicht besonders schnell war. Gegen Ziele, die mit einer Geschwindigkeit von 25 Seemeilen fuhren, konnte er überhaupt nicht eingesetzt werden. Außerdem reagierte der Suchkopf nur auf Schraubengeräusche, die mit hoher Fahrtstufe fuhren oder bei plötzlicher Erhöhung der Geschwindigkeit. Ein gleichmäßig langsam fahrendes Kriegsschiff war daher vor dem „Zaunkönig" genauso sicher wie eines, das 25 Seemeilen und schneller fuhr. Zudem litt der Torpedo an der Überempfindlichkeit seines Zünders, der bereits durch kabbeliges Kielwasser eines Schiffes ausgelöst werden konnte.

Die Alliierten entwickelten als Gegenmittel den sogenannten Foxer und die Cat, die aus zwei bzw. einem lärmenden Schleppkörper bestanden, die neben oder hinter dem Schiff hergezogen wurden, und den „Zaunkönig" auf sich zogen. Foxer und Cat erwiesen sich häufig als wirkungsvoll, weshalb der „Zaunkönig" im Laufe des Krieges immer mehr an Bedeutung verlor.

U 997 war mit herkömmlichen Torpedos, mit T-V-, aber auch mit den 1942 entwickelten FA-Torpedos ausgestattet. Der FAT – Flächen-Absuch-Torpedo oder Federapparat-Torpedo – wurde nach Berechnung der Feuerleitlösung auf die Zielentfernung eingestellt. Nach Ablauf dieser Strecke ging er in den FAT-Modus über und fuhr auf einem Weg von 800 bis 1.900 Metern entweder einen Winkel von 90 oder 180 Grad. Die Richtung dieser anfänglichen Wendung – nach links oder rechts – war einstellbar. Anschließend fuhr der Torpedo erneut die vorgegebene Strecke ab und wendete am Ende erneut, allerdings in die andere Richtung. Auf diese Weise beschrieb die Laufstrecke eines FA-Torpedos charakteristische Schleifen. Von Nachteil waren diese mehrmaligen Kursänderungen aber insofern, als der Torpedo unter Umständen auch dem abfeuernden U-Boot gefährlich werden konnte. Im Laufe des Zweiten Weltkrieges wurden noch verschiedene andere spezielle Torpedos entwickelt, die aber ebenfalls keine durchschlagenden Erfolge erzielen konnten.

Als die Alliierten mit dem Konvoi JW.59 im August 1944 nach einigen Monaten Unterbrechung den Geleitzugverkehr ins Eismeer wieder aufnahmen, verfügte noch kein deutsches Nordmeer-U-Boot über einen Schnorchel. Der Schnorchel oder Luftzufuhrmast versorgte die Dieselmotoren an Bord von U-Booten mit Frischluft und entsorgte deren Abgase. So konnten die Fahrzeuge auch unter Wasser mit Dieselantrieb fahren und brauchten nicht mehr aufzutauchen, um ihre Batterien aufzuladen. Der Einbau von Schnorcheln in der Werft von Bergen begann zwar bereits im Juli 1944 bei U 313 und 315, im August folgte noch U 716, war aber erst im September 1944 abgeschlossen. Der Schnorcheleinbau in Trondheim begann gar erst im Oktober 1944. Die ersten drei Schnorchelboote im Nordmeer waren also erst im Herbst 1944 einsatzbereit.

1944 wussten die meisten U-Boot-Männer allerdings noch wenig oder nichts über die Nachteile des „Zaunkönigs“, im Gegenteil, sie setzten in ihn fast grenzenloses Vertrauen, ebenso wie in die Wirksamkeit der Schnorchel. Doch die Hoffnungen sollten sehr bald enttäuscht werden.

Im Mai 1944 änderte die U-Boot-Führung für die Nordmeer-Boote den Schlüssel für die Verschlüsselungsmaschine Enigma von dem in den heimischen Gewässern üblichen Triton – ein Dreiwalzen-Schlüssel – zu einem neuen Vierwalzen-Schlüssel mit dem Namen Niobe. Doch der Code konnte von den alliierten Dechiffrierspezialisten in Bletchley Park bereits im September 1944 geknackt werden. Die britische Admiralität erhielt von da an umfassende Einblicke in die Stärke und Standorte der deutschen U-Boot-Flotte im Eismeer und in deren Einsatzbefehle nach Sichten der Konvois. Mit diesen Informationen konnten die Geleitzüge problemlos die Vorpostenlinien der U-Boote umgehen, und für die alliierten U-Boot-Jagdgruppen und die Trägerflugzeuge war es ein Leichtes, die U-Boote aufzuspüren. Wie schon bei den Geleitzugschlachten im Atlantik, war auch im Nordmeer der Einbruch in den Enigma-Schlüssel letztendlich verantwortlich für die Niederlage der deutschen U-Boote.

Kapitel 3: Mit der Gruppe Grimm auf Geleitzugjagd

Am 3. September 1944 war U 997 in Narvik zur Reparatur längsseits des Werkstattschiffes „Huascaran" gegangen. Die Arbeiten dauerten bis zum 8. September. Am folgenden Tag verlegte U 997 zum Eindocken in die Bogenbucht. Schon am 10. September wurde wieder ausgedockt, es folgte die Versorgung mit den herkömmlichen Torpedos durch das U-Boot-Begleitschiff „Kamerun", am nächsten Tag ging es nach Ramsund, wo die T-V-Torpedos übernommen und der Proviant ergänzt wurde. Am 12. September standen die Funkbeschickung und erste Tieftauchversuche an. Dabei stellte man fest, dass unterhalb des am Funkmessgerät aufgesetzten Dichtungsflansches Wasser eintrat. Nach der Reparatur folgte noch am Abend ein zweiter Tieftauchversuch, bei dem sich aber herausstellte, dass der Schaden nicht behoben war. Um 00.45 Uhr, am 13. September lief U 997 nach erneuter Instandsetzung zu einem weiteren Tieftauchversuch aus. Diesmal war alles in Ordnung, sodass U 997 um 02.00 Uhr schließlich zu seiner dritten Feindfahrt aufbrechen konnte. Das Boot hatte den Auftrag, zunächst drei T-V-Torpedos nach Hammerfest zu U 668 (von Eickstedt) zu bringen, anschließend sollte es mit sparsamster Marschfahrt das Planquadrat AB 69 ansteuern, um in die Gruppe Grimm eingereiht zu werden. Um 18.00 Uhr machte U 997 zur Ergänzung in Tromsø fest, kurz nach Mitternacht, mittlerweile war der 14. September angebrochen, ging es zusammen mit U 315 unter dem Kommando von Oberleutnant zur See Herbert Zoller und einem Minensuchboot weiter nach Hammerfest. Schon kurz nach dem Auslaufen hatte das Maschinenpersonal bemerkt, dass mit der Antriebsschraube etwas nicht stimmte. Sie machte klackernde Geräusche, die allerdings nicht übermäßig laut waren und die Fahrt scheinbar auch nicht behinderten.

„In Hammerfest schicken wir einen Taucher zur Schraube, der soll sich das genauer ansehen", zeigte sich Lehmann unbeeindruckt.

Um 10.15 Uhr machte U 997 in Hammerfest längsseits von U 668 fest und übergab dem Boot die drei „Zaunkönige", dann wurde noch einmal Brennstoff gebunkert. Während dieser Zeit untersuchte ein Taucher die Schraube, der schlechte Nachrichten überbringen musste:

„Herr Kaleu, die Schraube ist verbogen."

„Wie weit beeinträchtigt uns das, Sadewasser?", wollte Lehmann von seinem LI wissen. Der hatte die Frage schon erwartet:

„Wir können keine Höchstfahrt laufen, Herr Kaleu!"

„Wie schnell?", der Kommandant wurde ungeduldig, musste er denn diesem Sadewasser alles aus der Nase ziehen?

„Höchstens 14 bis 15 Seemeilen", kam die rasche Antwort. „Na, das langt ja dick, damit können wir jedes Geleit verfolgen. Die Schraube können die Werftgrandies nach unserer Feindfahrt reparieren oder austauschen", sagte Lehmann nun schon wieder freundlicher zu seinem LI.

Um 23.00 Uhr gab der F.d.U. Norwegen endlich den Einsatzbefehl:

Gruppe Grimm:
1. Anzeichen für ein neues Westgeleit.
2. 14.09. nachts auslaufen aus Hammerfest. U 997 (Lehmann) nach AC 4495, U 668 (von Eickstedt) nach AC 4773, erhöhte Fahrt. F.d.U.

Schon eine halbe Stunde später verließen U 315 (Zoller), U 668 und U 997 im Geleit eines Minensuchbootes Hammerfest. Nachdem U 997 aus dem Geleit entlassen worden war, befahl Lehmann, mit Höchstfahrt das Operationsgebiet anzusteuern, das am 15. September, gegen 11.00 Uhr erreicht wurde. Das Boot stand nun nordwestlich des Nordkaps auf und ab, doch schon um 16.00 Uhr brachte ein Funkspruch des F.d.U. Norwegen Neuigkeiten:

Geänderte Angriffsräume Gruppe Grimm:
Lehmann (U 997) AB 6664, von Eickstedt (U 668) AC 4495, Mohs (U 956) AC 4773. F.d.U.

Lehmann ließ auftauchen und befahl den Marsch in das neu zugewiesene Planquadrat, das gegen 23.00 Uhr erreicht wurde. Dort ließ er noch einmal ein Prüfungstauchen durchführen, denn die Männer mussten sich langsam wieder an die möglichen Extremsituationen, die während einer Feindfahrt eintreten konnten, gewöhnen. Die Besatzung verhielt sich denn auch tadellos. Jeder war auf seinem Posten, die Freiwächter hatten sich in ihre Kojen zurückgezogen, um nicht im Weg zu stehen. Gesprochen wurde kaum etwas, jeder wartete gespannt auf das Ergebnis des Prüfungstauchens.

„Vorschiff klar, Achterschiff klar!", eine Klarmeldung folgte der anderen. Lehmann hatte 160 Meter Tiefe befohlen, was schon gewaltig war, denn nun lasteten 16 Kilogramm pro Quadratzentimeter auf dem Druckkörper. Das Turmluk hatte einen Durchmesser von 70 Zentimetern, folglich wirkten fast 70 Tonnen auf den Deckel. In dieser Tiefe bangte jeder U-Boot-Fahrer immer ein wenig um sein Leben, die Männer in der Zentrale schielten verstohlen zum Turmluk hinauf. Einige waren kreidebleich, erholten sich aber rasch, als das Boot wieder auftauchte.

Sofort nach dem Auftauchen wurden im Achterschiff die Luftverdichter angeworfen, um die Pressluftbehälter wieder aufzufüllen, schließlich musste das Boot jederzeit über genügend Druckluftreserven verfügen. Ebenfalls nach jedem Auftauchen enterte der Mechanikerobergefreite Robert Grützenbach auf das Deck, um die Rohre der Fla-Waffen zu reinigen, denn die Waffen mussten stets einsatzbereit sein.

An diesem 15. September lief der alliierte Konvoi JW.60 mit 30 Handelsschiffen von Loch Ewe aus. Die Nahsicherung des Geleits, die von Konteradmiral McGrigor geführt wurde, bestand aus den Flugzeugträgern „Campania" und „Striker", dem Kreuzer „Diadem", zwölf Escortschiffen der 8. und der 20. Escort-Groups, darunter die Zerstörer „Keppel", „Bulldog" und „Whitehall", die Sloop „Cygnet" und die Korvetten „Allington Castle" und „Bamborough Castle".

In der Deckungsgruppe des Geleitzugs befanden sich das britische Schlachtschiff „Rodney", die Zerstörer „Saumarez", „Virago", „Volage", „Venus" und „Verulam" sowie die kanadischen Zerstörer „Algonquin" und „Sioux", ferner die Geleitzerstörer „Milne", „Musketeer", „Marne" und „Meteor". Ein weiterer Verband, bestehend aus dem Kreuzer „Jamaica" und den Zerstörern „Orwell" und „Obedient", führte gleichzeitig eine Versorgung der alliierten Wettertrupps und Soldaten auf Spitzbergen durch.

Spätestens am 16. September war es auch der für die Barentssee zuständigen deutschen U-Boot-Führung in Narvik klar, dass in Kürze mit zwei Geleitzügen zu rechnen war. Dies beweist der nachfolgende Funkspruch:

An Gruppe Grimm:

1. *Anlaufen von zwei Geleitzügen oder Verbänden aus England möglich. Amerikanische Einheit 01.20 Uhr im Planquadrat AF 57 geortet.*
2. *Gruppe Grimm: Vorpostenstreifen ansteuern von Quadrat AB 4995 bis AB 8855. Reihenfolge: Werner (U 921), Nicolay (U 312), Bentzien (U 425), Lehmann (U 997), von Eickstedt (U 668), Mohs (U 956). Verborgen operieren. Feindschiffe sofort melden.*
3. *Ständig Batterieladung überprüfen. F.d.U.*

Lehmann musste also einen neuen Vorpostenstreifen nördlich der Lofoten ansteuern, den das Boot am Nachmittag des 16. September erreichte. Die folgenden Tage verstrichen völlig ereignislos. Vom Feind war weit und breit nichts zu sehen, so genau die Brückenposten auch die Kimm absuchten und die Horcher lauschten. Ein gegnerischer Geleitzug tauchte nicht auf, allerdings ebensowenig Feindflugzeuge, die das Boot ja auf seiner letzten Reise ständig drangsaliert hatten.

Um die Männer in Bewegung zu halten, ließ der Kommandant Motoren, Geräte und Torpedos warten. Vor allem die Torpedomechaniker fluchten, wenn sie, angetrieben vom Mechanikermaat Bruno Czublinski, ein ums andere Mal die schweren Torpedos an Flaschenzügen in den Bugraum wuchten, überprüfen, einfetten und anschließend wieder in die Rohre schieben mussten.

In diesen Tagen bereitete vor allem der dichte Herbstnebel dem Kommandanten Kopfzerbrechen. Die Sichtweite betrug nur noch 150 Meter, und so beschloss Lehmann, tagsüber unter Wasser zu bleiben, um gegen einen Überraschungsangriff gewappnet zu sein.

Nach Tagen des Wartens wuchs bei Kommandant und Besatzung die Überzeugung, dass dem Geleitzug entweder der Durchbruch durch die viel zu weitmaschige Vorpostenkette gelungen war oder er sie einfach umschifft hatte.

Tatsächlich wurde der Konvoi JW.60 weder von der deutschen Luftaufklärung noch von den U-Booten gesichtet. Die Dechiffrierexperten in Bletchley Park hatten ganze Arbeit geleistet und ihn um die deutschen Streitkräfte herum geleitet. Der Geleitzug lief unbehelligt am 23. September im Kolafjord ein, ein Teil fuhr weiter und erreichte am 25. September 1944 in sowjetischem Geleit das Weiße Meer.

Bis zu diesem Tag hatte sich der F.d.U. Norwegen ruhig verhalten, nun meldete er sich endlich wieder einmal über Funk:

An Gruppe Grimm: Verteilung Angriffsräume nach Ausfall Werner (U 921): Nicolay (U 312) AC 5271, Bentzien (U 425) AC 5542, Lehmann (U 997) AB 5576, Brasack (U 737) AC 5722, Mohs (U 956) AC 4955. Tiefe 50 Seemeilen. Funkstille. F.d.U.

Das angesprochene „ausgefallene“ U 921 unter dem Kommando von Oberleutnant zur See der Reserve Alfred Werner war am 5. September aus Narvik ausgelaufen und hatte sich zuletzt am 24. September 1944 auf dem Rückmarsch von der Position 74° 45‘ Nord / 13° 50‘ Ost gemeldet. Danach war von ihm nichts mehr zu sehen und zu hören. U 921 wurde mit Wirkung vom 2. Oktober 1944 als vermisst erklärt. Es gibt bis heute keine Anhaltspunkte über das Schicksal des Bootes.

Lehmann ließ befehlsgemäß auftauchen und machte sich auf den Weg in den neuen Angriffsraum. Die See war rau, immer noch beeinträchtigte dichter Nebel die Überwasserfahrt. Jederzeit konnte aus der milchigen Wand ein Flugzeug angreifen.

Um 11.38 Uhr, der Nebel hatte sich ein klein wenig verflüchtigt, machte der Steuerbordausguck achtern, die Seemännische Nr. 2, Bootsmaat Goldberg, einen Punkt in seinem Sektor aus, der rasch größer wurde und sich als Flugzeug entpuppte.

„Flugzeug in 320 Grad, Entfernung 15.000 Meter!“, stieß er hervor.

Kommandant und Brückenwache fixierten die schwere Landmaschine, die plötzlich zur Seite kippte und auf das Boot zuflog.

„Alarmtauchen“, schrie Lehmann, seine Stimme überschlug sich dabei.

Die Brückenwache polterte den Turm hinab. Der Kommandant stieg als letzter ein, und noch während er das Turmluk zudrehte brüllte er:

„Fluuuuten! Auf 120 Meter gehen, LI!“

Ulli Sadewasser gab fast zeitgleich die notwendigen Befehle. Durch die Flutventile zischte und brodelte das Wasser in die Tauchtanks. Das Dröhnen der Diesel verstummte, nur noch das leise Summen der E-Maschinen war im Boot zu hören. Die

Männer am Tiefenruder fixierten schweigend und konzentriert die Zeiger der verschiedenen Messgeräte. Nur die ruhigen Kommandos des Leitenden und die Antwortmeldungen der einzelnen Stationen durchbrachen die Stille. Alles hatte wie beim Übungstauchen funktioniert. Das Boot gewann immer schneller Tiefe.

25 Meter, 30, 35, 40 Meter. Der LI hatte gerade die aktuelle Lage an den Kommandanten weitergegeben, als es plötzlich genau über dem Boot fürchterlich krachte. Drei weitere Schläge folgten fast unmittelbar. U 997 wurde hin und her geschüttelt, die Männer, die sich nicht irgendwo festkrallen konnten, purzelten wie die Kegel umher. Es schien, als würde das Boot im nächsten Augenblick in Stücke zerrissen werden. Bange Sekunden vergingen.

„Schadensmeldungen?", fragte Lehmann und ließ flappernd Luft aus seinen geblähten Backen entweichen.

Im Sekundentakt kamen die Klarmeldungen von allen Stationen in die Zentrale. U 997 hatte wieder einmal unvorstellbares Glück gehabt. Es war nichts passiert. Lehmann blieb noch eine Zeit lang unter Wasser, dann steuerte er auf Sehrohrtiefe. Nach einem Rundblick – die Luft war rein – ließ er auftauchen.

Der Kommandant enterte als erster auf die Brücke, aber noch bevor der erste Posten die Turmleiter erreicht hatte, brüllte er schon atemlos:

„Alle Mann unten bleiben, Alarmtauchen, 120 Meter!"

Lehmann hatte mit dem ersten Blick den heranbrausenden Bomber gesehen, der sich offenbar in den Wolken versteckt und auf das Auftauchen des Bootes gelauert hatte.

Hart schlug das Turmluk zu, steil glitt das Boot zum zweiten Mal unter Wasser. Noch hatte U 997 die schützende Tiefe nicht erreicht, als es abermals in allernächster Nähe fürchterlich rummste. Das Boot bekam einen gewaltigen Stoß, wieder purzelten Männer, Geschirr, Seekarten und alle möglichen anderen Gegenstände durcheinander. Der Leitende Ingenieur fing aber auch diesmal das Boot geschickt ab und steuerte es sicher auf 120 Meter ein. Lehmann beschloss, den nächsten Auftauchversuch erst nach Einbruch der Dämmerung zu wagen. Kaum war es dunkel geworden, ließ er auftauchen. Vom Flugzeug war nichts mehr zu sehen.

Am 26. September, U 997 hatte gerade das neue Operationsgebiet erreicht, ging ein Funkspruch des F.d.U. Norwegen ein:

An Gruppe Grimm:
1. Angriffsräume um 50 Seemeilen in 90 Grad verlegen.
2. Franze (U 278) mit hoher Fahrt zur Gruppe Grimm stoßen. F.d.U.

So machte sich das Boot wieder auf den Marsch. Kurz vor Mitternacht war der befohlene Angriffsraum erreicht, in dem U 997 wieder auf und ab stand. Der nächste Tag verlief ereignislos, erst kurz nach Mitternacht, am 28. September riss ein Funkspruch des F.d.U. Lehmann und seine Besatzung aus dem nervtötenden Einerlei. Der F.d.U. hatte das baldige Auftauchen eines Konvois gemeldet.

Tatsächlich verließ am 28. September der Geleitzug RA.60, bestehend aus 30 Schiffen mit Sicherung, die Kolabucht in Richtung Westen. Die Boote der Gruppe Grimm, U 278 (Franze), U 312 (Nicolay), U 425 (Bentzien), U 737 (Brasack), U 956 (Mohs) und U 997 (Lehmann) hatten zu dieser Zeit schon ihre neuen Positionen erreicht. Zeitgleich bildeten die Boote der neuen Gruppe Zorn, U 293 (Klingspor), U 310 (Ley), U 315 (Zoller), U 363 (Nees), U 365 (Wedemeyer), U 387 (Büchler), U 636 (Schendel), U 668 (von Eickstedt), U 965 (Unverzagt), U 968 (Westphalen) und U 992 (Falke), eine zweite Auffanglinie. Alle Boote hatten die strikte Anweisung erhalten, nur zum Aufladen der Batterien aufzutauchen und absolute Funkstille zu wahren, es sei denn sie würden den Gegner sichten.

Tatsächlich schien die Taktik der deutschen Führung aufzugehen. Am 29. September, gegen 14.00 Uhr meldete der Horcher des von Oberleutnant zur See Wolfgang Ley geführten U 310 eine Horchpeilung in 85 Grad, die sich langsam näherte. Um 15.31 Uhr kamen zwei Zerstörer in Sicht, und Ley ließ sofort auf Gefechtsstation gehen. Gegen 16.00 Uhr wurden die Schraubengeräusche immer lauter, der Geleitzug fuhr direkt aus einer Nebelwand heraus, vorneweg das Schlachtschiff „Rodney", hinter dem Konvoi ein Geleitträger. Die Sicherungsschiffe waren weit nach Steuerbord abgesetzt. Aber Ley hatte sich zu sehr auf die beiden Zerstörer konzentriert und den Geleitzug selbst zu spät bemerkt. Die Spitzenschiffe des Konvois waren schon so nahe an U 310, dass Ley tauchen und sich überlaufen lassen musste. Nach einer Viertelstunde steuerte das Boot auf Sehrohrtiefe ein. Ley visierte drei überlappend laufende Dampfer an und feuerte um 16.27 Uhr drei Torpedo-Einzelschüsse. Nach drei Minuten und zwei Sekunden beziehungsweise drei Minuten und sieben Sekunden konnte er durch das Sehrohr zwei Detonationen beobachten. Gleich darauf drehte allerdings der Steuerbord achtern laufende Zerstörer auf U 310 zu. Ley befahl, auf 160 Meter zu tauchen und schoss im Wenden einen weiteren Torpedo aus dem Heckrohr, der aber fehl ging. Zwischen 16.40 Uhr und 18.16 Uhr musste das Boot eine schwere Wasserbombenverfolgung über sich ergehen lassen, die es aber unbeschadet überstand. Um 19.56 Uhr tauchte das Boot wieder auf, Ley sah im Nordwesten einen brennenden Dampfer und daneben einen Zerstörer und meldete den Standort des Geleitzugs per Funk. U 310 hatte den amerikanischen Frachter der Liberty-Klasse „Edward H. Crockett" mit 7.176 Bruttoregistertonnen und den britischen Dampfer „Samsuva" mit 7.219 Bruttoregistertonnen versenkt.

Es war kurz vor Mitternacht, der 30. September sollte in wenigen Minuten anbrechen. Auf U 997 hatte die dritte Wache unter Obersteuermann Schwab die zweite, geführt von Leutnant zur See Friederichs, abgelöst. Schwab war mit seinen Männern noch keine halbe Stunde auf der Brücke, als die Seemännische Nr. 3, Bootsmaat Zich, plötzlich aufschrie:

„Flugzeug in 50 Grad, Entfernung 5.000 Meter."

Schwab fuhr herum. Tatsächlich, aus westlicher Richtung drehte ein Flugzeug auf das Boot zu. Es flog mit hoher Geschwindigkeit und kam schnell näher.

„Alaaaarm!"

Nacheinander ließen sich die Brückenposten durch das Turmluk fallen. Es war keine Zeit, die Eisenleiter Sprosse für Sprosse hinunterzusteigen. Die Männer sprangen einfach durch das Luk und rutschten die Leiter, Hände und Füße gegen das Geländer gepresst, hinab. In der Zentrale rissen die Kameraden den Herunterstürzenden zur Seite, damit ihm der Nächste nicht im Genick landete. Die komplette Wache musste innerhalb von fünf bis sechs Sekunden eingestiegen und das Turmluk verschlossen sein.

Während die Brückenposten ins Boot polterten, begann auch im Maschinenraum die Hektik. Hastig wurden die Dieselmotoren gestoppt, Zuluftventile und Abgasarmaturen geschlossen. Die E-Maschinen wurden angeworfen und auf die Antriebswelle gekuppelt. Dabei hatte die Maschinenbedienung überhaupt keine Ahnung, was los war. War ein Zerstörer der Grund für den Tauchvorgang, ein Flugzeug oder handelte es sich nur um eine Übung?

Als letzter war der Obersteuermann Schwab eingestiegen, der das Turmluk zugezogen hatte und noch mit baumelnden Füßen am Verschlussrad des Deckels hing. Nun ließ auch er sich an der Leiter hinabgleiten und landete krachend auf den Flurplatten in der Zentrale.

„Viermotorige Maschine, vermutlich Typ ‚Sunderland', kam aus dem hellen Nordsektor direkt auf das Boot zu. Abstand fünf- bis sechstausend Meter!", meldete Schwab atemlos dem Kommandanten.

„Wir gehen auf 60 Meter Tiefe", flüsterte Lehmann seinem LI zu.

„Ausdrücken", gab der Leitende Ingenieur den üblichen Befehl. Schon rauschte Pressluft in die Untertriebszellen und drückte zehn Tonnen Wasserballast aus dem Boot.

„Zellen leer."

„Schließen", befahl der LI.

Zwei Zentralegasten drehten die Ventile dicht, nun standen die Untertriebszellen unter Überdruck. Zentralemaat Trogbacher ließ ihn ins Boot entweichen, wodurch in allen Räumen der Druck stieg. Die Männer merkten es am Knacken ihrer Trommelfelle. Ulli Sadewasser war in seinem Element, schien völlig unbeeindruckt:

„50 Meter, Boot fällt weiter, 30 Grad Lastigkeit!"

„Auf 100 Meter gehen", befahl Lehmann.

„60 Meter, 70, 80 Meter, 100 Meter – Boot durchpendeln", war die sonore Stimme

Sadewassers zu hören. Dann ließ er die beim Tiefensteuern hinderliche Restluft aus den Tauchzellen ausdrücken.

„Boot ist durchgependelt, Entlüftungen schließen", befahl der LI. U 997 lag jetzt stabil und regungslos bei 100 Metern Tiefe. Das Tauchmanöver hatte wieder einmal hervorragend geklappt. Nun herrschte Ruhe an Bord, gespannt warteten die Männer auf das klatschende Geräusch, wenn eine Wasserbombe auf der Meeresoberfläche aufschlug. Doch es blieb ruhig.

Nach einer Weile meldete Funkobergefreiter Vinzenz Koller:

„Geräusche in 45 Grad!"

„Auf Sehrohrtiefe gehen, beide Maschinen halbe Fahrt", raunte Lehmann seinem LI zu.

„Beide Tiefenruder hart oben", befahl Sadewasser den beiden Rudergängern.

Während das Boot langsam stieg, dehnte sich sein Stahlkörper wegen des geringeren Wasserdrucks allmählich aus. Das bedeutete, dass sich das spezifische Gewicht des Boots verringerte. Der Leitende musste nun Wasser ins Boot fluten, damit es nicht zu schnell nach oben kam. Aber Sadewasser war ein mit allen Ölen gesalbter Ingenieur. Mit einer Geschwindigkeit von etwa einem Meter pro Sekunde brachte er U 997 nach oben. Bei etwa 20 Metern fing er es ab und balancierte es bei 14 Metern – der Sehrohrtiefe – aus.

Lehmann war in der Zwischenzeit in den Turm geklettert. Breitbeinig saß er auf dem Sattel am Sehrohr, das er mit Hilfe von Fußpedalen, wie bei einem Fahrrad, in jede gewünschte Richtung drehen konnte, je schneller er trat, desto schneller bewegte sich das Periskop. Mit der rechten Hand steuerte er den Kippspiegel, mit dessen Hilfe er bis zu 70 Grad nach oben in den Himmel und 15 Grad nach unten auf die Wasseroberfläche schauen konnte. Mit der linken Hand bediente Lehmann gleichzeitig den Ein- und Ausfahrhebel des Sehrohrs, mit dem er ständig die Wellenbewegungen auf dem Wasser oder die geringfügigen Tiefenschwankungen des Bootes ausgleichen musste. Kam das Sehrohr zu weit aus dem Wasser heraus, bestand die Gefahr entdeckt zu werden, schnitt es unter die Wasseroberfläche, sah der Kommandant nichts mehr.

Außer dem Fadenkreuz waren im Sehrohrfenster noch weitere Skalen: ein Entfernungsmesser, der Kreiselkompass und ein Kranz mit Gradeinteilungen, um die Richtung des Torpedos zu bestimmen.

Minutenlang schaute Lehmann angestrengt durch das Periskop, drehte sich dabei wieder und wieder um 360 Grad, aber weit und breit war kein Schiff auszumachen. Er wurde langsam unruhig, denn die Horchpeilung deutete ohne Zweifel auf ein Fahrzeug hin. Schwitzend rutschte er auf dem Sehrohrsattel hin und her.

„Was ist denn das?", entfuhr es ihm plötzlich, und er drückte seine Augen noch fester auf das Okular des Periskops. Keine 300 Meter entfernt tanzte ein winzig kleiner Punkt auf den Wellen. Mit Hilfe der Vergrößerung betrachtete er das Objekt genauer.

„Sieh' mal einer an“, brummte Lehmann leise „das ist eine Geräuschboje, wahrscheinlich von einem Flugzeug abgeworfen, um uns vom Geleitzug abzulenken.“

„So ein verdammtes Mistding“, schimpfte der Oberbootsmann, als wäre er persönlich beleidigt worden, „hält uns hier in Atem für nichts und wieder nichts.“

Der Kommandant hatte schon den Auftauchbefehl gegeben. Oben angekommen, besetzte das Maschinengewehrpersonal sein Geschütz und versenkte die Boje mit ein paar beherzten Salven.

Um 16.00 Uhr fing Oberfunkmaat Gindorf einen neuen Funkspruch des F.d.U. Norwegen auf:

Träger und Zerstörerangriff, 07.50 Uhr auf Ley (U 310) in AB 6680, anscheinend von achterem Sicherungsschirm. Abends eigene Luftaufklärung beabsichtigt, deren Ergebnisse für Nachtangriff oder Überwasserangriff am Morgen auszuwerten sind. Energische Ausnutzung der Dunkelheit muss Boote 'ran bringen. F.d.U.

Keine zehn Minuten später meldete sich der F.d.U. erneut:

1. *Geleitzug wird 1. Oktober, 00.00 Uhr in AB 8310 angenommen. Dann mit Kursänderung auf etwa 230 Grad rechnen.*
2. *Vorliche Boote Standlinie AB 8169 bis AB 8524 am 1. Oktober, 05.00 Uhr passieren. Reihenfolge: Falke (U 992), Zoller (U 315), Wedemeyer (U 365), Büchler (U 387), Nees (U 363), falls keine neuen Anweisungen. Übrige Boote Gruppen Zorn und Grimm entsprechend zum Nacht- oder Tagesangriff heranschließen.*
3. *Boote, die Geleit von 70 Grad Nord nicht erreichen können, gegen Nachläufer operieren.*
4. *Bevorzugt getaucht marschieren, Entdeckung durch Flugzeuge unbedingt vermeiden. F.d.U.*

Lehmann ließ daraufhin sofort mit Höchstfahrt auf das gemeldete Geleit operieren, allerdings nur auf die sogenannten „Nachläufer“, da U 997 nach dem gestrigen von U 310 gemeldeten Standort des Konvois gut 250 Seemeilen hinter ihm stand.

Bereits eine gute Stunde später hetzte der Funkobergefreite Koller die Leiter zur Brücke hinauf, wo der Kommandant durch sein Fernglas den Horizont absuchte.

„Funkspruch von U 425, Herr Kaleu.“

Lehmann drehte sich um und riss dem Funker den Meldezettel aus der Hand. Leise las er vor: „Trägergruppe vor Geleitzug. Kurs 250 Grad, Fahrt 9 Knoten. Gegner nebelt. AB 9363. Bentzien (U 425).“ Der Kommandant eilte in die Zentrale, hin zum Kartentisch, an dem Obersteuermann Schwab sich über seine Seekarten gebeugt hatte. „Schwab, U 425 hat einen Trägerverband ganz in unserer Nähe gemeldet, stimmt unser Standort?"

„Muss stimmen, Planquadrat AC 4790", gab der Obersteuermann kurz angebunden zurück.

„Verdammt, wenn die von Bentzien angegebene Position stimmt, dann schwimmen die Pötte nur 40 Seemeilen vor der norwegischen Küste bei Alta", brummte Lehmann, als ein Ruf seine Schimpftirade unterbrach:

„Kommandant auf Brücke."

Flink enterte Lehmann auf. Der II WO Friederichs war ganz aufgeregt:

„330 Grad, Kriegsschiffverband, Schlachtschiffe oder Träger, Herr Kaleu."

Lehmann nahm sein Glas an die Augen, ihm stockte der Atem. Deutlich waren die Konturen einer großen Einheit zu sehen, die rasch bis etwa zur halben Deckshöhe über der Kimm aufkam. Da war ganz deutlich ein riesiger Dampfer, eng begleitet von acht Zerstörern. Um 19.25 Uhr zackte der Verband nach Westen, die aufkommende Dämmerung spielte dem Kommandanten in die Karten. Ohne Probleme konnte er den gewaltigen Aufbauten folgen. Um 19.45 Uhr änderte der Konvoi erneut den Kurs. Lehmann bemerkte dies schnell, sodass die Fühlung nicht verloren ging. Freilich, näher heran an den mit hoher Fahrt, mindestens 25 Knoten, marschierenden Verband kam U 997 nicht.

Um 20.30 Uhr berichtete U 425 über den von ihm aufgespürten Konvoi:

Geleitzugstandort ist genau AB 9394, 210 Grad, 10 Knoten. Bentzien.

„Verflucht nochmal", schimpfte Lehmann wie ein Rohrspatz, „wir sehen den Konvoi und kommen einfach nicht dran."

Inzwischen wanderte das Geleit weiter nach Backbord und entfernte sich immer mehr. „Vielleicht zackt er ja noch mal heran", wollte der II WO besänftigen.

„Das wäre die einzige Chance, doch noch zum Schuss zu kommen", nöhlte Lehmann. Um 20.48 Uhr mussten die Männer auf U 997 dann aber doch alle Hoffnungen begraben. Der Kriegsschiffverband war endgültig außer Sicht geraten.

„Wir operieren jetzt auf das Geleit Bentzien!", schnaufte der Kommandant um Fassung ringend.

Kurz vor Mitternacht lief U 997 nach Westen. Lehmann hoffte auf einen Zack des Geleitzuges nach Norden, so würde das Boot direkt auf den Verband treffen.
Eine Stunde nach Mitternacht, am 1. Oktober meldete sich der F.d.U. Norwegen:

1. Alle Boote in Geleitnähe weiter suchen. Geleitstandort 21.40 Uhr AB 9388. Zack nach Nordwesten möglich. Nicht müde werden, jede Änderung melden.

2. *Luftunterstützung meldet Fahrzeuge und Flugzeuge 22.11 Uhr in AB 9579. Aufklärer startet zur Geleiterfassung.*
3. *Weiter abgesetzte Boote für Tagangriff vorsetzen. Mit Hauptkurs 230 bis 250 Grad rechnen. Gegnerfahrt 10 Knoten. F.d.U.*

Zwischen 02.26 Uhr und 07.55 ließ der Kommandant mehrmals tauchen, um den Konvoi über das Horchgerät aufzuspüren, doch nur laute klappernde Eigengeräusche von U 997, die auf einen Defekt hindeuteten, waren zu hören. Da das Klappern über Wasser und bei hoher Fahrt mehr und mehr zunahm und der Schaden nicht gefunden werden konnte, beschloss Lehmann gegen 08.00 Uhr schweren Herzens, den Rückmarsch anzutreten. Sofort wurde der F.d.U. Norwegen informiert:

AB 9542. Breche Unternehmung ab. Seit sieben Stunden starke Geräusche unter und über Wasser, selbst bei kleinster Fahrtstufe. Jede Horchpeilung und unbemerkter Unterwasserangriff unmöglich. Mit Bordmitteln nicht zu beheben. Stehe sieben Stunden vor Schwarz 25. U 997.

Der F.d.U. ließ sich Zeit mit seiner Antwort. Erst um 13.25 Uhr kam der Rückmarschbefehl. Schon am 2. Oktober, um 06.40 Uhr legte U 997 in Narvik längsseits des Werkstattschiffes „Kamerun" an. Die dritte Feindfahrt des Bootes war damit beendet. Auch bei dieser Reise zeigte die Besatzung erneut ihre Einsatzbereitschaft und Belastbarkeit, was auch der F.d.U. Norwegen in seiner Stellungnahme zu würdigen wusste:

Gut durchgeführte Unternehmung, jedoch ohne Erfolgsmöglichkeit. Boot kam wegen großer Entfernung und fehlender Anweisungen nicht mehr an den Geleitzug.

Dem stimmte der Befehlshaber der Unterseeboote (B.d.U.) ohne Vorbehalt zu. Bereits am nächsten Tag verlieh „Teddy" Suhren, der F.d.U. Norwegen, bei einer Besichtigung der Besatzung das Eiserne Kreuz 2. Klasse an Maschinenmaat Kiener, Obermaschinenmaat Hoffmann, Bootsmaat Zich, Funkmaat Wysgol, Maschinenobergefreiten Schneemann und Matrosenhauptgefreiten Schneidereit. Der I. Wachoffizier, Oberleutnant zur See Gerhard Nösel, wurde nach Deutschland zum Kommandantenlehrgang befohlen. Seine Stelle nahm der II WO, Oberleutnant zur See Walter-Erich Friederichs, ein, neuer II WO wurde Leutnant zur See Diether Wolfframm, der von der 13. U-Flottille aus Trondheim zur Besatzung stieß. U 997 hatte auf seiner dritten Reise 17 Tage auf See verbracht, stand also mittlerweile insgesamt 84 Tage am Feind. Der Geleitzug RA.60 traf am 5. Oktober 1944 ohne Verluste in Loch Ewe ein.

Kapitel 4: Der erste nachgewiesene Erfolg – ein Zerstörer

Im Herbst 1944 heulten im Deutschen Reich täglich die Sirenen. Alliierte Bombenangriffe auf die deutschen Großstädte waren mittlerweile an der Tagesordnung. Die Zivilbevölkerung suchte Schutz in Bunkern, Kellern und anderen Verstecken, aber die deutschen Werftarbeiter mussten trotz der Bedrohung von Feindflugzeugen unermüdlich an neuen U-Booten arbeiten – an der Front wurde ständig Nachschub gebraucht. Vor allem auf die neuen Elektro-U-Boote vom Typ XXI und XXIII hatte sich die deutsche Führung verlegt. Von ihnen erhoffte man sich die Wende im U-Boot-Krieg in Atlantik und Nordmeer. Zugleich sollte Anfang 1945 auch mit dem Serienbau der ersten außenluftunabhängigen Walter-U-Boote begonnen werden. Die üblicherweise verwendeten Akkumulatoren konnten ja vergleichsweise wenig Strom speichern, deshalb versuchte man, mit Hilfe eines Katalysators Wasserstoffperoxid in Heißdampf zu verwandeln und anschließend über eine Turbine Strom zu erzeugen. Diese 850-Tonnen-Boote hatten eine Unterwassergeschwindigkeit von 25 Seemeilen, was seinerzeit einer Revolution im U-Boot-Sektor gleichkam.

Bis dahin mussten sich die U-Boot-Männer aber noch mit den alten VII-C-Booten begnügen, deren Tage schon lange gezählt waren. Sie waren trotz Schnorchel, „Zaunkönig"-Torpedos und neuen Ortungsgeräten den Seestreitkräften der Alliierten hoffnungslos unterlegen. Die Zeiten, in denen die U-Boote von einer Musikkapelle verabschiedet wurden, waren lange vorbei. Auch der Jubel, das Händewinken und der ganze Pomp auf der Pier beim Ein- oder Auslaufen der Boote war mittlerweile immer dürftiger geworden. Zumeist schlichen sich die Boote bei Nacht und Nebel aus den Häfen, um nicht von Spionen bemerkt zu werden. Und wenn sie nach einer Feindfahrt zurückkamen, waren die U-Boot-Männer froh, wenn sie in Ruhe anlegen konnten.

Während die deutsche Führung im Atlantik die Rudeltaktik mittlerweile aufgegeben hatte und die Boote wieder einzeln in englische Küstengewässer schickte, versuchte man im Eismeer noch, ganze U-Boot-Gruppen an die Murmansk-Geleitzüge zu bringen. Freilich so viel ausrichten, wie am Anfang des Krieges konnten die deutschen Boote schon lange nicht mehr. Die alliierten Jäger hatten sich auf die „Zaunkönige" eingestellt. Sie ließen Geräuschbojen aussetzen, die den akustisch gesteuerten Torpedo auf sich zogen und zur Detonation brachten. Die feindlichen Sicherungsfahrzeuge waren mittlerweile mit Ortungsgeräten der neuesten Generation ausgestattet, die fast jedes U-Boote, egal ob getaucht oder über Wasser fahrend, aufspüren konnten. Auch die Bewaffnung der Alliierten wurde immer ausgefeilter, Hedgehog-Wasserbomben belegten größere Tauchgebiete und erreichten die U-Boote auch bei über 200 Metern Tiefe. Diese Bomben beschädigten die Druckkörper der Boote, auch wenn sie weit weg explodierten. Die deutschen Kommandanten gingen oft so weit, dass sie die Aufforderungen der Führung, sich über Funk zu melden, ignorierten, weil sie wussten, dass ihr Signal sofort vom Gegner eingepeilt werden konnte. Zudem mussten die Boote immer länger unter Wasser und auch auf See bleiben, was die Leistungsfähigkeit von Mensch und Material stark beeinträchtigte.

U 997 lag seit dem 3. Oktober im Dock. Die Schraube musste gewechselt werden, weil sie bereits stark verrostet war. Bis 7. Oktober waren die Reparaturarbeiten beendet, Öl und Proviant übernommen und die Funkbeschickung durchgeführt. Das Boot war wieder klar zum Auslaufen.

Am 8. Oktober, um 16.15 Uhr ging es zunächst nach Ramsund, wo Torpedos geladen wurden, dann weiter nach Lødingen, wo der Lotse an Bord kam. Einen Tag später machte U 997 um 07.20 Uhr in Tromsø an der Sperrpier fest, musste aber noch am Abend zusammen mit U 387 (Büchler) im Geleit nach Hammerfest marschieren. Am späten Vormittag des 10. Oktober legten beide Boote längsseits der „Hering" in Hammerfest an. Ab jetzt galt eine 12-stündige Bereitschaft.

Inzwischen war allerdings wieder das Klappern im Horchgerät aufgetaucht. Der Schaden war eigentlich in Narvik repariert worden, und bei den Probefahrten war auch nichts mehr zu hören gewesen, nun musste ein Taucher aber noch einmal nach dem Rechten sehen. Er fand einen Eisenbolzen, der aus dem Setzkiel heraushing und entfernte ihn – dadurch wurde das Klappern nun endgültig beseitigt.

In den frühen Morgenstunden des 14. Oktober erhielt U 997 dann den Auslaufbefehl:

1. *U 997 (Lehmann), U 293 (Klingspor) und U 771 (Block) auslaufen am 14. Oktober 1944, 09.00 Uhr Hammerfest im Geleit.*
2. *Lehmann nach AC 7181 rechts untere Ecke, Klingspor nach AC 7186 obere, Block nach AC 7195 untere Kante, Mitte.*
3. *Boote treten zur Gruppe Regenschirm zusammen.*
4. *Position muss spätestens 15.10., um 06.00 Uhr eingenommen sein.*
5. *U-Boot-Nordmeerschaltung, Passiermeldung Weg SR-1.*
6. *Es gilt Operationsbefehl Nr. 15. Boote bleiben auf Position getaucht. Auftauchen nur zum Aufladen Batterie und Besteck. F.d.U.*

„Herr Kaleu, die schicken uns ins Seegebiet vor Alta, quasi vor unsere Haustür", sagte Obersteuermann Schwab und blickte fragend zu Lehmann.

„Vermutlich sollen wir die erste Auffanglinie bilden, Schwab", gab der zurück und lächelte maliziös, „aber der Ratschluss unserer Führung ist unergründlich."

Dann drehte er sich auf dem Absatz um und ging in sein Kommandantenschapp, um sich vor dem Auslaufen noch eine Mütze Schlaf zu gönnen. Punkt 09.00 Uhr legte U 997 zusammen mit U 293, U 771 und einem Räumbootgeleit in Hammerfest ab. Um 11.40 Uhr war Weg SR-1 passiert, die Sicherung wurde daraufhin entlassen. Um 18.30 Uhr meldete sich der F.d.U. Norwegen:

U 771 (Block), U 293 (Klingspor), U 997 (Lehmann), U 737 (Brasack), U 995 (Hess), U 968 (Westphalen), U 310 (Ley) bilden Gruppe Regenschirm von AC 7195 bis AB 9638. F.d.U.

„Wenn man bedenkt, dass wir so wenige Boote im Nordmeer haben und die dann hier so eng zusammengezogen werden, muss man ja fast davon ausgehen, dass die Führung eine Invasion in Nordnorwegen erwartet", unkte der Obersteuermann und zog ein langes Gesicht.

„Malen Sie bloß den Teufel nicht an die Wand", grunzte Lehmann finster, „so was können wir jetzt wirklich nicht brauchen."

Gegen 22.00 Uhr hatte U 997 die befohlene Position westlich von Ingöy erreicht. Am 15. Oktober meldeten deutsche Luftaufklärer einen Kriegsschiffverband mit Flugzeugträger auf nördlichem Kurs. Daraufhin wurden die Boote der Gruppe Regenschirm sofort ins Planquadrat AB 64 geschickt. Am 16. Oktober, um 16.15 Uhr kamen dann schon wieder neue Befehle:

1. *Als Horcher steuern an: Mohs (U 956) AB 1995, Unverzagt (U 965) AB 5724, Westphalen (U 968) AB 9414, mit erhöhter Fahrt, Tiefe 20 Seemeilen. Möglichst häufige Beobachtung über Wasser und sofortige Meldung bei Geleit durch Kurzsignal.*
2. *Vorpostenstreifen 17. Oktober, 05.00 Uhr besetzen von AB 5619 bis AB 6768 in Reihenfolge: Schendel (U 636), Zoller (U 315), Hess (U 995), Block (U 771), Lehmann (U 997), Klingspor (U 293), Brasack (U 737), Ley (U 310), von Eickstedt (U 668), Balduhn (U 1163), Nees (U 363), Bentzien (U 425). Funkstille bis auf Peilmeldungen.*
3. *Alle Boote bilden Gruppe Panther. Nordmeerschaltung. F.d.U.*

„Jetzt geht es also zur Bäreninsel, na mal sehen, ob die Meldung unserer Aufklärer stimmt", sinnierte Lehmann leicht genervt.

Bereits am späten Abend erreichte U 997 das Operationsgebiet südwestlich der Bäreninsel, im Planquadrat AB 6851, als um 22.00 Uhr ein neuer Funkspruch des F.d.U. Norwegen eintraf:

Gruppe Panther:
1. *Erwartetes JW-Geleit für Finnenfront von entscheidender Bedeutung. Luftaufklärung gegen Geleit südlich Vorpostenstreifen ist angefordert. Peilmeldungen der Horcher müssen wirksames Heranführen der Boote zum Angriff ermöglichen.*

2. Geleitbekämpfung gemäß Nordmeerbefehl Nr. 8. Besonders wichtig ist laufende Fühlung. Peilwelle Dora, Nordmeerhinweis 33 beachten. Mit Luftwaffe wird nicht gerechnet.
3. Absicht Bekämpfung vor Murmansk. F.d.U.

Mittlerweile war Nebel aufgezogen, und es regnete stark, die Sicht betrug nur noch wenige hundert Meter. Am 17. und auch am 18. Oktober blieb alles ruhig, nur die ständigen Aufforderungen des F.d.U., den Standort zu wechseln, durchbrachen das Einerlei, sorgten aber bei den U-Boot-Fahrern an der Front verständlicherweise für Unmut. Am 19. Oktober meldete U 965 (Unverzagt) einen Flugzeugträger im Quadrat AC 1548, östlich des U-Boot-Rudels. Der F.d.U. befahl daraufhin den Booten der Gruppe Panther, mit Höchstfahrt auf den von U 965 gemeldeten Träger zu operieren. Am Nachmittag tauchte U 997 zum Rundhorchen, konnte aber nur zwei, vermutlich eigene, U-Boote einpeilen.

Am 20. Oktober 1944 war der Konvoi JW.61 von Loch Ewe ausgelaufen. Er bestand aus 29 Dampfern und sechs Lend-Lease-U-Jägern, die an die sowjetische Nordmeerflotte abgegeben werden sollten. Die Sicherung, unter Befehl von Vizeadmiral Dalrymple-Hamilton, übernahmen die Flugzeugträger „Vindex", „Nairana" und „Tracker", der Kreuzer „Dido", die 17. Zerstörerflottille mit den Schiffen „Onslow", „Opportune", „Orwell", „Offa", „Obedient" und „Oribi", die Geleitzerstörer der 21. Escort-Group – „Conn", „Byron", „Fitzroy", „Deane", „Redmill" und „Rupert" – , die 24. Escort-Group mit den Schiffen „Louis", „Inglis", „Lawson", „Loring", „Narborough" und „Mounsey" und die 8. und die 20. Escort-Group mit dem Zerstörer „Walker", den Sloops „Lark" und „Lapwing" und den Korvetten „Camelia", „Oxlip" und „Rhododendron". Der Geleitzug wurde also von ungewöhnlich starken See- und Luftstreitkräften begleitet. U 997 stand an diesem Tag nordwestlich von Murmansk.

Ernüchtert von den spärlichen Resultaten der letzten Geleitzugoperationen, hatte sich die deutsche Seekriegsleitung für eine neue Taktik im Eismeer entschieden. Obwohl dem F.d.U. Norwegen erst drei Schnorchelboote (U 313, U 315 und U 716) zur Verfügung standen, schickte er alle Nordmeerboote in die Kolabucht vor Murmansk. Dort sollte ein- und auslaufenden Geleitzügen aufgelauert werden. Daneben hoffte der F.d.U., den im Kolafjord patrouillierenden gegnerischen Kriegsschiffen mit akustischen Torpedos zu Leibe rücken zu können.

Dank der Entschlüsselung der deutschen Funksprüche konnte die britische Admiralität allerdings von Anfang an geeignete Gegenmaßnahmen ergreifen. Die Sicherung der Konvois wurde, wie gesehen, drastisch verstärkt. Außerdem schickte man dem Geleitzug JW.61 gewaltige U-Jagdverbände voraus, die zusammen mit der sowjetischen Nordmeerflotte die Zugänge nach Murmansk überwachen und dort stehende

U-Boote versenken oder vertreiben sollten. In den ersten Morgenstunden des 21. Oktober ließ Lehmann zum Rundhorchen tauchen, und dabei war plötzlich wieder das laute Klappern zu hören.

„Elende Sauzucht, ich werde noch wahnsinnig. Können diese blöden Technikheinis nicht den einfachsten Schaden beheben", der Kommandant war außer sich, schimpfte wie ein Rohrspatz.

Tatsächlich schien der ruhige und abgeklärte Lehmann die Fassung zu verlieren.

„Bei unter 700 Umdrehungen setzt das Klappern aus, Herr Kaleu", meldete der Leitende Ingenieur Ulli Sadewasser beschwichtigend, der den Schaden zusammen mit Obermaschinist Tegtmeier untersucht hatte.

„Das heißt bei mehr Umdrehungen sind wegen des Krachs keine Horchpeilungen möglich, bei weniger schon?", knirschte Lehmann.

Er befahl kleinste Fahrt während des Rundhorchens, aber es war absolut nichts auszumachen. So beschloss er, aufzutauchen und den Rückmarsch ins eigentliche Quadrat AC 8540 anzutreten.

Um 06.15 Uhr stand U 997 etwa 60 Seemeilen nördlich von Murmansk, als eine „Catalina", wahrscheinlich von der sowjetischen Nordmeerflotte, aus einer Wolke heraus anflog.

„Entfernung 12.000 Meter", brüllte der neue II WO Wolffram, „Alarmtauchen!"

Das Tauchmanöver verlief ohne Fehl und Tadel, und die erwarteten Wasserbomben blieben aus. Offenbar hatte die Feindmaschine das Boot nicht gesehen.

„Na ja", grinste Lehmann, „lieber einmal zu oft unter Wasser als zu selten. Wir tauchen wieder auf." Um 13.15 Uhr ging ein Funkspruch des F.d.U. Norwegen ein:

19.10. in AW 3710 notgelandete ‚Blohm & Voss 138'. Boote im Vorpostenstreifen auf stark nordwärts treibendes Flugboot achten. F.d.U.

Lehmann beschloss, sich an der Suche nach dem Flugboot zu beteiligen. Er operierte für kurze Zeit erst in nördlicher Richtung, dann nach Westen, aber von der deutschen Maschine war weit und breit nichts zu sehen.

Schon um 14.00 Uhr ließ der F.d.U. wieder von sich hören.

Gruppe Panther:

1. *Aufstellung gegen ostwärts vermutetes Teilgeleit, anschließend Erfassung des Rückgeleitzuges. Tags unter Wasser, sorgfältige Horch- und Sehrohrwache. Unbemerkt bleiben.*
2. *Boote unter 35 Kubikmeter Brennstoff am 22. Oktober, 04.00 Uhr mit hoher Marschfahrt zur Ergänzung nach Hammerfest. Anmeldung aus Quadrat AC 57 auf Weg Anton.*
3. *Schweiger (U 313) und Zoller (U 315) bleiben im Operationsgebiet. F.d.U.*

Nur die beiden Schnorchelboote U 313 und U 315 sollten also vor Murmansk bleiben, um den Konvois aufzulauern.

Gegen 17.00 Uhr hatte U 997 wieder den alten Angriffsraum erreicht, wo es wieder auf und ab stand. Kurz vor Mitternacht ließ Lehmann noch einmal zum Rundhorchen tauchen, aber wieder konnten nur in der Nähe stehende Kameradenboote ausgemacht werden. Der Kommandant wandte sich resigniert an den Leitenden Ingenieur:

„Wie viel Treibstoff haben wir noch, Sadewasser?"

„27 Kubikmeter", kam die prompte Antwort.

Dies bedeutete, dass U 997 den Rückmarsch zur Brennstoffergänzung antreten musste. Punkt 04.00 Uhr, am 22. Oktober 1944 befahl Lehmann Kurs auf Hammerfest. Zur gleichen Zeit fing U 997 einen Funkspruch des F.d.U. auf:

Gruppe Panther:
1. *Bisher keine Nachricht über notgelandetes Flugboot eingegangen.*
2. *Falls bis 04.00 Uhr keine Peilzeichen aufgenommen werden, gilt für alle Boote unter 35 Kubikmeter Brennstoff Befehl zur Ergänzung.*
3. *Wenn Flugboot eingepeilt ist, nächst stehendes Boot zur sofortigen Hilfeleistung.*
4. *Planquadrate AW 2320, 2330, 2350, 2360 sowie AW 2270 und 2280 sind nicht zu befahren. Südlich 68 Grad Nord vordringen ebenfalls verboten. F.d.U.*

U 737 unter dem Kommando von Kapitänleutnant Paul Brasack gelang es schließlich, am Morgen des 22. Oktober die notgelandete Maschine zu orten. Als sich das Boot näherte, tauchte jedoch plötzlich ein sowjetisches Schiff auf und eröffnete das Feuer. Ein rasch abgeschossener Torpedo war schlecht gezielt und ging fehl. Anschließend wurde U 737 unter Wasser gedrückt und abgedrängt. Als nach dem Auftauchen vom Flugboot nichts mehr zu hören und zu sehen war, wurde auch U 737 zurück nach Hammerfest befohlen.

U 997 hatte am 23. Oktober, um 07.55 Uhr den Ansteuerungspunkt vor Hammerfest erreicht. Um 08.20 Uhr traf auch U 310 ein, und gemeinsam marschierten die Boote weiter zum Stützpunkt. Beide Kommandanten, Lehmann und Ley, hatten verabredet, auch beim Auftauchen von Feindflugzeugen so lange wie möglich über Wasser zu bleiben und sich mit Fla-Waffen zu wehren. Tatsächlich flog keine halbe Stunde später eine „Catalina" an, die durch wütendes Feuer aus den 3,7-cm-Kanonen zum Abdrehen gezwungen wurde. Zwar warf das Flugboot aus circa 1.000 Metern Höhe drei Wasserbomben, die aber weit ab detonierten und keinen Schaden anrichteten.

Wenig später lief U 997 – zusammen mit U 310 und den dazu gestoßenen U 365, U 956 und U 995 – im Räumbootgeleit nach Hammerfest ein und machte um

13.37 Uhr am Versorgungsschiff „Jeverland" fest. Nachdem das Klappern wieder verschwunden war – anscheinend hatte der Seegang die lärmverursachende Störquelle beseitigt –, beschloss Lehmann, nicht weiter nach der Ursache suchen zu lassen, um so schnell als möglich wieder ablegen zu können.

Nur sechs Stunden nach der Ankunft waren die Brennstoff- und Proviantvorräte ergänzt, schon am Abend war das Boot wieder einsatzbereit.

„Wir laufen nach Mitternacht aus, Friederichs", rief Lehmann dem I WO zu. „Vor wenigen Minuten ist über Funk der Auslaufbefehl vom F.d.U. gekommen. Boot unverzüglich auslaufklar machen – in spätestens einer halben Stunde möchte ich ihre Vollzugsmeldung, Friederichs!"

Dann verschwand Lehmann im Turmluk und ließ seinen wegen der Eile verdutzten I. Wachoffizier auf der Brücke zurück. Doch Friederichs tat ganze Arbeit, schon nach zwanzig Minuten meldete er dem Kommandanten:

„Boot auslaufklar!"

„Gut, Friederichs, von jetzt ab bis Mitternacht herrscht Ruhe im Boot, nur die nötigsten Arbeiten werden noch ausgeführt. Die Männer sollen sich noch ein bisschen lang legen, wer weiß, was in den nächsten Tagen auf uns zukommt", murmelte Lehmann abwesend und beugte sich wieder über eine Seekarte.

Am 24. Oktober 1944, um 00.30 Uhr verließ U 997 mit langsamer Fahrt den Hafen von Hammerfest. Niemand an Bord ahnte, dass sie die Stadt während des Kriegs nicht mehr sehen würden.

Zusammen mit U 997 lief auch U 365 unter dem Kommando von Kapitänleutnant Haimar Wedemeyer aus. Um 20.40 Uhr traf der lang erwartete Funkspruch des F.d.U. Nordmeer ein, der Lehmann über das anzusteuernde Operationsziel unterrichtete:

Gruppe Panther: Mit erhöhter Fahrt Vorpostenstreifen besetzen von Quadrat AC 8934 über AC 8561 bis AC 8514. Geänderte Reihenfolge: Balduhn (U 1163), Klingspor (U 293), Falke (U 992), Nicolay (U 312), Wiebold (U 295), Büchler (U 387), Ley (U 310), Mohs (U 956), Hess (U 995), Block (U 771), Wedemeyer (U 365), Lehmann (U 997), von Eickstedt (U 668), Unverzagt (U 965), Schendel (U 636).
Bei Helligkeit getaucht bleiben, Rückgeleit wird aus Murmansk erwartet. F.d.U.

Nachdem die Dienststelle des F.d.U. West, Kapitän zur See Hans-Rudolf Rösing, nach Bergen in Norwegen verlegt worden war, wurde an diesem 24. Oktober 1944 der F.d.U. Norwegen in F.d.U. Nordmeer umbenannt, sein Sitz war nun offiziell in Narvik.

Inzwischen tobte der Krieg in Nordfinnland und Nordnorwegen immer heftiger. Am 7. Oktober 1944 begann der sowjetische Großangriff an der Murmansk-

Front. Die Russen versuchten, die deutschen Truppen einzukesseln, denen deshalb der Rückmarsch in die Tana-Stellung befohlen wurde, noch in der Nacht wurde der Ostbogen hinter die Liza zurückgenommen. Bereits am 9. Oktober verschärfte sich die Lage durch sowjetische Landungen im Norden der Fischerhalbinsel weiter, allerdings gelang es deutschen Gebirgsjägern am folgenden Tag, einen Angriff gegen die Tana-Stellung abzuwehren und die sogenannte Russenstraße wieder freizukämpfen. Am 10. Oktober befahl Hitler, im hohen Norden möglichst viele U-Boote zusammenzuziehen, um die vermutete Landung der Sowjets zu verhindern.

Am 11. Oktober wurde es noch dramatischer. Sowjetische Truppen holten weit nach Westen aus und blockierten die Eismeerstraße. Ein deutscher Gegenstoß schlug fehl. Am 12. Oktober hatte der Gegner die Eismeerstraße bereits auf einer Länge von acht Kilometern in seiner Hand und war zudem mit Schnellbooten in der Petsamobucht gelandet. Am 14. Oktober musste die Wehrmacht Petsamo aufgeben, die 6. Gebirgsjägerdivision zog sich an die norwegisch-finnische Grenze zurück.

Dass es den Sowjets gelungen war, mit sechs Divisionen und einzelnen Brigaden in ein Gebiet vorzustoßen, das Tundra-Charakter hatte und in dem eigentlich nur der Einsatz kleinerer Einheiten mit Spezialausrüstung möglich war, kam für die deutsche Führung völlig überraschend. Am 17. Oktober befahl Hitler, die Räume Kolosjoki und Kirkenes unter allen Umständen zu halten, weshalb am 18. Oktober die Ivalo-Schutzstellung bezogen wurde. Die 6. Gebirgsjägerdivision wurde auf der Nordstraße dorthin zurückgezogen und sollte die Stellung so lange halten, bis alle deutschen Kräfte von der Murmansk-Front entkommen waren. Die Operation glückte, obwohl sowjetische Truppen sowohl der Nord- als auch der Ivalo-Gruppe nachdrängten und vorübergehend die Straße nach Kirkenes blockieren konnten. Aber der Rückzug der Wehrmacht aus dem Norden war bereits in vollem Gang.

Am 21. Oktober wurde das zerstörte Nickelwerk in Kolosjoki geräumt. Einen Tag später gab der Führungsstab der Wehrmacht dem 20. Gebirgs-Armeeoberkommando die Erlaubnis, nach eigenem Gutdünken über die Aufgabe von Kirkenes und seine weiteren Pläne zu entscheiden. Am 23. Oktober verließ das letzte Räumungsgeleit den Hafen von Kirkenes. Es konnten insgesamt 37.000 Bruttoregistertonnen Güter und etwa ein Drittel der Vorräte abtransportiert werden, der Rest war vernichtet worden. Am 25. Oktober 1944 hatten dann alle deutschen Truppen Stadt und Hafen Kirkenes verlassen.

Auch wenn die Räumung nicht planmäßig, ja sogar sehr überhastet vonstatten gegangen war, konnten also bedeutende Mengen an Kriegsmaterial abtransportiert werden. Vor allem aber war kein Truppenteil abgeschnitten worden. Die deutschen Gebirgsjäger waren, abgesehen von den geringen Verlusten während der Kämpfe mit der Roten Armee, in voller Stärke verwendungsbereit geblieben. Am 2. November hatte die auf der Nordstraße zurückmarschierende 2. Gebirgsjägerdivision Norwegen erreicht, der Tanafjord war weiterhin in deutscher Hand. Ohne Feindberührung marschierten die Soldaten weiter zum Lyngenfjord. Bis Januar 1945 konnten auch noch die Gebiete um Hammerfest und westlich des Altafjords gehalten werden. Finnland war aber seit Mitte November 1944 bis auf die äußerste Nordwestecke geräumt. Da die Sowjets nicht über den Tanafjord vorrückten, die Rote Armee sich also vorerst mit der äußersten Ecke von Nordnorwegen begnügte, fanden die Kämpfe an Land in Nordnorwegen vorerst ihr Ende.

Zur See tobte der Krieg aber mit unverminderter Härte weiter. U 997 erreichte am 25. Oktober 1944, um 06.45 Uhr sein zugewiesenes Operationsgebiet. Der Vorpostenstreifen empfing das Boot mit Detonationen mehrerer Flieger- und Wasserbomben, die aber alle weit ab lagen, ansonsten blieb es den Tag über ruhig. Bei Dämmerungsbeginn ließ Lehmann zum Durchlüften und Laden der Batterien auftauchen. Eine Stunde später befahl er, wegen Einbruchs der Dunkelheit, erneut zu tauchen. Der Kommandant versprach sich von der Überwachung des Seegebiets unter Wasser durch seine fähigen Horcher den größten Erfolg. Um 22.30 Uhr meldete sich der F.d.U. Nordmeer:

An Gruppe Panther:
1. *Luftaufklärung Murmansk und Archangelsk zur Zeit nicht möglich.*
2. *Sofort Abmarsch in Angriffsräume, Tiefe 30 Seemeilen: Balduhn (U 1163) AC 9857, Klingspor (U 293) AC 9767, Falke (U 992) AC 9744, unbemerkt bleiben, jedoch Meldung vor Angriff, 69 Grad nicht nach Süden überschreiten.*
3. *Boote von Nicolay (U 312) bis Schendel (U 636) Vorpostenstreifen entsprechend auf zehn Seemeilen Abstand erweitern. F.d.U.*

Gegen Mitternacht erreichte U 997 seine neue Position im Vorpostenstreifen. Ein Funkspruch des F.d.U. am Morgen des 26. Oktober meldete den Geleitzug JW.61 in der Nähe der Bäreninsel und befahl die U-Boote dorthin. U 997 musste wieder mit großer Fahrt sein Operationsgebiet wechseln.

Kurz nach 09.30 Uhr hörten Lehmann und seine Männer Detonationen von Flieger- und Wasserbomben. Bis Mitternacht war das Donnern von Explosionen zu hören, am Nachmittag hatte die Brückenwache dazu mehrmals Feuerschein hinter der Kimm aufblitzen sehen.

„Ist das Mündungsfeuer von Geschützen, Herr Kaleu?“, fragte I WO Friederichs.

„Kann sein“, antwortete Lehmann stirnrunzelnd, „ist aber trotzdem komisch, von unseren Booten steht doch keines so weit nördlich. Vielleicht ist das die Sicherung des Konvois, die in der Nähe stehende Boote zum Funken verleiten will.“

Inzwischen war der 27. Oktober angebrochen, um 01.50 Uhr meldete U 365 einen Zerstörer im Planquadrat AC 5838. U 997 stand zu diesem Zeitpunkt ganz in der Nähe. Eine halbe Stunde später waren bei Überwasserfahrt mit bloßem Ohr Wasserbombendetonationen zu hören.

„Die beharken unsere Kameraden, Herr Kaleu", murmelte der Obersteuermann Schwab mit verzerrtem Gesicht. Im gleichen Augenblick erschien der Funkobergefreite Koller auf der Brücke und machte Meldung:

„Hess (U 995) hat einen Zerstörer in AC 8314 gemeldet, Herr Kaleu."

Lehmann diskutierte die Sachlage mit seinen Offizieren. Es herrschte schnell Einigkeit, dass der gemeldete Zerstörer zur Sicherung des Geleitzuges gehören musste, der offenbar nach Osten ausgewichen war. Da der von U 995 gemeldete Standort nur etwa 60 Seemeilen entfernt war, entschied der Kommandant mit Höchstfahrt dorthin zu marschieren.

Um 06.30 Uhr meldete sich Kapitänleutnant Wedemeyer von U 365 und berichtete, einen T-V-Schuss auf einen Zerstörer abgegeben zu haben, dass er eine Suchgruppe des Gegners in der Nähe vermute und dass er einer schweren Wasserbombenverfolgung ausgesetzt gewesen sei.

U 997 kam auf seinem Marsch in der Zwischenzeit nur langsam voran. Zweimal hintereinander wurde das Boot von Flugzeugen unter Wasser gedrückt und musste sich dort längere Zeit verbergen. Bei diesem Tempo würde man den Geleitzug, der ja einen erheblichen Vorsprung hatte, niemals vor dem Einlaufen in Murmansk oder Archangelsk abfangen können. Auf der anderen Seite zeigte gerade die Zunahme der Luftüberwachung, dass der Konvoi irgendwo in der Nähe sein musste. Nun hieß es, genau aufzupassen.

10.30 Uhr: „Horchpeilung in 25 Grad, wandert langsam nach rechts aus", meldete Funker Koller atemlos. Mit einem Sprung war Lehmann im Funkschapp und stülpte sich die Kopfhörer über die Ohren.

„Hört sich an wie ein mit hoher Fahrt laufender Zerstörer, wird schnell lauter", murmelte Lehmann – und dann lauter, „auf Sehrohrtiefe gehen, LI!"

Da der Kommandant nichts sah, befahl er aufzutauchen und über Wasser dem vermuteten Konvoi nachzustoßen. U 997 war gerade einmal 19 Minuten über Wasser, als der achtere Backbordposten, der Matrosenobergefreite Chinnow, aufschrie:

„Flugzeug in 40 Grad, Entfernung 8.000, Höhe 1.000 Meter."

Lehmann, der ebenfalls auf der Brücke war, hatte die Maschine schnell in seinem Glas.

„Ein Jäger, Typ ‚Hellcat', ist wahnsinnig schnell", stieß er hervor.

Weil es zum Tauchen schon zu spät war, ließ der Kommandant die 3,7-cm Fla-Kanone besetzen. Aber die Jagdmaschine griff nicht an, sondern umflog im großen Bogen das U-Boot. Plötzlich drang ein Schrei durch das Gewirr aus Befehlen und kurzen Feuerstößen: „Zwei weitere Maschinen aus der selben Richtung, gleicher Typ!" Da die Maschinen noch ein ganzes Stück entfernt waren, nutzte Lehmann die Chance:

„Alarm, auf 100 Meter gehen, 60 Grad steuern, AK voraus!“ Angespannt warteten die Männer auf das Aufklatschen der Wasserbomben auf die See, aber nichts geschah. Allerdings war mit bloßem Ohr ein seltsames sägendes Geräusch auszumachen.

„Was ist das denn? Sowas habe ich ja noch nie gehört, Herr Kaleu“, flüsterte der I WO.

Lehmann lauschte konzentriert:

„Ich halte das Geräusch für einen Zerstörer, der einen Foxer hinter sich herzieht, ich frage mich nur, wie der so schnell herangekommen sein soll. Vielleicht ist es auch eine von einem Flugzeug abgeworfene Rattelboje.“

Sekunden später schnaufte der Kommandant tief durch:

„Auf Sehrohrtiefe, Sadewasser, das müssen wir uns ansehen!“

Mit äußerster Vorsicht fuhr Lehmann das Periskop aus. Der Gegner war ohne Zweifel in der Nähe, und so manches U-Boot war schon verlorengegangen, weil der Feind das Sehrohr entdeckt hatte. Lehmann sah zunächst nichts, dann entdeckte er plötzlich einen Punkt, der schnell größer wurde – ohne Zweifel eine Jagdmaschine.

„Verdammt, nur 400 Meter entfernt“ fluchte er leise, dann befahl er, „auf 100 Meter gehen, dalli, LI!“

U 997 tauchte schnell in die Sicherheit der Barentssee hinab und hatte abermals Glück, erneut blieb es von Wasserbomben verschont. Inzwischen war das sägende Geräusch immer lauter geworden. Lehmann befahl, wieder auf Sehrohrtiefe zu gehen, aber einmal mehr war nichts auszumachen. Allmählich bezweifelte der Kommandant, dass sich da tatsächlich ein Zerstörer in der Nähe aufhielt. Um Punkt 12.00 Uhr meldete sich der F.d.U. Nordmeer wieder einmal:

Gruppe Panther:

1. *Luftaufklärung abgebrochen. Durch Erfolge Hess (U 995) und Wedemeyer (U 365) Ausweichen des Geleitzuges nach Osten, daher Balduhn (U 1163) bis Falke (U 992) besondere Aufmerksamkeit. Unbemerkt bleiben, nur schießen, wenn angegriffen.*
2. *Falke (U 992) als Horcher Quadrat AC 6893 besetzen.*
3. *Balduhn (U 1163) AC 6857, Klingspor (U 293) AC 6767, Nicolay (U 312) AC 6747, Wiebold (U 295) bis Schendel (U 636) Vorpostenstreifen AC 5967 bis AC 5769, Nees (U 363) AC 5758, Bentzien (U 425) AC 5770, Westphalen (U 968) AC 8118, Tiefe 30 Seemeilen. F.d.U.*

Sieben Minuten nach Eingang des Funkspruches detonierten aus heiterem Himmel dreizehn Wasserbomben, nur ungefähr 60 Meter vom Boot entfernt. U 997 wurde wie von einem riesigen Vorschlaghammer getroffen und hin und her geschüttelt. Das Licht fiel aus, die Notbeleuchtung wurde eingeschaltet.

„Frage Schäden“, flüsterte Lehmann leise, doch zur Antwort erhielt er Gott sei Dank nur

Klarmeldungen von den verschiedenen Stationen. „90 Grad steuern, auf 160 Meter“, raunte er nun.

„Neue Schraubengeräusche, Zerstörer, Herr Kaleu“, platzte Oberfunkmaat Gindorf in die Stille.

„Auf 340 Grad gehen, Schleichfahrt“, reagierte der Kommandant sofort.

„Wo kommen die denn plötzlich her, Herr Kaleu?“, wunderte sich der I WO und verzog das Gesicht zu einer Grimasse.

Lehmann zuckte nur mit den Schultern, auch er hatte keine Erklärung, wie die feindlichen Kriegsschiffe so plötzlich hatten auftauchen können. Nach einer halben Stunde krachten zehn weitere Wasserbombendetonationen in unmittelbarer Nähe des Bootes. Wieder schüttelte sich U 997, machte dabei Sprünge wie ein wildes Pferd. Dutzende von Manometergläsern zersprangen, Geschirr zerbrach, Holz splitterte, Bücher schlitterten über die Flurplatten.

Wieder fragte Lehmann nach Schäden. Unisono meldeten die Stationen:

„Keine Ausfälle!“

Es war ein Wunder!

„Herr Kaleu, es sind mindestens vier Fahrzeuge, zwei davon fahren, zwei liegen gestoppt“, meldete nun Oberfunkmaat Gindorf.

Der Kommandant stand im Eingang zum Funkschapp und sah Gindorf fragend an:

„Was ist da oben nur los?“

Kaum hatte Lehmann seinen Satz ausgesprochen.

„Zirp – Zirp – Zirp!”

„Ping – Ping – Ping!”

„Asdic“, flüsterte der Obersteuermann mit zitternder Stimme.

Hatte das Ortungssystem der Alliierten das Boot erfasst? Die Männer blickten ängstlich nach oben. Die Diensthabenden standen wie angewurzelt auf ihren Stationen, die Freiwächter hatten sich in ihre Kojen verkrochen, manch einer hatte seine Decke über das Gesicht gezogen, als könne er dem Unheil so entkommen – jeder wusste, dass der Asdic-Ortung nur schwer zu entkommen war. Das schrille Zirpen im Intervall von zwei bis vier Sekunden zerrte an den Nerven.

Lehmann versuchte nun, auf geradem Kurs mit 170 Grad abzulaufen, dabei wurde U 997 mehrmals von Bewachern überlaufen, die es aber offenbar nicht bemerkt hatten. Um 14.29 Uhr detonierte eine Wasserbombe weit ab. Die Zeit verrann, die U-Jäger blieben aber in der Nähe, mit Einsetzen der Dunkelheit war im Horchgerät deutlich auszumachen, wie sie sich per Unterwassertelefonie verständigten. Sie hatten die Suche noch nicht aufgegeben.

Um 16.29 Uhr wurde das Boot von sieben Wasserbomben durchgeschüttelt. Lehmann hielt den gut liegenden Wurf für einen Zufallstreffer, denn die Asdic-Geräusche waren mittlerweile nach Norden ausgewandert. Der Kommandant ließ schließlich das Boot um 17.15 Uhr bei 162 Metern auf Grund legen und befahl absolute Ruhe. Und seine Rechnung schien aufzugehen. Gegen 19.00 lief ein Zerstörer langsam von achtern an, ihm folgten zwei ortende Bewacher, die das U-Boot in nächster Nähe passierten, es aber offenbar nicht einpeilten, denn sie setzten ihre Suche in nordöstlicher Richtung fort. Um 20.40 Uhr explodierten sechs Wasserbomben, die aber allesamt weit ab lagen, dann wanderten die Geräusche der U-Boot-Jäger weiter in nördliche Richtung aus. Gegen 23.00 Uhr waren sie nicht mehr zu hören.

Fünf Minuten später konnten die Männer von U 997 aufatmen. Lehmann hatte durch das Sehrohr gesehen, dass die Luft rein war und gleich den Befehl zum Auftauchen gegeben.

„Wir haben insgesamt 52 Wabos abgekriegt, Herr Kaleu", meldete nun Obersteuermann Schwab, der genau mitgezählt hatte.

„Ne' ganz schöne Menge", schnaufte Lehmann und musste ein wenig lächeln, „da haben wir verdammtes Glück gehabt – na ja, der liebe Gott verlässt seine Gammler halt nicht."

Dann wurde er wieder dienstlich:

„Wir fahren zurück auf unsere alte Position im Vorpostenstreifen. Sie wissen schon Schwab, Quadrat AC 8344."

„Jawoll, Herr Kaleu."

Schon kurze Zeit später drehte der Bug des Bootes nach Nordosten.

Gegen 01.00 Uhr, am 28. Oktober keuchte der Funkobergefreite Maiwald hastig die Leiter zur Brücke hinauf und meldete völlig außer Atem:

„Funkspruch, Herr Kaleu."

„Was ist denn los, Maiwald?", wollte Lehmann wissen.

„Wiebold (U 295) meldet einen T-V-Treffer auf ein Geleitboot in AC 8386, die Torpedierung konnte er beobachten. Und Hess (U 995) meldet starke Überwachung im Quadrat AC 8260, Herr Kaleu."

„Hess ist ganz in unserer Nähe", überlegte der Kommandant laut. Dann schwieg er, sekundenlang grübelte er, ob er auf U 995 zuhalten oder die zugewiesene Position wieder einnehmen sollte. Dann hatte er sich entschieden:

„Wir bleiben auf Kurs und gehen wieder auf unseren Vorpostenstreifen."

Gegen 05.00 Uhr wurde es langsam hell. U 997 legte sich nun getaucht im Vorpostenstreifen auf die Lauer. Um 08.25 Uhr ging ein Funkspruch ein, in dem der F.d.U. die Vermutung äußerte, dass der Konvoi möglicherweise durchgebrochen sei, und die Boote der Gruppe Panther anwies, auf das erwartete Rückgeleit zu lauern. Tatsächlich lief der Geleitzug JW.61 am 28. Oktober 1944 ohne jeden Verlust in den Kolafjord ein. Ein Teil der Dampfer wurde am 30. Oktober von sowjetischen Escortschiffen ins Weiße Meer geleitet. Um 19.40 Uhr meldete

U 425 (Bentzien) mehrere Schatten und Rauchwolken in AC 8245. „Wir operieren mit Höchstfahrt auf Bentzien", befahl Lehmann, da kam auch schon der Funkspruch vom F.d.U.:

Gruppe Panther: Sofort mit Höchstfahrt zu Geleit Bentzien. F.d.U.

U 997 knüppelte nun mit äußerster Kraft in die Richtung der feindlichen Fahrzeuge. Am laufenden Band meldeten nun verschiedene Boote die Sichtung von Kriegsschiffen, und um 21.50 Uhr machte U 365 (Wedemeyer) einen Zerstörer in AC 8292 aus – ganz in der Nähe.

„Zerstörerschatten in 340 Grad, Entfernung 8.000 Meter", es war 22.30 Uhr, als diese Meldung von der Brücke in die Zentrale von U 997 gerufen wurde. Wie ein Wiesel eilte der Kommandant hinauf. Mit bloßen Augen konnte er den Schatten erkennen.

„Wir stehen auf einer ungünstigen Position im Mondluv", raunte Lehmann dem I WO Friederichs zu, „wir laufen jetzt erstmal nach Süden ab."

Nach einiger Zeit blitzten Scheinwerfer auf dem Zerstörer auf, fast genau in die Richtung von U 997.

„Der kann uns gar nicht sehen, der ist viel zu weit weg", flüsterte der Kommandant den Brückenwächtern zu, die ihn ängstlich anstarrten, „außerdem würde er orten, wenn er wüsste, dass wir uns in seiner Nähe herumtreiben."

Nach einer Dreiviertelstunde drehte das Fahrzeug denn auch plötzlich nach Backbord in südöstlicher Richtung ab und verschwand ebenso schnell wie es aufgetaucht war. Lehmann ließ zum Rundhorchen tauchen, aber von anderen Schiffen war weit und breit nichts zu hören. Er beschloss, zunächst unter Wasser zu bleiben, um der Besatzung etwas Ruhe zu gönnen. Erst nach drei Stunden steuerte U 997 wieder auf Sehrohrtiefe ein.

Am 29. Oktober, um 03.00 Uhr morgens befahl der F.d.U. der Gruppe Panther, ihren Vorpostenstreifen weiter nach vorne zu verlegen, denn ein deutsches Seeaufklärungsflugzeug hatte vor der Kolaeinfahrt mehrere Fahrzeuge geortet.

„Es geht wieder los, vorwärts Männer, wir kriegen unsere Abschüsse schon noch", versuchte Lehmann seine niedergeschlagene Besatzung aufzumuntern.

Obersteuermann Schwab und sein Koppelgast hatten mittlerweile auf der Seekarte die neue Position abgesteckt. Der Kommandant überprüfte sie kurz, dann kam auch schon sein Befehl:

„60 Grad steuern, AK voraus."

Mit Höchstfahrt lief U 997 nun auf den in südwestlicher Richtung vermuteten Gegner zu. Als nach einiger Zeit aber immer noch nichts zu sehen war, studierte Lehmann noch einmal zusammen mit seinem Obersteuermann die Seekarte.

Nach der Koppelung mussten die gemeldeten Fahrzeuge in unmittelbarer Nähe sein, aber weder war etwas zu sehen noch etwas zu hören; kein Funkverkehr, keine Maschinengeräusche – nichts.

Der 30. Oktober begann mit Hagel und Regen, die Sicht war miserabel. Lehmann wollte nicht urplötzlich in eine feindliche U-Jagdgruppe geraten und befahl deshalb zu tauchen. Die Torpedomechaniker nutzten die Zeit, im Bug- und im Heckraum ihre Torpedos zu warten – zu regeln, wie es im Fachjargon hieß. Ein Geschoss nach dem anderen wurde aus den Rohren geholt. Bei den Presslufttorpedos galt es, den Druck im Luftkessel zu überprüfen und eventuelle Lecks zu beheben, bei den elektrisch angetriebenen mussten die Batterien geprüft werden. Alle drei Tage fand ein kurzer Check statt, alle fünf ein ausführlicher. Jede verfügbare Hand wurde für die Knochenarbeit benötigt. Den Männern standen die Schweißperlen auf der Stirn, die nassgeschwitzten Hemden klebten an den Oberkörpern, so mancher wilde Fluch war in den Torpedoräumen zu hören.

Am 1. November stand U 997 immer noch getaucht im Seegebiet vor Murmansk, ab 06.50 Uhr waren halbstündlich einzelne, dann auch ganze Serien von Wasserbombenwürfen in mittlerer Entfernung zu hören, zu sehen war freilich wieder einmal nichts. Erst am Abend gingen Funksprüche von Mohs (U 956) und Ley (U 310) ein, die starke Seeüberwachung im Quadrat AC 8299 meldeten. Um 21.30 Uhr ließ der F.d.U. Nordmeer von sich hören:

Gruppe Panther:
1. *Verstärkte Anzeichen für Auslaufen Rückgeleit.*
2. *Nachbarboote von Mohs (U 956) und Ley (U 310) erhöhte Aufmerksamkeit. Sicherung angreifen. F.d.U.*

Die Anzeichen für das Auftauchen des Rückkonvois hatten sich also verdichtet. Tatsächlich marschierte das Sondergeleit JW.61A, bestehend aus zwei großen Truppentransportern mit 11.000 befreiten sowjetischen Kriegsgefangenen, zwischen dem 29. Oktober und dem 6. November 1944 von England nach Murmansk. Die Sicherung bestand aus dem Geleitträger „Campania“, dem Kreuzer „Berwick“, den Zerstörern „Saumarez“, „Cassandra“, „Scourge“, „Serapis“, „Cambrian“ und „Caprice“ und der 3. Escort-Group mit den Zerstörern „Duckworth“, „Berry“, „Cooke“, „Domett“, „Essington“ und „Rowley“. Die Bemühungen der deutschen Führung liefen aber ins Leere. Der Konvoi traf in Murmansk ein, ohne auch nur von einem einzigen deutschen U-Boot gesichtet worden zu sein.

Die deutschen U-Boote blieben im Herbst und frühen Winter 1944 insgesamt nahezu wirkungslos – obwohl es auf dem Meer von alliierten Schiffen nur so wimmelte. Zwischen dem 30. Oktober und dem 1. November geleiteten sowjetische Zerstörer und Minensucher den Konvoi DB.10 aus dem Weißen Meer in den Kolafjord. U 310 (Ley) und U 295 (Wiebold) stöberten die Schiffe zwar auf, ihre Angriffe mit „Zaunkönig"-Torpedos hatten aber keinen Erfolg. Die sowjetischen Minensucher „T-111" und „T-113" jagten die beiden Boote und drängten sie erfolgreich ab.

Am 2. November 1944 lief der Konvoi RA.61 mit 33 Dampfern und zahlreichen Sicherungsschiffen aus dem Kolafjord aus. Auch dieses Geleit blieb fast unbehelligt. Die Boote der Gruppe Panther kamen gegen die starke Sicherung einfach nicht an. Nur U 295 (Wiebold) torpedierte am 2. November den Zerstörer „Mounsey", der schwer beschädigt in die Kolamündung zurückkehren konnte. Der Konvoi schlüpfte durch das viel zu weitmaschige Netz der Gruppe Panther und erreichte wohlbehalten England.

Aber wenigstens kam in diesen Tagen auch kein deutsches Boot zu Schaden, obwohl auf den alliierten Handelsschiffen erfahrene und wachsame Seeleute fuhren. Nur die Freiwachen lagen in ihren Kojen, immer darauf gefasst, von einer Torpedoexplosion aufgeschreckt zu werden. Bei den Überwasserschiffen war es mittlerweile zur Gewohnheit geworden, dass die Türen der Kajüten Tag und Nacht offen blieben, denn nichts war für die Seeleute schrecklicher als der Gedanke, wegen einer verklemmten Tür nicht an Deck und in die Rettungsboote zu kommen.

Ganz anders sah die Situation auf einem U-Boot aus. Hier gab es keine Türen, die beim Sinken eine Flucht in die Freiheit ermöglichten. Turm- und Kombüsenluk waren die einzigen Öffnungen in die Freiheit. Oft genug stauten sich die Flüchtenden bei einem schnell sinkenden U-Boot an der Turmleiter, und ihre Schreie wurden vom hereinrauschenden Wasser erstickt.

Die U-Boot-Fahrer versuchten, diese quälenden Gedanken möglichst zu verdrängen. Im spartanischen Wohnraum im Bug gab es fast pausenlos eine Kartenrunde, billige Romanheftchen fanden reißenden Absatz. Die beste Ablenkung war aber ohne Zweifel die tägliche harte Arbeit. Im Maschinenraum mussten die E-Maschinenmechaniker täglich die Säuredichte der Batterien messen. Dabei lagen die Männer bäuchlings auf dem Batteriewagen, der auf Schienen unter den Flurplatten fuhr. In qualvoller Enge und unerträglicher Hitze mussten Verschlusskappen aufgeschraubt, Lackmuspapier in die Säure eingetaucht und abgelesen und der Säurestand gemessen werden, und das bei jeder einzelnen der zahllosen Batteriezellen.

Ein wenig besser hatten es die Brückenwächter. Sie hatten die größten Chancen, eine Versenkung zu überleben, wenn sie über Bord sprangen und von einem Schiff aufgefischt wurden. Freilich ertranken auch viele Brückenposten, weil sie ihre schwere Lederbekleidung oder das steife Ölzeug in die Tiefe zog. Bei Überwasserfahrt waren immer vier Posten auf der Brücke. Je einer stand Steuerbord vorne und achtern beziehungsweise Backbord vorne und achtern, trug also für einen Sektor von 90 Grad die Verantwortung. Dazu kam der wachhabende Offizier als Wachführer.

Inzwischen war der 2. November angebrochen. Lehmann beschloss, noch vor dem Hellwerden aufzutauchen, um die Batterien aufzuladen und das Boot zu lüften. Doch nach nur fünf Minuten Überwasserfahrt meldete der Funkobergefreite Koller Fliegerortungen in 40, 100, 330 und 350 Grad. Der Kommandant befahl, mit hoher Fahrt in einen freien Sektor zu steuern. Allmählich verstummten die Ortungen. Um 22.30 Uhr gab der F.d.U. neue Anweisungen:

Gruppe Panther: Sofort Abmarsch nach neuer Aufstellung.

1. *Angriffsräume Tiefe 30 Seemeilen: Falke (U 992) AC 9175, Nicolay (U 312) AC 8367 als Lauscher.*
2. *Vorpostenstreifen 1: AC 8352 bis AC 8514 in Reihenfolge: Büchler (U 387), Hess (U 995), Ley (U 310), Block (U 771), Schendel (U 636), Unverzagt (U 965), Westphalen (U 968).*
3. *Vorpostenstreifen 2: AC 8319 bis AC 8432: Wiebold (U 295), Mohs (U 956), Lehmann (U 997), Wedemeyer (U 365), von Eickstedt (U 668), Bentzien (U 425), Nees (U 363). F.d.U.*

Übelgelaunt, weil er schon wieder umhergejagt wurde, gab Lehmann den Befehl zur Kursänderung. Der Kalender zeigte den 3. November, und von einem Geleitzug war weit und breit nichts zu sehen, nur die Detonationen von drei Wasserbomben waren am Nachmittag in großer Entfernung zu hören. U 997 suchte weiter, marschierte unverdrossen auf dem befohlenen Kurs auf und ab. So verging auch der 4. November 1944. Erst am Abend des 5. November meldete der Horchraum einen Dieselmotor – und kurz darauf präziser:

„Vier Ortungen 30 bis 340 Grad, Dauer- und Suchortung, Lautstärke 3 bis 4."

Lehmann versuchte zunächst, sich mit Westkurs von dem offenbar feindlichen Verband abzusetzen, doch die Ortungsgeräusche wurden immer lauter.

Um 22.41 Uhr meldete II WO Wolffram plötzlich aufgeregt:

„Zerstörer in 355 Grad, Entfernung 1.000 Meter!"

Lehmann reagierte sofort, ließ das Boot nach Südwesten drehen und zeigte dem Zerstörer so das Heck und damit die schmale Silhouette des Boots. Doch dann überschlugen sich die Ereignisse.

„Zwei Zerstörer in 115 und 250 Grad, Entfernung 1.000 Meter, geschätzte Fahrt 12 bis 15 Seemeilen", rief Bootsmaat Goldberg und zeigte mit dem Arm in Richtung der Fahrzeuge.

„Verdammt, wir sind mitten in eine Suchgruppe geraten, Wolffram", fluchte Lehmann leise.

„Sie scheinen uns aber nicht bemerkt zu haben", antwortete der II WO völlig unaufgeregt. „Ja, glaube ich auch, die stören sich gegenseitig – die haben so viele

Ortungen von ihren eigenen Schiffen, dass sie uns darunter nicht finden können", sagte Lehmann, der sich wieder im Griff hatte.

„Backbord-Zerstörer kommt auf, schießt Leuchtgranaten", fügte Bootsmaat Goldberg überflüssigerweise an, während sich über dem Boot schon ein milchig-weißes Licht ausbreitete.

„190 Grad, AK voraus!", befahl der Kommandant schnell. Da kam schon die nächste Meldung, diesmal aus dem Bauch des Boots:

„Steuerbord voraus Ortung."

Der verfolgende Zerstörer musste gegen schwere Seen marschieren, und es sah ganz so aus, als könne er nicht aufholen. Lehmann hoffte, ungesehen entkommen zu können. Die Entfernung von ungefähr 1.000 Metern zum Zerstörer blieb auch zunächst, doch dann zackte er plötzlich und kam in wilden Schlangenlinien schnell auf.

„Zerstörerfahrt etwa 25 Seemeilen, Herr Kaleu", war Wolfframs schneidende Stimme zu hören.

In Lehmanns Gesicht arbeitete es. Was sollte er tun? Tauchen oder aufs Ganze gehen und einen Torpedo auf den Zerstörer schießen? Er musste sich nun schnell entscheiden. Da er dem feindlichen Schiff das Heck zeigte, hatte er nur die Möglichkeit, aus dem Heckrohr V zu feuern. Das Fahrzeug kam weiter auf, er war nur noch 400 Meter entfernt. Lehmann glaubte weiter, noch nicht entdeckt worden zu sein und setzte nun alles auf eine Karte:

„T-V-Schuss aus Rohr V auf Geleitzerstörer, der Atherstone-Klasse."

Durch das Boot ging ein Raunen. So mancher dachte:

„Der hat Nerven, der will seinen Abschuss auf Biegen und Brechen."

Auch II WO Wolffram schaute seinen Kommandanten ehrfurchtsvoll von der Seite an.

„Rohr V klarmachen zum Überwasserschuss!", besonnen und deutlich kamen nun Lehmanns Befehle. Ihn schien förmlich das Jagdfieber gepackt zu haben. Seine weiße Mütze war tief ins Genick geschoben, seine Augen schienen förmlich mit dem Okular des Nachtglases verschmolzen zu sein.

Die Meldungen aus dem Torpedoraum kamen ohne Verzögerung:

„Rohr ist bewässert, Mündungsklappe offen."

Der I WO Friederichs war mittlerweile als zuständiger Torpedooffizier auf die Brücke geeilt und hatte sein Glas auf der UZO-Säule eingerichtet. U 997 rauschte mit 17 Knoten Geschwindigkeit durch die nächtliche See. In der Zentrale errechnete LI Sadewasser die Flut- und Trimmmengen, um das Boot nach dem Ausstoßen des Torpedos sofort ausbalancieren zu können.

Jetzt kam von Mechanikermaat Czublinski aus dem Achterschiff die alles entscheidende Meldung: „Rohr V klar zum Überwasserschuss."

Inzwischen war der Zerstörer immer näher gekommen. Die Zeit drängte. Befehle und

Klarmeldungen wechselten sich in schneller Folge ab. „Rohr V fertig", meldete der I WO ruhig dem Kommandanten, der gleich darauf die Feuererlaubnis gab.

Um 22.48 Uhr drückte Friederichs den Abfeuerungsknopf an der Zielsäule und schickte den Torpedo auf seine todbringende Reise. Gleichzeitig betätigte Mechanikermaat Czublinski im Torpedoraum den Hebel der Handabfeuerung.

Mit einem Zischen hatte das Geschoss Rohr V verlassen. Obersteuermann Schwab drückte die Stoppuhr. Der Torpedo lief nun eine vorprogrammierte Strecke, dann übernahm seine akustische Zielsuchautomatik die Steuerung.

Im gleichen Moment als der Torpedo das Boot verlassen hatte, befahl Lehmann: „Alarmtauchen!"

Nur eine halbe Minute später war U 997 von der Wasseroberfläche verschwunden und steuerte eine Tiefe von 80 Metern an. An Bord war es inzwischen mucksmäuschenstill geworden. Die Männer hielten den Atem an. Würde der Torpedo treffen? Mit rotgeränderten Augen blicken die Tiefenrudergänger auf die träge fallenden und steigenden Zeiger der Manometer. Der Obersteuermann starrte gebannt auf seine Stoppuhr und zählte die Sekunden.

Ohne Vorwarnung erschütterte plötzlich eine ohrenbetäubende Detonation das Boot. Schwab drückte mit dem Daumen auf den Knopf seiner Stoppuhr.

„Treffer!!!", hallte der Schrei unisono aus einer Vielzahl von Mündern. Die Augen der Männer flackerten.

„Laufzeit zwei Minuten, dreizehn Sekunden", meldete der Obersteuermann kaltschnäuzig.

U 997 war bei 80 Metern durchgependelt. Nun hieß es: nichts wie weg.

„280 Grad steuern, große Fahrt!", befahl der Kommandant.

Der Horcher meldete lautes Knacken und Prasseln, aber kein Schraubengeräusch.

„Zweiter Zerstörer hat offenbar gestoppt", kommentierte Lehmann kurz.

Die Männer trauten ihren Ohren nicht. Der Kommandant hatte offenbar ein zweites Schiff gesehen und trotzdem den Angriff auf den Zerstörer durchgezogen.

„Dieser Himmelhund", entfuhr es Schwab ein wenig zu laut.

Um 22.51 Uhr detonierte eine Wasserbombe in der Nähe, kurz darauf eine weitere, diesmal aber weiter weg.

„Keine Sorge, sind nur Schreckbomben", beruhigte Lehmann grinsend, „180 Grad, auf 180 Meter gehen, LI. Vorsicht ist die Mutter der Porzellankiste."

„Wir steuern nur etwa 50 Meter über Grund", warf der Leitende ein, der eine Bodenberührung fürchtete, falls der Kommandant das Boot noch tiefer steuern würde. Doch Lehmann winkte nur kurz ab, beugte sich durch das Zentraleschott und blickte zum Obergefreiten Koller, der in der Enge des Horchschapps andächtig lauschte.

„Zwei Horchpeilungen achteraus, eine an Backbord, eine an Steuerbord", meldete er auf ein Zeichen des Kommandanten: Im Boot waren jetzt Asdic-Ortungen mit bloßem Ohr zu hören, dazwischen die Schrauben von zwei verschiedenen Fahrzeugen. Zwei Jäger arbeiteten nun zusammen: einer lag gestoppt und ortete, gab seine Ortung an den anderen weiter, der mit hoher Fahrt das Boot überlief und seine Bomben warf. Auf U 997 wartete man nun schicksalsergeben auf die Wabos, aber es fielen keine. Offenbar hatten die beiden Feindschiffe wegen des hohen Seegangs schwere Probleme zu horchen oder zu orten. Dagegen waren im U-Boot die Schraubengeräusche der Jäger gut auszumachen. Alle fünfzehn Minuten wurde das Boot überlaufen, aber Wasserbomben fielen nach wie vor keine.

Um 00.10 Uhr, mittlerweile war der 6. November angebrochen, änderte Lehmann den Kurs um 50 Grad nach Steuerbord. Die Zerstörer konnten weiterhin in der Nähe deutlich gehorcht werden, liefen aber nicht mehr direkt an. Um 02.02 Uhr erschütterten zwölf gut liegende Wasserbomben das Boot. Manch ein Gesicht zeigte plötzlich wieder Panik.

„Ruhig Leute, nichts ist passiert", raunte Lehmann seinen Männern zu, die ihn panisch anstarrten.

02.22 Uhr: Erneut detonierten zehn Wasserbomben in der Nähe von U 997 und schüttelten es kräftig durch.

„Die werfen nur auf gut Glück, die wissen nicht, wo wir sind", flüsterte der Kommandant grinsend. „180 Grad steuern, Schleichfahrt, wir machen uns jetzt ganz gemütlich davon."

Aber der Asdic-Ortung, die nun im Intervall von drei bis vier Sekunden durch das Boot scharrte, konnte U 997 nicht entkommen. Lehmann fixierte nach wie vor das Horchschapp, Funker Koller lugte seinerseits mit großen Augen aus dem Schapp heraus und blickte in das bleiche Gesicht seines Kommandanten. Plötzlich hielt Koller die Luft an, sein Gesicht verzerrte sich:

„Eindeutig vier Fahrzeuge zu hören, Herr Kaleu."

Lehmann nagte an der Unterlippe und dachte angestrengt nach. Die Jäger hatten in der Nähe des Bootes gestoppt, um ohne den Einfluss eigener Geräusche horchen und orten zu können.

„Sadewasser, wir legen uns auf Grund", der Kommandant hatte sich entschieden.

Schon nach wenigen Sekunden erreichte U 997 bei 192 Meter den Grund. Die Uhr zeigte 03.41 Uhr. Über Wasser waren die suchenden Jäger weiter deutlich zu hören. Minuten verrannen, schließlich Stunden.

Erst um 06.15 Uhr detonierten wieder Wasserbomben, diesmal in größerer Entfernung. Die feindlichen Schiffe gaben so schnell nicht auf. Dann wurde es plötzlich ruhig. Lehmann hoffte, dass sich der Gegner verzogen hatte, und befahl Punkt 08.00 Uhr, das Boot auf Sehrohrtiefe einzusteuern. Ein kurzer Rundblick bestätigte, die See war frei. Aber der Kommandant traute der Ruhe nicht. In 40 Metern Tiefe lief er zunächst zur nächtlichen Torpedoschussstelle zurück und ließ währenddessen das

Hecktorpedorohr nachladen. Und tatsächlich: Um 10.55 Uhr meldete der Funker Gindorf:

„Asdic-Ortung – Intervall alle zwei Sekunden!"

Zwei Minuten später wagte Lehmann trotzdem einen Blick durch das Sehrohr. Das Periskop durchschnitt gerade die Wasseroberfläche, schon sah er einen mit hoher Fahrt anlaufenden U-Jäger.

„Schnell, schnell, auf 180 Meter, LI", japste Lehmann in die Zentrale. Noch während das Boot tauchte, wurde es von einem Zerstörer überlaufen, der kurze Zeit später achteraus stoppte und dann allmählich nach Osten ablief, bis er außer Horchweite war. Er hatte U 997 nicht bemerkt.

In der Zwischenzeit hatte der Kommandant das ganze Boot auf Wasserbombenschäden überprüfen lassen. Am vorderen Torpedoluk war die Gummidichtung auf der ganzen unteren Hälfte herausgequollen. Der Gummi war zudem eingerissen und porös. Lehmann ließ das Luk auf verschiedenen Tiefen stark nachdrehen. Aber auch das brachte keinen Erfolg – das Luk machte weiter stark Wasser.

In diesem Zustand konnte das Boot nicht mehr an den Feind, denn bei einer neuerlichen Wasserbombenverfolgung konnte die Gummidichtung vollständig herausgepresst werden, was unweigerlich den Verlust des Bootes nach sich ziehen würde. Kurz entschlossen befahl Lehmann den Rückmarsch. Mit zehn Seemeilen Fahrt ging es nach Hause.

Der 7. November verlief völlig ruhig, und am späten Abend des nächsten Tages machte U 997 in Harstad an der „Black Watch" fest, wo ein Lotse übernommen wurde. Am 9. November, um 01.20 Uhr legte das Boot wieder ab und traf um 04.00 Uhr in Lødingen ein, wo der Lotse von Bord ging. Anschließend ging es sofort weiter nach Ramsund zur Torpedoabgabe. Um 15.30 Uhr war schließlich Narvik erreicht. Am gleichen Tag lief auch der alliierte Konvoi RA.61 unbehelligt in Loch Ewe ein. Noch am Abend protokollierte Hans Lehmann die Feindfahrt im Kriegstagebuch:

Bei einem gut gewarteten Tunisgerät werden Ortungen von Überwasserfahrzeugen, die über der Kimm freikommen, gleich mit Lautstärke drei bis vier erfasst. Es ist unwahrscheinlich, dass das eigene Boot dann sofort erfasst wird. Meiner Ansicht nach stören sich viele ortende Fahrzeuge derart, dass ein U-Boot erst sehr spät wahrgenommen wird. Nicht zu früh mit Aphrodite arbeiten, da sie vermutlich leichter aus größerer Entfernung zu orten ist und dadurch das Boot vorzeitig verrät.
Die Besatzung ist gut eingespielt und zeigt sich allen Anforderungen gewachsen. Feindeinwirkungen haben ihrer Frische und Einsatzfreudigkeit keinen Abbruch getan. Als Erfolg der Unternehmung annehme einen versenkten Zerstörer.

Der F.d.U. Nordmeer kommentierte die vierte Feindfahrt von U 997 kurz und knapp:

Zum KTB U 997:
1. Überlegt und richtig durchgeführte Unternehmung.
2. Zu 05.11., 22.47 Uhr; schönes Zerstörergefecht.
3. Erfolg: Ein Zerstörer „Atherstone" versenkt.

Der Befehlshaber der Unterseeboote fügte dem nichts hinzu und bestätigte die Anerkennung der Zerstörerversenkung.

Mit 26 weiteren Seetagen hatte U 997 nun insgesamt 110 Tage vor dem Feind verbracht.

Am 10. November wurde die komplette Stammbesatzung mit der bronzenen U-Boot-Frontspange ausgezeichnet. Diether Wolffram (II WO), Franz Krause (Sanitätsobermaat), Horst Puder (Diesel-Maschinenmaat), Ludwig Müller (E-Maschinenobergefreiter), der Maschinenobergefreite Schneider, die Matrosenhauptgefreiten Paukner und Fritz Klammer, Paul Wedel (Matrosenobergefreiter), Vinzenz Koller (Funker), Erich Schaller (Smutje), Karl Eisenhardt und Robert Grützenbach (Mechanikerobergefreite) erhielten das Eiserne Kreuz 2. Klasse, Walter-Erich Friederichs (I WO), Klaus-Ulrich Sadewasser (LI), Walter Tegtmeier (Diesel-Obermaschinist) und Oberbootsmaat Medler (Seemännische Nr. 1) das Eiserne Kreuz 1. Klasse.

Kapitel 5: Schwere Wasserbombenverfolgungen

Vom 10. bis 20. November wurde das Boot in Narvik überholt, Torpedos und Brennstoff wurden ergänzt, Proviant übernommen, schließlich wurde auch die Funkbeschickung durchgeführt. Schon am 21. November 1944, morgens um 02.00 Uhr machte sich U 997 auf den Weg zur fünften Feindfahrt. Über Lødingen und Harstad – dort wurde Mechanikerobermaat Bruno Czublinski vom Stützpunktleiter das Deutsche Kreuz in Gold verliehen – ging es auf offene See. Um 15.00 Uhr kam der erste Funkspruch des F.d.U. Nordmeer:

Klingspor (U 293), Wiebold (U 295) ab sofort, Lehmann (U 997) mit Auslaufen U-Boot-Nordmeerschaltung. Boote bilden Gruppe Stier. F.d.U.

Am Morgen des 22. November ließ Lehmann zum Unterwassermarsch tauchen. Wenige Minuten später konnte man achteraus Geräusche ausmachen. Deutlich war ein hammerähnliches Klopfen auf Metall in vier verschiedenen Tonhöhen auszumachen, das bis zum 23. November um 11.15 Uhr andauerte, dann plötzlich verstummte. Lehmann vermutete eine Geräuschboje, verifizieren konnte er diese Annahme freilich nicht, denn zu sehen war nichts.

Um 05.25 Uhr meldete der Horcher Dieselgeräusche, die nach rechts auswanderten und dann plötzlich abbrachen. Da es sich nicht um ein eigenes auslaufendes U-Boot handeln konnte, musste es wohl ein feindliches gewesen sein, das nach dem Aufladen der Batterien wieder abgetaucht war.

Der 24. November brachte Schnee, Hagelschauer und mäßige Sicht, ansonsten aber keinerlei besonderen Vorkommnisse. Um 01.40 Uhr des nächsten Tages meldete sich der F.d.U. Nordmeer:

Gruppe Stier:

1. *Unverzagt (U 965) tritt nach Durchführung Aufgabe zur Gruppe Stier.*
2. *Mit sparsamer Fahrt neue Angriffsräume besetzen: Unverzagt (U 965) AB 8957, von Eickstedt (U 668) AB 9453, Ley (U 310) AB 9555, Lehmann (U 997) AB 9264, Büchler (U 387) AB 9759, Balduhn (U 1163) AB 9567, Zoller (U 315) AB 2982, Wiebold (U 295) AB 2991, Klingspor (U 293) AB 2486, Will (U 318) AB 3792, Todenhagen (U 365) AB 2789, Schweiger (U 313) AF 3169. F.d.U.*

U 997 machte sich sofort auf den Marsch in den neuen Angriffsraum, den es am Nachmittag erreichte. Auch die nächsten Tage verliefen freilich völlig ereignislos, lediglich die Reparatur der 3,7-cm-Fla-Kanone brachte etwas Abwechslung.

Am 29. November lief der Geleitzug JW.62 mit 30 Handelsschiffen von Loch Ewe aus. Er wurde von der 8. und der 20. Escort-Group mit den Zerstörern „Keppel“, „Beagle“, „Bulldog“ und „Westcott“, den Sloops „Cygnet“, „Lapwing“ und „Lark“, den Korvetten „Allington Castle“ und „Bamborough Castle“ sowie den nach Murmansk zu überführenden norwegischen Korvetten „Tunsberg Castle“ und „Eglantine“ gesichert. Die Deckungsgruppe des Konvois bestand aus dem Kreuzer „Bellona“, der 1. Division der 6. Zerstörerflottille mit den Schiffen „Caesar“, „Cassandra“, „Caprice“ und „Cambrian“ und der 17. Zerstörerflottille mit den Fahrzeugen „Onslow“, „Orwell“, „Obedient“, „Offa“, „Onslaught“ und „Oribi“. Die Support-Groups bildeten der Geleitträger „Nairana“, die Fregatten „Tavy“, „Tortola“, „Bahamas“ und „Somaliland“ und die 9. kanadische Escort-Group mit den Fregatten „St. John“, „Stormont“, „Monow“, „Loch Alvie“, „Nene“ und „Port Colborne“.

Am gleichen Tag verließ der schnelle Sonderkonvoi JW.62A den Clyde. Der Geleitzug bestand aus zwei Truppentransportern, auf denen abermals ehemalige sowjetische Kriegsgefangene von England aus in ihre Heimat zurückgeführt wurden. Auch ein Verband norwegischer Truppen war an Bord, der die Rote Armee bei ihrem Einmarsch in Nordnorwegen unterstützen sollte. Die Sicherung dieses Geleits bildeten der Kreuzer „Berwick“, der Geleitträger „Campania“ und die 3. Support-Group, bestehend aus sechs Zerstörern. Der Sondergeleitzug traf schon am 6. Dezember ohne Feindberührung in der Kolabucht ein.

Dem F.d.U. Nordmeer war dieses massive Aufgebot an feindlichen Fahrzeugen natürlich nicht entgangen. Er zog deshalb die Boote der Gruppe Stier nordöstlich und südwestlich der Bäreninsel zusammen.

Bis zum 30. November stand U 997 südwestlich bis nördlich der Bäreninsel auf und ab, von einem Feind war freilich weit und breit keine Spur. Am 1. Dezember verlegte das Boot seine Position in den Osten der Bäreninsel. Die See war rau, die Brückenwache musste sich anschnallen, immer wieder rollten schwere Brecher über die Männer hinweg, und immer wieder brüllte der III. Wachoffizier, Obersteuermann Schwab, sein „Wahrschau Brecher“, um vor allem die beiden achteren Posten, die ja die von vorne kommenden Wellen nicht sehen konnten, zu warnen. Mit aller Kraft stemmten sich die Männer gegen die Turmwand und versuchten gleichzeitig das Fernglas vor die Augen zu halten, aber immer wieder wurden sie vom wild peitschenden Wasser hochgeschleudert und auf den Brückenboden zurückgeworfen. Die Seemännische Nr. 3, Bootsmaat Eugen Zich, schlug dabei schwer mit dem Hinterkopf auf, sein Glas und der Südwester gingen verloren. Nur die stabilen Anschnallgurte sorgten dafür, dass niemand über Bord gespült wurde. Trotz des schweren Ölzeugs waren die Brückenposten innerhalb von Sekunden vollkommen durchnässt. Das eiskalte Salzwasser lief am Kragen in die schwere U-Boot-Kluft, über Brust und Rücken an den Beinen hinunter und füllte die Seestiefel bis zum Rand. Eine Verständigung auf der Brücke war wegen des Tosens der See praktisch unmöglich. Das Ende der vierstündigen Wache war für die Männer eine einzige Erlösung. Mit letzter Kraft verschwanden sie im Dieselraum, wo ihnen das Maschinenpersonal half, die völlig durchnässte Leder- und Gummibekleidung, die buchstäblich am Körper klebte, auszuziehen. Dann hieß es, sich aufzuwärmen und auszuruhen, denn acht Stunden später stand schon die nächste Marter an.

Am 1. Dezember meldete sich der F.d.U. Nordmeer endlich wieder einmal:

Gruppe Stier:

1. *Gemäß Funkspruch 1312 (Offiziersfunkspruch, der Angriffsräume nur mit Decknamen bezeichnete, Verf.) besetzen Angriffsräume Stock 1 bis 8 und Grube 1 bis 7: Wiebold (U 295), Balduhn (U 1163), Büchler (U 387), Lehmann (U 997), von Eickstedt (U 668), Ley (U 310), Unverzagt (U 965).*
2. *Falls notwendig, zum Aufladen der Batterien absetzen. Angriff auf alle feindlichen Einheiten frei, jedoch Hauptziele Geleitzug und Träger.*
3. *68 Grad Nord nicht überschreiten. F.d.U.*

Der Funkspruch bedeutete im Klartext, dass alle Boote möglichst schnell bis vor die Kolaküste marschieren sollten, da der Geleitzug die Bäreninsel offenbar schon passiert hatte. Allerdings war trotz dieses Positionswechsels kein Herankommen an den Konvoi JW.62. Dieses Geleit konnte – gewarnt von den Dechiffrierspezialisten vom Bletchley Park – durch mehrere geschickte Manöver den deutschen Booten ausweichen und unbehelligt Murmansk erreichen.

Auch den anderen alliierten Konvois im Nordmeer war das Glück im Winter 1944/1945 im Wesentlichen hold. In der Nacht vom 2. auf 3. Dezember griffen U 995 (Hess) und U 363 (Nees) gemeinsam ein sowjetisches Küstengeleit an, allerdings ohne Erfolg. U 1163 (Balduhn) entdeckte kurz nach Mitternacht, am 3. Dezember 1944 an der östlichen Kolaküste das sowjetischen Küstengeleit KB.35, bestehend aus zwei Dampfern und den beiden Bewachern „T-38“ und „SKR-20“. Dem Boot gelang es anzugreifen und um 01.04 Uhr den sowjetischen Frachter „Revoljucia“ mit 903 Bruttoregistertonnen zu versenken. Am 4. Dezember griffen U 363 (Nees), U 992 (Falke) und U 995 (Hess) vor dem Kolafjord ein sowjetisches Küstengeleit an, jedoch vergeblich.

U 997 operierte in diesen Tagen im Seegebiet nordöstlich von Murmansk bis zum Eingang in das Weiße Meer. Der 2. und 3. Dezember verliefen wie so oft völlig ereignislos. Die alliierten Konvois schienen den Plänen der deutschen Führung immer mehrere Nasenlängen voraus zu sein. Erst am 4. Dezember 1944, um 01.20 Uhr schien sich wieder etwas zu tun.

„Horchpeilung, Lautstärke 2, Dieselgeräusche 355 Grad“, meldete Oberfunkmaat

Gindorf dem Kommandanten, der sofort ins Horchschapp eilte. „Hört sich an wie ein eigenes Boot, Herr Kaleu", sagte der Funker enttäuscht und nestelte an seinem Kopfhörer. Lehmann überlegte nicht lange:

„Auf 20 Meter, Klarmachen zum Auftauchen!"

01.35 Uhr: U 997 hatte nur noch wenige Meter zur Wasseroberfläche, als das gehorchte Fahrzeug plötzlich mit hoher Fahrt direkt auf das Boot zulief. Das Rasseln der rasch näherkommenden Schiffsschrauben war schon mit bloßem Ohr zu hören. Gleichzeitig begann das nervenzerfetzende Zirpen des Asdic. Das war kein deutsches Boot, das war ein alliierter U-Boot-Jäger.

Noch bevor Lehmann reagieren konnte, klatschten die ersten Wasserbomben auf die Meeresoberfläche. Die Geräusche waren im Boot überdeutlich zu hören. Wieder einmal konnte die Stahlröhre von U 997 zum tödlichen Verlies werden. Furcht und Beklemmung griffen um sich. Augen aus vollbärtigen Gesichtern richteten sich nach oben, als wollten sie den Stahl durchbohren, um die herabtaumelnden Wasserbomben von ihrem Ziel abzulenken.

Kaum war das Aufklatschen verklungen, als es auch schon zwölfmal kurz hintereinander gewaltig krachte.

„Tiefer gehen, 160 Meter", raunzte Lehmann schnell.

„Wie konnte der Zerstörer uns denn so urplötzlich angreifen, Herr Kaleu?", wollte der I WO wissen.

Lehmann schnaufte schwer:

„Entweder hat er unsere Auftauchgeräusche oder unser Echolot gehorcht."

Nachdem es über längere Zeit ruhig geblieben war, befahl der Kommandant, das Boot wieder auf Sehrohrtiefe zu bringen. Ein Rundblick bestätigte, dass vor allem der Nordost-Sektor frei war. Lehmann gab Befehl zum Auftauchen und kurbelte bereits ungeduldig am Verschlussrad des Turmluks. Aus der Zentrale meldete der Leitende Ingenieur, dass das Boot den Wasserspiegel durchbrochen habe und forderte die Dieselmotoren an. Schnell war Lehmann mit der Brückenwache aufgezogen, und was sie als erstes sahen, ließ ihnen den Atem stocken.

„Da! Deutlich drei Dampfer und fünf Bewacher", stieß Lehmann gepresst hervor, der sich als erster gefasst hatte.

Das kleine Geleit fuhr nahe beieinander, die Sicherungsschiffe an den Seiten, dazwischen vorne der größte Frachter und dahinter gestaffelt die beiden anderen, in einer Entfernung von etwa 3,5 Seemeilen. In Lehmann erwachte wieder das Jagdfieber.

„Wir setzen uns zum Angriff vor!", befahl er, meldete dem F.d.U. per Funk die Position und ließ Peilzeichen senden.

U 997 stand nordostwärts von Kap Tscherny. Als das Geleit seinen Kurs nach Westen änderte, schien die Gelegenheit zum Angriff günstig.

„Zwanzig Grad steuern. Wir greifen an!", befahl der Kommandant. Um 04.46 Uhr hatte sich Lehmann entschlossen, auf den größten Dampfer zu operieren. Der I WO stand schon hinter dem UZO-Glas und gab die Schusswerte durch:

„FAT-Schuss aus Rohr IV auf Frachter. Koordinaten: Bug rechts, Lage 75, Schleife rechts, Tiefe vier Meter, Entfernung 2.500 Meter, Abkommpunkt Mitte."

Die Männer arbeiteten wie Schweizer Uhrwerke, die Schusswerte wurden in den Vorhalterechner eingegeben, und Sekunden später kam die Meldung:

„Steht!"

„Torpedo looos", war Friederichs zu hören, dessen Stimme nun doch ein wenig zitterte.

Aber der Torpedo erwies sich als defekt. Als er das Rohr verlassen hatte, drehte er zuerst unkoordinierte Kreise, lief kurz an der Wasseroberfläche und sank dann nach 200 Metern auf den Meeresboden. Aber so schnell gab sich Lehmann nicht geschlagen.

Um 04.47 Uhr ließ er einen Schuss aus Rohr I auslösen. Die Koordinaten waren die selben wie zuvor, und nur Sekunden später zischte der Torpedo seinem Ziel entgegen. Um sicher zu gehen, wollte der Kommandant auch noch aus Rohr II feuern, doch der FAT-Torpedo ließ sich weder elektrisch noch von Hand lösen; selbst die Mündungsklappe ließ sich sehr schwer und auch nur manuell öffnen. Lehmann ging nun aufs Ganze – er wollte endlich einen Erfolg, auf Biegen und Brechen:

04.49 Uhr: „Schuss aus Rohr III auf Frachter. Koordinaten: Bug rechts, Lage 58, Tiefe vier Meter, Entfernung 2.400 Meter, Abkommpunkt Heck."

„Steht!"

Und wieder nur einen Wimpernschlag danach befahl Friederichs:

„Rohr III looos!"

Um 04.53 Uhr hatte der I WO nun auch noch einen Bewacher in seine Zieloptik genommen:

„Wendeschuss aus Rohr V auf Bewacher. Koordinaten: Bug rechts, Lage 90, Tiefe vier Meter, Entfernung 2.000 Meter, Abkommpunkt Heck."

„Steht!"

„Rohr V looos!"

In der Zentrale hatte Obersteuermann Schwab den Knopf seiner Stoppuhr gedrückt. Gleich, gleich musste eine Explosion zu hören sein. Doch nichts geschah. Minuten verrannen, nichts geschah. Kein Torpedo erreichte sein Ziel.

„Verdammt, verdammt, vier Torpedoschüsse, einer wenigstens muss sitzen – das ist doch Sabotage", fluchte Lehmann fuchsteufelswild und schluckte schwer.

Da alle Torpedorohre leer waren, ließ der Kommandant vom Geleit abdrehen und nachladen. Er selbst stieg mit hängendem Kopf und schweren Schritten in die Zentrale hinab und brachte das Fiasko im Kriegstagebuch zu Papier. Seiner Meinung nach hatten die Wasserbomben vom Angriff um 01.35 Uhr die Torpedos beschädigt.

Eine vorherige Prüfung war nicht möglich, weil das kleine Geleit quasi aus dem Nichts und schnell aufkam. Zudem hatte sich Lehmann für rasche Torpedoschüsse entschieden, weil er in der hellen Nacht immer mit dem Auftauchen von Flugzeugen rechnen musste.

Obwohl die Sicht sehr gut war, man auf der Brücke von U 997 den Konvoi in allen Einzelheiten genau erkennen konnte, blieb das U-Boot selbst wundersamerweise völlig unbemerkt.

„Wir laufen jetzt erstmal ab, laden in Ruhe die Torpedos nach und versuchen unser Glück dann nochmal", Lehmann gab nicht auf.

Als der Morgen graute, war das Geleit aber mittlerweile in die sichere Tschernybucht eingelaufen und ankerte dort. Damit war für U 997 jeglicher Angriff unmöglich geworden. Der Kommandant mutmaßte allerdings, dass die Schiffe nur den Tag in der sicheren Bucht abwarteten, um sich dann in der folgenden Nacht auf den Weitermarsch zu machen. Er entschied deshalb, vor der Bucht bis Dämmerungsbeginn unter Wasser zu bleiben, dann aufzutauchen und bis Mitternacht zu warten. Sollte das Kleingeleit bis dahin nicht auslaufen, wollte er zurück in seinen Angriffsraum marschieren. Im Schutz der einbrechenden Dunkelheit tauchte das Boot dann am späten Nachmittag auf. Die Stunden vergingen, durch die Bucht zogen dicke Nebelschwaden, die den Posten auf der Brücke die Arbeit schwer machten.

„Aufpassen, Männer, passt bloß gut auf", warnte der Kommandant die Brückenwache ein ums andere Mal.

23.35 Uhr: „Zerstörerschatten in 90 Grad", meldete der Matrosenobergefreite Goldbeck flüsternd, als könnte der Feind ihn hören.

Fünf Minuten später drehte das Fahrzeug plötzlich nach Backbord und schoss mit seiner hinteren Kanone. Die Granaten schlugen zwar weit entfernt vom Boot ein, aber Lehmann wollte nichts riskieren:

„AK voraus, bloß weg hier!"

Der Zerstörer nahm aber auch Fahrt auf, er setzte nach.

„Zweiter Bewacher in 35 Grad in Sicht!", meldete nun der Matrosenobergefreite Wedel aufgeregt.

Der Kommandant überlegte angestrengt. Sollte er tauchen und sein Heil in der Flucht suchen oder das Feindschiff angreifen? Er hatte sich schnell entschieden. Die Position war günstig, um dem Zerstörer einen Torpedo unter das Deck zu schieben. Während das U-Boot noch andrehte, gab der I WO schon die Gegnerwerte in die Zentrale durch.

Um 23.42 Uhr verließ ein Torpedo Rohr I und steuerte seinem Ziel entgegen. Nachdem die beiden Bewacher keine 2.000 Meter mehr entfernt waren, wurde es höchste Zeit zu tauchen.

„Alarmtauchen, auf 30 Meter, LI!", befahl Lehmann knapp. Das Weiße Meer war an dieser Stelle nur 70 Meter tief, viel zu flach, um das Boot wirklich in Sicherheit bringen zu können. Lehmanns Angriff war mehr als waghalsig. Tatsächlich brach auch nur drei Minuten später ein wahres Inferno über dem Boot herein. Fünfzehn Wasserbomben detonierten mit großem Getöse. Das Boot wurde von stählernen Riesenfäusten gepackt und hin und her geschüttelt. Die Holzspanten knackten bedrohlich, als würden sie jede Sekunde bersten, Manometergläser zersprangen klirrend, auch die Glühbirnen. Die Sicherungen für die Elektrik flogen heraus, Flanschdichtungen gaben dem großen Druck nach, eisiges Wasser spritzte pfeifend in die Zentrale. Das konnte das Boot nicht wegstecken! Das musste das Ende sein!

Die neuen Besatzungsmitglieder starrten panisch die alten Hasen an. Die wiederum blickten vertrauensvoll zum Kommandanten, der zu beruhigen versuchte:

„Ruhig Blut, Männer, das war doch noch gar nichts!"

Über die Gesichter der U-Boot-Männer kroch ein gequältes Lächeln, aber erst als der Zentralemaat Trogbacher die Ventile dicht drehte und den Wassereinbruch so zum Stillstand brachte, atmeten sie hörbar auf. Das Boot schien dem furchtbaren Angriff standgehalten zu haben, offenbar war nichts ernsthaft beschädigt worden, zumindest meldeten die Abteilungen nur kleinere Schäden, die schnell behoben waren. Aber es war eine trügerische Ruhe für die hilflos in der Tiefe Eingeschlossenen. Jede Minute konnten neue Wasserbomben kommen. Mit verschiedenen Kurskorrekturen und Schleichfahrt versuchte der Kommandant, tiefere Gewässer zu erreichen.

Um 23.48 Uhr explodierten acht Wasserbomben, diesmal wahrscheinlich vom zweiten Zerstörer abgeworfen. Gewaltige Keulenschläge donnerten wieder an den Bootsrumpf. Viele Männer hatten die Augen geschlossen und hielten sich die Ohren zu, als könnten sie so die Wirklichkeit aussperren, andere wieder lagen schicksalsergeben in ihren Kojen, als hätten sie mit ihrem Leben schon abgeschlossen, wieder andere hatten Tränen in den Augen. Im Boot machte sich zunehmend der Geruch von Urin breit.

Doch scheinbar hatte U 997 wieder Glück gehabt, die Schäden waren kaum der Rede wert. Lehmann befahl aufs Neue Kursänderungen und schlich dann zum Horchschapp.

„Und, Koller?"

„Dritter Zerstörer, 350 Grad, Herr Kaleu", flüsterte Koller mit schmerzverzerrtem Gesicht – und kurz darauf, „läuft an!"

Laut dröhnten die peitschenden Geräusche der Zerstörerschrauben durch das Boot.

„Verflixt nochmal", schimpfte Lehmann leise, „auf 40 Grad steuern."

Der Kommandant hatte seinen Befehl noch nicht ganz ausgesprochen, als zwölf Wasserbomben in der Nähe des Boots explodierten. Die Männer purzelten wie Kegel durcheinander, überall klirrte und schepperte es. Irgendwann würden die zwanzig

Oberleutnant zur See der Reserve Hans Lehmann im April 1945 mit dem am 28. Dezember 1944 verliehenen Deutschen Kreuz in Gold und der U-Boot-Frontspange in Silber. Am 7. Mai 1945 wurde er noch mit dem Ritterkreuz ausgezeichnet.

U 997 läuft am 29. Dezember 1944 in Trondheim ein. Auf der Brücke sind v.l.n.r. zu sehen: LI Sadewasser, Obermaschinist Tegtmeier, unbekannt, Obersteuermann Schwab (direkt vor dem Sehrohr), Wachoffizier Friederichs, Rudergänger Wedel und Kommandant Hans Lehmann.

Ein Erinnerungsfoto aus Trondheim: Links Maschinenmaat Horst Puder und rechts Oberfunkmaat Wolfgang Gindorf.

Kapitänleutnant Paul Brasack war Kommandant von U 737. Er war einer der bewährten „Eismeer"-Kommandanten und wurde am 30. Oktober 1944 mit dem Ritterkreuz ausgezeichnet.

Kapitänleutnant Leonhard Klingspor war Kommandant von U 293. Er führte U 293 auf fünf Unternehmungen im Nordmeer.

Oberleutnant zur See Wolfgang Ley war Kommandant von U 310. Er führte U 310 auf sechs Unternehmungen im Nordmeer.

Oberleutnant zur See der Reserve Hans Georg Hess war der zweite Kommandant von U 995 von Oktober 1944 bis Kriegsende. Am 11. Februar 1945 wurde er mit dem Ritterkreuz ausgezeichnet.

Oberleutnant zur See Hans Falke war Kommandant von U 992. Er führte U 992 auf acht Unternehmungen im Nordmeer.

Oberleutnant zur See der Reserve Josef Will war Kommandant von U 318. Er führte U 318 auf sechs Unternehmungen im Nordmeer.

Kapitänleutnant Günter Wieboldt war Kommandant von U 295. Er führte U 295 auf fünf Feindfahrten im Nordmeer.

Oberleutnant zur See Herbert Zoller war Kommandant von U 315. Er führte U 315 auf acht Feindfahrten im Nordmeer.

Oberleutnant zur See Otto Westphalen war Kommandant von U 968. Er wurde am 23. März 1945 mit dem Ritterkreuz ausgezeichnet.

Kapitänleutnant Rudolf Büchler war Kommandant von U 387. Das U-Boot wurde am 9. Dezember 1944 vor Murmansk mit der gesamten Besatzung versenkt.

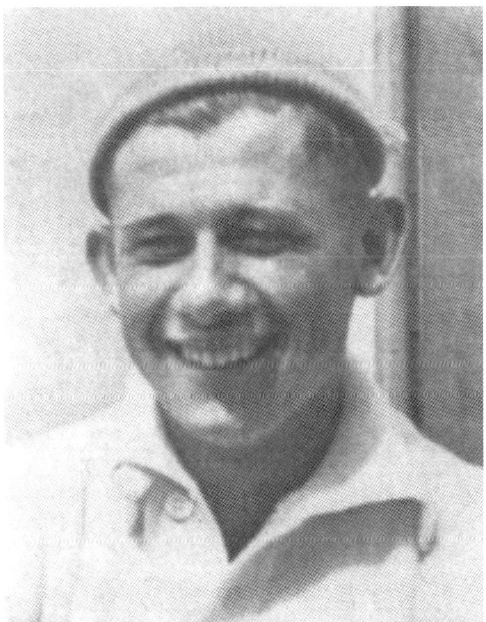

Oberleutnant zur See Diether Todenhagen war der zweite Kommandant von U 365. Das U-Boot wurde am 13. Dezember 1944 mit der gesamten Besatzung versenkt.

Das U-Boot-Versorgungsschiff „Kärnten“ im Jahr 1944 in Skjomenfjord.

Arbeiten an Deck auf dem U-Boot-Versorgungsschiff „Kärnten“.

Das Werkstattschiff „Kamerun" im Jahr 1944 in Narvik.

Das Werkstattschiff „Huascaran" im Hafen von Hamburg.

25. März 1945: Nach seiner sechsten Unternehmung läuft U 997 in die Bogenbucht bei Narvik ein.

Anfang April 1945 in Harstad – v.l.n.r.: Funkobergefreiter Günter Surauf, Funkmaat Heinz Wysgol, Maschinenmaat Horst Puder und Obermaschinenmaat Gerhard Hoffmann.

U 997 im April 1945 mit dem letzten Tarnanstrich für Nordmeerboote im Zweiten Weltkrieg.

Das Versorgungsschiff „Kärnten"
1942 vor Oslo.

Die „Stella Polaris"
im Skjomenfjord.

Korvettenkapitän Helmut Möhlmann war Flottillenchef der 14. U-Flottille in Narvik. Dieser Flottille war U 997 seit März 1945 unterstellt.

Kommandant Hans Lehmann auf erhöhter Position mit Signalflaggen in der Hand.
Auf der Brücke neben ihm steht der Leitende Ingenieur „Ulli“ Sadewasser.

Zwei U-Boote mit Geleit laufen in den Hafen ein.

April 1945: Drei Besatzungsmitglieder von U 997 an Deck der „Black Watch" in Harstad.

An Deck der „Black Watch" im April 1945: Hintere Reihe v.l.n.r: Mechanikerobergefreiter Robert Grützenbach, Matrosenobergefreiter Fritz Klammer und Funkobergefreiter Vinzenz Koller. Vordere Reihe v.l.n.r.: Matrosenobergefreiter Herbert Goldbeck und Matrosenobergefreiter Werner Trösken.

An Deck der „Black Watch“ im April 1945. V.l.n.r.: Matrosenobergefreiter Herbert Goldbeck, Mechanikerobergefreiter Robert Grützenbach, Matrosenobergefreiter Fritz Klammer, Funkobergefreiter Vinzenz Koller und Matrosenobergefreiter Werner Trösken.

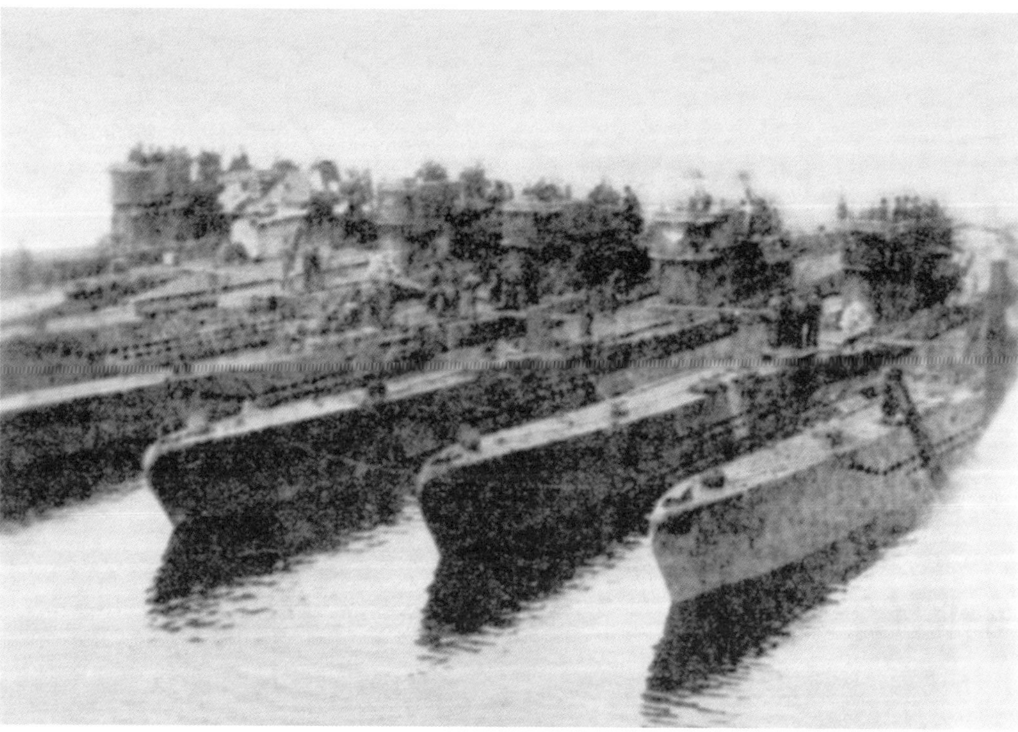

Die U-Boote der 14. U-Flottille sammelten sich nach dem Ende des Krieges in der Nähe von Narvik. U 997 ist das zweite Boot von links mit der helleren Färbung.

Der Aviso „Grille", das Stabsschiff des F.d.U. Norwegen bzw. F.d.U. Nordmeer, Fregattenkapitän Reinhard Suhren, im Hafen von Narvik. Gleich wird ein U-Boot neben der Aviso anlegen, wo bereits zwei U-Boote festgemacht haben.

Der Aviso „Grille" mit auffälliger Tarnung im Hafen von Narvik.

Der norwegische Dampfer „Idefjord“ mit 4.287 BRT wurde am 22. April 1945 von U 997 torpediert.

Die norwegische „Idefjord“ lief im sowjetischen Kleingeleit PK.9 und konnte schwer beschädigt nach Murmansk eingeschleppt werden.

Millimeter Stahl des Druckkörpers dem Druck nachgeben, dann würde zuerst ein kleiner Riss entstehen, dann ein größerer, schließlich würde das Boot auseinanderbrechen und 50 Seeleute in den Tod reißen.

Aber auch diesmal war der Schaden gering, und Lehmann machte auf Optimismus. „Noch habt ihr uns nicht, und ihr kriegt uns auch nicht“, zischte er grimmig und ballte die Fäuste.

Da meldete Koller schon einen neuen Zerstöreranlauf aus 35 Grad, es war 23.53 Uhr. Die Wasserbombenverfolgung dauerte erst knapp zehn Minuten, aber den Männern schienen Stunden vergangen zu sein.

„Wahrschau, festhalten Männer!“, rief der I WO beruhigend, als es über dem Boot dreimal krachte. U 997 torkelte wie ein Betrunkener und wurde bis auf 40 Meter hinabgedrückt. Das Licht fiel wieder aus. Die Männer tasteten sich durch die Dunkelheit bis sich die Notbeleuchtung automatisch einschaltete. Dann wurde es wieder ruhig.

„Das war knapp“, flüsterte der Leitende Ingenieur dem Kommandanten zu, der nur leicht nickte.

Der Funker Koller lauschte konzentriert. Er war nun die einzige Verbindung, die U 997 zur Außenwelt hatte. Als Lehmann ihm einen Blick zuwarf, meldete er:

„In 130 und 285 Grad je ein Bewacher, langsam fahrend.“

„Was ist überhaupt aus dem Torpedo geworden?“, wollte Lehmann vom Obersteuermann wissen.

„Keine Ahnung, wir konnten wegen der Wabos nix sehen und hören“, kam die prompte Antwort.

„Wahrscheinlich kein Treffer, elende Sauzucht“, zischte der Kommandant.

Später erzählte Günter Wieboldt, der Kommandant von U 295, Hans Lehmann, dass er einen Treffer auf einen Bewacher beobachtet habe, eine alliierte Bestätigung liegt aber auch heute noch nicht vor.

Endlich wurden die Horchpeilungen leiser. Um 00.50 Uhr, der 5. Dezember war angebrochen, kam die erlösende Meldung aus dem Horchraum:

„Keine Horchpeilungen mehr!“

Der Lebensmut kam wieder zurück. Die Männer lockerten ihre vespannten Muskeln, einige lachten, andere umarmten sich vor Freude – eben noch auf dem Weg ins Jenseits, jetzt schon wieder vor einer rosigen Zukunft. Man war dem Tod einmal mehr von der Schippe gesprungen.

„Na, da hat sich unsere rostige Blechröhre ja mal wieder bewährt“, meinte Lehmann und zauberte ein schiefes Grinsen in sein bleiches Gesicht. Auch er war gezeichnet.

„Wir bleiben erstmal unter Wasser und laufen langsam nach Osten in den alten Angriffsraum ab.“

Um 01.45 Uhr meldete der Horcher Dieselgeräusche in 20 Grad. Der Kommandant stürzte in den Funkraum, nahm den Kopfhörer entgegen und lauschte sekundenlang: „Könnte ein U-Boot sein, kann aber auch eine Hilfsmaschine eines ganz in der Nähe stehenden Bewachers sein."

Bis 03.00 Uhr morgens waren die Geräusche zu hören, dann verschwanden sie. Um 04.07 Uhr wagte Lehmann einen Rundblick durch das Periskop: Die Luft war rein.

„Auftauchen!"

Im Boot breitete sich eine wahre Jubelstimmung aus. Das Turmluk flog auf. Tief atmeten die Männer die frische Luft ein, die in die Zentrale strömte. Ein herrliches Gefühl! Die Seewache zog auf: Tatsächlich, weit und breit kein Feind.

310 Grad, AK voraus, nichts wie weg", befahl Lehmann.

Mit hoher Fahrt schnürte das Boot durch die See, auf dem Weg in das eigentliche Operationsgebiet. Endlich, endlich konnten die Batterien aufgeladen und das Boot durchlüftet werden. Um 05.30 Uhr hatte U 997 seinen ursprünglichen Angriffsraum erreicht. Um nicht von einem Luftangriff überrascht zu werden, befahl Lehmann, auf Sehrohrtiefe zu gehen. Erst nach neun Stunden Unterwasserfahrt wurde gegen 15.00 Uhr wieder aufgetaucht, um erneut die Batterien zu laden und das Boot zu lüften. Nach nur eineinhalb Stunden ging es dann wieder unter Wasser, und zwar bis zum 6. Dezember, um 01.00 Uhr. Dann wurde wieder aufgetaucht. Diesmal wollte der Kommandant etwas länger über Wasser bleiben und im Operationsbereich auf und ab fahren. Um 02.35 Uhr meldete sich dann nach langer Zeit der F.d.U. wieder einmal:

Sofort besetzen mit erhöhter Fahrt Angriffsräume: Büchler (U 387) Stock 4, Lehmann (U 997) Stock 2, von Eickstedt (U 668) Grube 3, Ley (U 310) Grube 4. F.d.U.

Die U-Boote der Gruppe Stier wurden jetzt also in den Angriffsräumen Stock und Grube vor Murmansk zusammengefasst. Lehmann befahl sofort, das neue Operationsgebiet im Planquadrat AC 8862 mit großer Fahrt anzulaufen. Er wollte es noch während der Dunkelheit erreichen. U 997 hielt dabei etwa 20 Seemeilen Abstand zur Küste, weil hier die Wassertiefe ungefähr 200 Meter betrug. Sollte es zu einem plötzlichen Fliegerangriff kommen, hätte das Boot genügend Wasser unter dem Kiel.

Kaum war es hell geworden, tauchte auch schon ein Flugboot in 12.000 Metern Entfernung auf. Die Brückenwache behielt die Maschine genau im Auge, die das Boot aber offenbar nicht gesehen hatte und wieder abdrehte.

Gegen 12.00 Uhr erreichte U 997 den Angriffsraum Stock 2 vor Murmansk und tauchte sofort ab. Schon gegen 14.00 Uhr waren vereinzelte Wasserbombenexplosionen in verschiedenen Richtungen und Entfernungen zu hören, bald auch die ersten Foxer. Die Geräusche kamen immer näher, dazwischen konnte man nun auch

Turbinenlärm wahrnehmen. Und als ob dies nicht genug wäre, setzte kurz darauf das nervtötende „Ping – Ping – Ping“ einer Asdic-Ortung ein. Plötzlich setzte das Asdic aus, wurde abgelöst durch laute Schrauben- und Turbinengeräusche eines schnellen Kriegsschiffes. Dann war kurz Ruhe – bis die Männer wieder vom Ortungston aufgeschreckt wurden.

„Die suchen uns“, Lehmann blieb vorerst gelassen am Türrahmen des Horchschapps gelehnt.

„Geräuschpeilungen von 40 bis 250 Grad“, flüsterte der weniger gelassene Funker Koller, „mindestens fünf U-Jäger, Herr Kaleu.“

„Absolute Ruhe im Boot, Freiwache in die Kojen, die anderen auf Gefechtsstationen“, befahl der Kommandant leise.

So vergingen Stunden, dann wurden die Geräusche leiser und verschwanden schließlich ganz. Lehmann ließ wieder auftauchen, wurde aber schon nach wenigen Minuten wieder aufgeschreckt:

„Ortungen in 120 und 200 Grad, Lautstärke 4.“

Der Kommandant ließ eine Aphrodite ausstoßen und gleichzeitig mit hoher Fahrt nach Norden ablaufen. Kurz vor Mitternacht war U 997 den starken britischen U-Jagdverbänden endlich entkommen.

Andere deutsche U-Boote hatten mehr Jagdglück. Zwischen dem 5. und dem 7. Dezember griffen U 995 (Hess), U 318 (Will) und U 365 (Todenhagen) mehrmals sowjetische Küstengeleite und U-Jagdgruppen sowie Escortgruppen und Dampfer des einlaufenden Konvois JW.62 an. Dabei versenkte U 995 am 5. Dezember den sowjetischen Frachter „Proletaryi“ mit 2.492 Bruttoregistertonnen und U 365 den sowjetischen U-Jäger „BO-230“. U 318 blieb ohne Erfolg, ebenso am 6. Dezember U 293 (Klingspor), das bei Iokanga den sowjetischen Zerstörer „Dejatelnyj“ mit einem T-V angriff, ihn verfehlte und seinerseits anschließend mit Wasserbomben beharkt wurde. Der Konvoi JW.62 schaffte es schließlich, die Kolamündung zu erreichen.

Am 7. Dezember, um 00.30 Uhr erreichte die U-Boote ein neuer Befehl des F.d.U. Nordmeer, der sie in die Angriffsräume Stock 2 und 4 vor Murmansk schickte.

Auf U 997 wurde an diesem Tag, um 06.00 Uhr ein Flugzeug mit gesetzten Positionslaternen gemeldet. In Windeseile kraxelte der Kommandant auf die Brücke und sah seinen II. Wachoffizier Wolffram fragend an.

„180 Grad, Höhe 200, Entfernung 5.000 Meter“, meldete der II WO.

Die zweimotorige Landmaschine flog Richtung Osten, drehte dann in Sichtweite und kam nur 3.000 Meter entfernt im Parallelflug wieder zurück, dann kletterte sie und zog Richtung Süden ab. U 997 war zwar unbemerkt geblieben, aber Lehmann schaute dennoch finster. Das Ortungsgerät hatte nichts angezeigt. War es am Ende defekt? Um 08.30 Uhr ging ein neuer Funkspruch des F.d.U. ein:

Feind wird versuchen durchzubrechen, während Boote durch feindliche U-Jagd unter Wasser gehalten werden. Möglichst ausweichen, dabei jede Schussgelegenheit ausnutzen. Sicherung dezimieren und einschüchtern, an volle Batterien denken, jedoch nicht vom Hauptziel abbringen lassen. Verfolgte eigene Boote durch Angriffe entlasten. Diesmal müssen Schiffe fallen. F.d.U.

Der Funkspruch – vor allem der Satz „diesmal müssen Schiffe fallen" zeigt, wie wenig Ahnung die deutsche Führung von der momentanen Situation auf See hatte. Die alliierte Überlegenheit auf dem Meer war zu diesem Zeitpunkt schon so hoch, dass U-Boote, wenn sie nicht vorher unter Wasser gedrückt oder gar versenkt wurden, nur durch reinen Zufall Geleitzüge aufspüren und angreifen konnten. Auch U 997 hatte es ja schon oft genug mit alliierten U-Jagdgruppen zu tun gehabt.

Um 08.30 Uhr meldete der Horcher schnell lauter werdende Geräusche. Lehmann warf einen Rundblick durchs Periskop, zu sehen war freilich nichts. Um 08.55 Uhr erblickte er durch das Sehrohr dann vier Geleitboote in 3.000 Metern Entfernung. Es waren die sowjetischen Schiffe „BO-150", „BO-227", „BO-228" und „BO-229", die sich auf U-Boot-Jagd befanden.

Lehmann dachte fieberhaft nach. Ein Fächer mit normalen Torpedos hatte bei der großen Entfernung und ohne vernünftige Schusskoordinaten keine Aussicht, das Ziel zu erreichen, und T-V-Torpedos waren keine mehr an Bord. Zudem waren die Ziele im Dunst nur schlecht zu sehen. Wenig später drehte eines der Geleitboote plötzlich bei und kam in Lage Null rasch näher. Lehmann sah nun seine Chance für einen Schuss aus dem Heckrohr, er musste nur 50 Grad nach Steuerbord drehen. Schon kamen seine Befehle:

„Schuss aus Rohr V auf Geleitboot! Bug rechts, Lage 70, Tiefe zwei Meter, Entfernung 500 Meter, Abkommpunkt Mitte."

„Steht!", ertönte die tiefe Stimme des Oberbootsmanns am Vorhalterechner.

Sekunden vergingen, dann ließ sich der Kommandant wieder hören:

„Torpedo looos!"

Die Uhr in der Zentrale zeigte 09.01 Uhr, der Torpedo lief seinem Ziel entgegen und detonierte, früher als angenommen, schon nach 31 Sekunden.

„Treffer", brüllte Lehmann durch das Boot und ballte zufrieden die Fäuste. Unter den Männern brach Jubel aus.

Der Kommandant beobachtete die Situation über Wasser derweil durch das Sehrohr und kommentierte atemlos wie ein Sportreporter:

„Fahrzeug explodiert unter enormer Feuer- und Rauchentwicklung, überall fliegen Schiffsteile umher, Wassersäule 100 Meter Höhe und etwa 50 Meter Breite", und dann „Schiff säuft ab."

U 997 hatte das sowjetische Geleitboot „BO-229" – ehemals der amerikanische

U-Jäger „SC-1485“ – mit 146 Tonnen versenkt. 23 Seeleute fanden dabei den Tod, 13 Mann der Besatzung konnten vom sowjetischen Schiff „BO-227“ gerettet werden.

Zwei Minuten später lief aus der Richtung des versenkten U-Jägers ein Bewacher in Lage Null aus 2.000 Metern Entfernung direkt auf U 997 zu. Deutlich sah Lehmann die Garben einer 2-cm-Maschinenkanone im Periskop, die wie an einer Perlenkette aufgereiht über das ausgefahrene Sehrohr hinwegzogen. Wieder überlegte er kurz, doch ein Angriff kam nun nicht mehr in Frage. Schnell befahl er:

„Auf 100 Meter gehen.“

Rasch war das Periskop eingefahren, und der Kommandant kletterte bedächtig hinab in die Zentrale. Sofort suchte er den Obersteuermann, der mit beiden Ellbogen auf den Kartentisch gestützt über der Seekarte des Gebiets vor Murmansk brütete.

„Schwab, wie tief ist es hier?“, wollte Lehmann wissen.

„Dürften etwa 150 Meter sein, Herr Kaleu!“

„Gut, auf 145 Meter.“

Da das Echolot drei Tage zuvor während der Wasserbombenverfolgung ausgefallen war, wollte der Kommandant das Boot nach Karte knapp über dem Meeresboden in die offene See steuern und so den Verfolgern entkommen. Jedoch lief U 997 schon bei 140 Metern auf Grund, rutschte knirschend über den steinigen Meeresboden und kam schließlich zum Stillstand. Lehmann war auch so zufrieden und beschloss, zunächst am Meeresboden zu bleiben, auch um der Besatzung eine Ruhepause zu gönnen.

Doch kaum war Stille eingekehrt, als vier Wasserbomben in der Nähe des Bootes detonierten. Zwischen 09.10 Uhr und 09.20 Uhr warfen drei Bewacher weitere zwanzig gut liegende Wabos, jedes Mal in Serien zu vier Stück, die U 997 zwar heftig durchrüttelten, aber keine Schäden anrichteten.

Bis 12.10 Uhr waren ständig Wasserbombendetonationen und laute Schraubengeräusche zu hören, dazwischen der Lärm der Foxer. Dann entfernten sich die Geräusche rasch und waren kurze Zeit später vollkommen verschwunden.

„Mit 64 Wabos haben die uns beharkt“, berichteten Obersteuermann Schwab und Zentralemaat Trogbacher völlig entrüstet, als wären sie persönlich beleidigt worden.

„Na, da trinken wir einen drauf, wenn wir wieder an Land sind“, grinste Lehmann und rieb sich den verspannten Nacken.

Erst um 15.50 Uhr löste sich U 997 vom Grund und pendelte stabil auf 80 Meter ein. Der Kommandant wollte sich erst einige Meilen weit absetzen und ließ deshalb die nächsten drei Stunden unter Wasser marschieren. Um 18.49 Uhr tauchte er auf und begann den Marsch in den alten Angriffsraum Stock 2 vor Murmansk.

Mittlerweile war der 8. Dezember angebrochen, als um 01.10 Uhr der Horcher meldete, dass er in 270 Grad ein Schiff eingepeilt habe. Durch ihre Gläser sahen die Brückenwächter einen U-Jäger, der in einer Entfernung von etwa 8.000 Metern mit äußerster Kraft auf Parallelkurs fuhr und bald aus ihrem Blickfeld verschwand. Lehmann ließ vorsichtshalber tauchen, nachdem die Sicht hervorragend war. Keinesfalls durfte das Boot jetzt vom Gegner überrascht werden. Um 15.20 Uhr meldete sich der F.d.U. Nordmeer:

An Gruppe Stier.
Beachten, dass dicht unter Land beste Sicherheit vor Ortung ist. Dort auch beste Angriffspositionen gegen Küstengeleite. F.d.U.

Zu dieser Zeit wussten die Männer auf den vor Murmansk stehenden U-Booten schon, dass der Geleitzug mittlerweile ohne Behinderung durchgebrochen war. Trotzdem durften sie die Köpfe nicht hängen lassen. Sie waren Soldaten und hatten zu gehorchen.

Kurz nach Mitternacht, am 9. Dezember horchte Funker Koller erneut schnell laufende Schraubengeräusche, die rasch näher kamen. Schon waren Asdic- und mehrere Knallortungen zu hören, die eine Stunde lang das ganze Gebiet absuchten. Dann kamen weitere U-Jäger heran, die das Boot mehrmals überliefen.

„Mindestens fünf Fahrzeuge, Herr Kaleu“, schnaufte Funker Koller schwer.

Im nächsten Augenblick klatschten Wasserbomben auf die See, die denkbar nahe detonierten.

Das Boot bäumte sich auf wie ein Wildpferd und kippte nach vorne weg. Nur mit Mühe konnte es der Leitende Ingenieur stabilisieren. Manchem Besatzungsmitglied stand die nackte Angst im Gesicht. Insgesamt fielen bei diesem Angriff innerhalb einer Stunde sage und schreibe 115 Wasserbomben, manch eine brachte das Boot in höchste Gefahr. Wieder war es wie ein Wunder. U 997 und seine Besatzung kamen abermals mit dem Schrecken davon. Dann liefen die Feindfahrzeuge allmählich nach Süden ab.

An diesem 9. Dezember lief der Rückkonvoi RA.62 mit 28 Handelsschiffen und den Sicherungskräften des JW.62 von der Kolamündung aus. Bereits vor dem Ablegen des Geleitzuges versuchten die alliierten U-Jagd-Gruppen zusammen mit einer sowjetischen Zerstörerdivision unter Konteradmiral Fokin mit den Zerstörern „Baku“, „Gremjascij“, „Razumnyj“, „Derzkij“, „Doblestnyj“ und „Zhivucij“, die deutschen U-Boote vor der Einfahrt des Kolafjordes abzudrängen.

Um 07.05 Uhr kam der nächste Funkspruch des F.d.U. Nordmeer:

An Gruppe Stier:
1. *Angriffsräume Stock 2 Lehmann (U 997), Stock 4 bis 9 Büchler (U 387), Klingspor (U 293), Todenhagen (U 365), Dietrich (U 286), Will (U 318), Emde (U 299).*
2. *Alle Boote melden Standort. F.d.U.*

Bei Dämmerungsbeginn, gegen 07.40 Uhr konnte man auf U 997 beobachten, wie weitere U-Jäger mit hoher Fahrt aus der Murmansker Einfahrt direkt auf das Boot zuliefen und sich in der Nähe, im Osten, Süden und Westen, auf die Lauer legten.

„Was ist denn nun los?", wunderte sich Lehmann.

Er konnte sich überhaupt keinen Reim darauf machen, schließlich waren sie weder gesehen noch geortet worden. Wenn überhaupt, konnten sie höchstens von den Küstenhorchstellen eingepeilt worden sein. Dass die Bewacher rein zufällig in der Nähe waren, hielt Lehmann auf der anderen Seite aber auch für unwahrscheinlich. Vorsichtshalber versuchte er mit Schleichfahrt nach Norden zu entkommen.

Um 12.10 Uhr schrie der Funker aus seinem Schapp durch das Boot:

„Schnelle Schraubengeräusche in 190 Grad!"

Sanft stieg U 997 auf Sehrohrtiefe, sofort sah der Kommandant zwei Zerstörer und witterte seine Chance.

„Wir greifen einen der Zerstörer an!"

„Der will jetzt auf Biegen oder Brechen auch noch einen Wimpel für eine Zerstörerversenkung", raunte die Nummer 1 dem Zentralegast zu.

Der Kommandant presste die Augen auf die Gummiringe des Okulars. Die Rohre I, II und IV waren bereits bewässert, die Mündungsklappen geöffnet, die Torpedos lagen fertig zum Schuss.

„Einer dreht auf uns zu", sagte Lehmann leise, „jetzt liegt er gut, Gegnerlage 75 Grad, Entfernung 2.500 Meter, Tiefe zwei Meter, Abkommpunkt Mitte, Streuwinkel 2,5." Im nächsten Augenblick schnurrte auch schon die Kurbel des Vorhalterechners.

„Steht!", meldete Bootsmaat Medler.

„Rohr I, II und IV fertig!"

„Fertig!", kam die Antwort.

„Rohr I, II und IV los!"

Um 12.50 Uhr betätigte der I. Wachoffizier Friederichs den Abzugshebel, gleichzeitig schlugen die Torpedomechaniker im Bugraum zur Sicherheit auf die Handabfeuerung. Nur ein leises Zischen war zu hören, ein kurzes Vibrieren zu spüren, dann waren die Torpedos auf ihrer Reise – glaubten die Männer in der Zentrale. Denn Sekunden später kam die Meldung aus dem Bugraum:

„Rohr II ist weder elektrisch noch per Hand abzufeuern, Torpedos aus Rohr I und IV laufen einwandfrei."

Lehmann schwitzte vor Anspannung, saß wie erstarrt am Sehrohr. In der Zentrale fixierte der Obersteuermann seine Stoppuhr. Nach neun endlosen Minuten war eine Detonation zu hören. Lehmann zweifelte langsam an sich selbst. Seine erste Vermutung war, dass der Torpedo am Ende seiner Laufstrecke detoniert war, ohne vorher auf den Zerstörer zu treffen. Andererseits war er fast sicher, in der Ferne ein Feuer gesehen zu haben. Hatte er mittlerweile schon Halluzinationen? So sehr er seine Augen auch anstrengte, es war nichts zu sehen. Die hereingebrochene Dunkelheit machte jeden vernünftigen Rundblick unmöglich. Da aber der Horcher lauter werdende Schraubengeräusche meldete, befahl der Kommandant vorsichtshalber:

„Auf 160 Meter gehen, Schleichfahrt, Sadewasser!"

Langsam ging U 997 auf Tiefe. Gegen 14.00 Uhr hatte der Horcher wieder laute Schraubengeräusche eingepeilt. Er vermutete mindestens zehn Fahrzeuge, die auf U-Boot-Jagd waren. Viermal überliefen Bewacher das Boot, ohne es zu erfassen. Einige Wasserbomben fielen, die aber so schlecht lagen, dass U 997 nicht gefährdet war. Langsam aber stetig, zehn Meter über dem Grund, schlich das Boot aus der Gefahrenzone.

Die beiden Zerstörer, die Lehmann um 12.10 Uhr gesehen hatte, waren die sowjetischen Schiffe „Razumnyj" und „Zhivucij". Der Angriff von U 997 hatte der „Zhivucij" gegolten, deren Versenkung von den Alliierten aber nicht bestätigt wurde.

U 299 unter Oberleutnant zur See Bernhard Emde, das in der Nähe von U 997 stand, meldete eine Detonation und anschließenden Feuerschein, und in der Gefangenschaft erfuhr Hans Lehmann später während eines Verhörs, dass tatsächlich ein Zerstörer versenkt worden sei. Bis heute ist aber nicht klar, was am 9. Dezember 1944 wirklich passiert ist.

Eindeutig belegt ist aber, dass an diesem Tag U 387 unter dem Kommando von Kapitänleutnant Rudolf Büchler vor Murmansk durch Wasserbomben der britischen Korvette „Bamborough Castle" vernichtet wurde.

Inzwischen war der 10. Dezember angebrochen. Um 05.20 Uhr meldete die Brückenwache weit entfernt einen Schatten, der aber bald wieder verschwand. Lehmann tippte auf ein Kameraden-Boot, zumal kurz darauf leise U-Boot-Diesel gehorcht werden konnten. Um 06.50 Uhr teilte der F.d.U. mit, dass zahlreiche britische Einheiten in der Nähe seien, die vermutlich das erwartete Rückgeleit bildeten. Er befahl den Zusammenschluss der Boote der Gruppe Stier in den Angriffsräumen Stock 2 und 4.

Als U 997 bei Dämmerungsbeginn tauchte, meldete der diensthabende Funker Koller nur wenige Sekunden später:

„Zwei schnell laufende Schrauben, kommen rasch näher, Lautstärke 5, Asdic-Ortung."

Sofort ließ Lehmann das Boot auf Sehrohrtiefe einsteuern, konnte aber wegen der Dämmerung nichts erkennen. Vorsichtshalber ging er auf 100 Meter. Bis 11.00 Uhr wurde U 997 zweimal von einem Gegnerschiff überlaufen, aber offenbar nicht bemerkt. „Auf 180 Meter steuern", befahl Lehmann nun mit leiser Stimme.

„Fahrzeug in 180 Grad, langsam aufkommend", flüsterte Koller dem Kommandanten zu, „Gegner stoppt!"

Im Boot war es mucksmäuschenstill geworden, als könnte schon das Räuspern eines

Mannes den Standort verraten. „Die anderen Schraubengeräusche wandern nach 190 Grad aus, entfernen sich“, machte sich Koller wieder bemerkbar.

Lehmann befahl nun, das Boot bei 180 Metern auf Grund zu legen und abzuwarten, bis sich der Verkehr an der Meeresoberfläche beruhigt hatte. Zwar schien gegen Mittag die Luft rein zu sein, dennoch entschied der Kommandant, weiter am Meeresboden zu bleiben, um den Torpedo aus dem defekten Rohr II ins Rohr IV umzuladen. Erst um 18.30 Uhr ließ er auftauchen und mit äußerster Kraft in den alten Vorpostenstreifen zurücklaufen. Am 11. Dezember, um 03.00 Uhr meldete sich der F.d.U. Nordmeer:

Gruppe Stier auf Meldung von Emde (U 299), 23.30 Uhr vermutlich Geleit in AC 8294. Falls bis 05.00 Uhr keine weiteren Anhalte, weiter vor dem Vorpostenstreifen in 330 Grad suchen. F.d.U.

„Wir operieren jetzt auf die Meldung von Emde“, ließ Lehmann die Besatzung wissen.

Keine fünf Stunden nach der Kursänderung wurden von achtern Ortungen aufgefangen. Lehmann ließ sofort zum Horchen tauchen.

„Sind ungefähr sechs Fahrzeuge, von 160 bis 340 Grad“, meldete der besonnene Koller um genau 04.26 Uhr.

Der Kommandant befahl nun nordwestlichen Kurs. So ließ sich gut Fühlung halten, ohne selbst bemerkt zu werden. Unglücklicherweise wanderten die Ortungen aber nach Westen aus, danach verloren sich die Geräusche. Lehmann ließ auftauchen. Um 05.27 Uhr meldete der achtere Backbordausguck, der Matrosenobergefreite Goldbeck, plötzlich aufgeregt:

„Zerstörer in 220 Grad, Entfernung 2.000 Meter.“

Lehmann, der gerade auf der Brücke frische Luft schnappte, fuhr herum, sah das Feindschiff und befahl ohne zu zögern:

„Alarmtauchen, auf 120 Meter gehen!“

Noch während U 997 an Tiefe gewann, liefen die beiden Zerstörer mit hoher Fahrt an, stoppten aber nach zwei Minuten wieder. Dann wiederholte sich das Spielchen. Lehmann konnte sich keinen Reim darauf machen. Bis 07.03 Uhr fielen insgesamt sechs einzelne Wasserbomben, die aber so weit entfernt detonierten, dass sie dem Boot nicht gefährlich werden konnten. Schließlich wurden die Zerstörergeräusche immer leiser, bis sie gar nicht mehr zu hören waren. Um 07.57 Uhr tauchte U 997 auf, um in die Richtung der Gegner nachzustoßen. Erst um 10.50 Uhr ließ Lehmann zum Rundhorchen wieder tauchen.

„U-Boot-Diesel, kommt aus südöstlicher Richtung“, meldete Oberfunkmaat Gindorf.

„Das kann nur ein Kameradenboot sein“, meinte Lehmann nachdenklich und kratzte sich am Kopf, „wir tauchen auf!" Keine Minute später dümpelte U 997 an der Wasseroberfläche. Die Brückenwache war gerade aufgezogen, und der Kommandant freute sich auf ein kurzes Schwätzchen mit dem Führer des Kameradenboots, das an Steuerbord nicht weit weg lag, als Bootsmaat Medler aus heiterem Himmel brüllte:

„‚Swordfish' in null Grad, Entfernung 2.000, Höhe 200!"

Wie von einer Tarantel gestochen fuhr Lehmann herum. Mit bloßem Auge sah er, dass der Doppeldecker das Kameradenboot mit Maschinenwaffen belegte. Obwohl U 997 gut sichtbar, nicht weit weg davon auf der Meeresoberfläche auf und ab schaukelte, war es offenbar noch nicht entdeckt worden. Da wegen der rauen See die Fliegerabwehrwaffen nur bedingt einsetzbar waren, entschloss sich Lehmann sofort zu tauchen. Noch bevor er als Letzter das Turmluk zuzog, konnte er erkennen, wie das angegriffene Kameradenboot ebenfalls wegtauchte.

Eines war ihm dabei sofort klar: Die Maschine würde ihren Standort unverzüglich an die Zerstörereinheiten melden. Zwei deutsche U-Boote so nahe beieinander würden sich die alliierten Seestreitkräfte nicht entgehen lassen. Tatsächlich fegten schon 15 Minuten später zwei Kriegsschiffe heran, die bis 14.00 Uhr in der Nähe des Bootes blieben. Allerdings konnten sie wegen des hohen Seegangs nicht horchen, und auch ihr Asdic war dadurch lahm gelegt.

Um 14.40 Uhr tauchte U 997 wieder auf, die Zerstörer waren nicht mehr zu sehen. Kurz darauf meldete U 365 die Horchpeilung eines Geleitzugs im Quadrat AC 5763.

„Zu weit weg", brummte Lehmann, „den holen wir nie im Leben ein."

Als das Boot am späten Nachmittag südöstlich der Bäreninsel stand, riss den Kommandanten ein Funkspruch des F.d.U. aus seinen trüben Gedanken:

Gruppe Stier:
Suchfächer bilden von 270 Grad im Süden mit Ley (U 310) und Unverzagt (U 965) bis 340 Grad. Ausgangspunkt 11.12., 06.00 Uhr AC 5736. Gegnerfahrt 9,5 bis 10,5 Seemeilen. Alte Reihenfolge: Lehmann (U 997) bis Unverzagt (U 965). F.d.U.

Am Morgen des 11. Dezember war es U 365 als einzigem Boot gelungen, Fühlung an dem Geleitzug zu bekommen, dabei torpedierte es den Zerstörer „Cassandra" mit 1.710 Tonnen, wobei der komplette Vordersteven des Schiffes weggerissen und fast alle Aufbauten bis zur Brücke demoliert wurden. Die „Cassandra" konnte sich aber trotzdem in die Kolabucht retten.

Wieder einmal ließ Lehmann den Kurs ändern und steuerte seine zugewiesene Position im Suchstreifen an, die am 12. Dezember, gegen 07.00 Uhr morgens erreicht wurde. Dort ließ er zum Horchen tauchen, aber alles schien ruhig. Punkt 11.00 Uhr meldete sich der F.d.U. Nordmeer:

Luftaufklärung meldet um 09.16 Uhr AC 4773 Ortung von vier Zielen, 09.45 Uhr in AC 4754 acht Handelsschiffe. Kurs 250 Grad. Gruppe Stier mit Höchstfahrt dorthin. F.d.U.

„Wir operieren auf den von der Luftwaffe gemeldeten Verband", befahl Lehmann kurz und knapp.

Wegen des hohen Seeganges lief das Boot trotz großer Fahrt nur 12 Knoten. Am Nachmittag fiel dann zu allem Überfluss ein Dieselmotor aus. Die Brennstoffpumpe war defekt und musste ausgewechselt werden. U 997 konnte also vorerst nur noch halbe Fahrt machen. Erst nach etwa einer Stunde meldete Dieselobermaschinist Tegtmeier den Abschluss der Reparaturarbeiten. LI Sadewasser forderte sofort den Diesel an, und, nachdem ein kurzer Probelauf seine Funktionstüchtigkeit gezeigt hatte, gab seine Zustimmung für Höchstfahrt mit beiden Maschinen.

An diesem 12. Dezember waren nicht nur See-, sondern auch Luftstreitkräfte auf die Geleitzüge vor der Bäreninsel angesetzt. Neun deutsche Torpedoflugzeuge des Kampfgeschwaders 26 (Löwengeschwader) versuchten südwestlich der Insel, einen Konvoi anzugreifen. Zwei „Junkers 88" wurden durch heftiges Abwehrfeuer abgeschossen, meldeten aber vorher zwei Treffer auf Schiffe, die aber offenbar wenig Schaden anrichten konnten, denn der Geleitzug RA.62 zog weiter seiner Wege. Einen Verlust erlitten die Alliierten an diesem Tag nur durch das Sinken der norwegischen Korvette „Tunsberg Castle", die bei Makkaur auf eine Mine der deutschen Flankensperre lief.

Der folgende Tag, der 13. Dezember, sollte noch einmal eine große Geleitzugschlacht bringen, die aber für die deutschen U-Boote, wie immer in letzter Zeit, erfolglos verlief. Am Morgen war das Wetter weitaus besser, als all die Tage zuvor. Zwar herrschte noch eine leichte Dünung, aber die Sicht war gut. Um 11.38 Uhr holte der I. Wachoffizier Friederichs den Kommandanten auf die Brücke, um ihm einen Flugzeugangriff auf ein U-Boot, etwa 30 Seemeilen entfernt, zu zeigen. Lehmann nahm sein Glas vor die Augen und beobachtete fasziniert das Geschehen.

„Das muss der arme Schendel mit U 636 sein, der da beharkt wird", murmelte Lehmann mitfühlend.

Deutlich sah er zwei Flugzeuge, die sich immer und immer wieder auf ihr Opfer herabstürzten. U 636 schien sich verzweifelt zu wehren, selbst aus der weiten Entfernung sah Lehmann unmittelbar über der Kimm detonierende 3,7-cm-Geschosse. Um 12.47 Uhr tauchte U 997 vor einer anfliegenden Maschine, die das Boot aber offenbar nicht bemerkt hatte. Gegen 13.00 Uhr gab es dann die ersten Anhaltspunkte für ein feindliches Geleit: Ganz deutlich waren Foxer zu horchen. Da Lehmann keine Kenntnis über den genauen Standort des Konvois hatte, er aber nach deutschen Aufklärermeldungen ganz in der Nähe sein musste, beschloss er, zunächst unter

Wasser abzuwarten. Allmählich wanderten die Geräusche nach Westen aus. Lehmann befahl aufzutauchen und mit Höchstfahrt nach Nordwesten vorzustoßen, wo er den Geleitzug vermutete.

Um 15.30 Uhr meldete die III. Seewache unter Obersteuermann Schwab lautstark ein Flugboot, das in einer Entfernung von 1.500 Metern von links nach rechts das Boot passierte. Da die Maschine nicht auf U 997 zudrehte, glaubte Lehmann, unbemerkt geblieben zu sein. Während er sich auf der Brücke noch mit Schwab besprach, ob man nun tauchen oder besser über Wasser bleiben solle, schlug plötzlich der achtere Backbordausguck, der Matrosenobergefreite Kurt Chinnow, Alarm. Nur 500 Meter vom Boot entfernt flog eine „Swordfish“ in 20 Metern Höhe an.

„Alaaaarm!“ Fast gleichzeitig meldete der Horchraum:

„Ortung in 320 Grad, Lautstärke 5.“

Inzwischen war die Brückenwache durch das enge Luk in den Turm gepurzelt, die Diesel waren schon gestoppt.

„Auf 120 Meter gehen, E-Maschine volle Kraft voraus, Tiefenruder Hartlage“, rief Lehmann während er noch das Turmluk verriegelte.

Schon war ein Gurgeln und Zischen zu hören, das anzeigte, dass die Luft aus den Tauchtanks entwich. U 997 hatte den Meeresspiegel noch nicht ganz unterschnitten, als Steuerbord achtern, in Höhe des Torpedoübernahmeluks, drei Sprengbomben in nur 15 Metern Entfernung detonierten. Nur kurze Zeit später kamen von allen Stationen unaufgefordert die Klarmeldungen. Die Männer konnten zunächst aufatmen. Lehmann befahl, sich unter Wasser abzusetzen. Als etwas Ruhe eingekehrt war, herrschte er den Funker zornig an:

„Warum haben Sie keine Ortung gemeldet?“

„Weil es keine Ortung gab“, rechtfertigte sich der selbstbewusste Koller.

Der Kommandant ließ darauf sofort das Funkmessbeobachtungsgerät untersuchen, und es stellte sich schnell heraus, dass es defekt war. Stunden später, ruhigere Gewässer waren erreicht, befahl Lehmann aufzutauchen und das Boot auf Schäden zu untersuchen. Eine der Fliegerbomben hatte die Außenhaut des Boots beschädigt. Ein vier Quadratmeter großes Stück der Verkleidung war in Höhe des achteren Torpedoluks herausgerissen. Eine weitere Blechplatte bog sich auf etwa 1,5 Meter Länge vom Boot weg. Jetzt konnten sich Kommandant und Leitender auch einen Reim auf die unerklärliche Geschwindigkeitsabnahme, die seit dem Fliegerangriff registriert wurde, machen. Um 18.25 Uhr fing U 997 einen Funkspruch des F.d.U. Nordmeer auf, der hoffen ließ:

1. *Geleit 24.00 Uhr zwischen Quadrat AB 5795 und AB 8848 vermutet. Gruppe Stier dies als Standlinie für 23.00 Uhr anstreben. Reihenfolge von Eickstedt (U 668) bis Hess (U 995). Emde (U 299) als Nachhut. Jeden sicheren Anhalt melden.*

2. Falls erfassen in dieser Nacht durch Luft- und Seestreitkräfte nicht gelingt – 14.12. bei Helligkeit Abbruch beabsichtigt. Bis dahin erscheint jedoch Erfolg durchaus greifbar. F.d.U.

Doch U 997 sollte den Konvoi nicht mehr aufspüren. Ständig wurde das Boot von Zerstörern abgedrängt. An ein Auftauchen war überhaupt nicht zu denken, da wegen des hohen Seeganges die Flak-Abwehr nicht benutzt werden konnte. Um wenigstens nicht laufend belästigt zu werden, ließ Lehmann mehrere Aphroditen ausstoßen, um die Gegner von sich abzulenken.

Mittlerweile war der 14. Dezember angebrochen. So ging es nicht weiter, Lehmann musste eine Entscheidung treffen. Er beschloss, die Verfolgung des Geleitzuges aufzugeben. Wegen der starken Abwehr durch feindliche Flieger und Seestreitkräfte konnte das Boot nicht auftauchen. Und getaucht mit E-Maschinenfahrt war an den Konvoi nie und nimmer heranzukommen, der nach den letzten Meldungen von Hess (U 995) und der Luftaufklärung etwa 100 Seemeilen von U 997 entfernt war. Zudem hatte Lehmann keine für einen Angriff auf feindliche Sicherungskräfte so notwendigen „Zaunkönig"-Torpedos mehr.

Der Funkspruch des F.d.U. Nordmeer, der in diesen Minuten einging, bestätigte ihn in seiner Entscheidung:

Gruppe Stier:
Bei Dämmerungsbeginn abbrechen, falls nicht gerade in günstiger Angriffsstellung. Unterwassermarsch auf Geleitweg antreten. Jede Schussgelegenheit ausnutzen. F.d.U.

Um 06.09 Uhr tauchte U 997 zum Laden der Batterien und zum Lüften auf und machte sich danach auf den Marsch zum angegebenen Geleitweg. Wenig später befahl der F.d.U. Lehmann, bis zum 14. Dezember, 24.00 Uhr die Standlinie 1 im Quadrat AB 8858 anzusteuern. Wenig später meldete er sich noch einmal:

Gruppe Stier:
Standlinie 2 – 16. Dezember, 04.00 Uhr AB 6776 bis AB 9519. Anschließend Rückmarsch Andfjord: Todenhagen (U 365), Schendel (U 636), Will (U 318), Klingspor (U 293), Wieboldt (U 295). F.d.U.

U 365 unter dem Kommando von Oberleutnant zur See Diether Todenhagen konnte diesen Funkspruch freilich nicht mehr auffangen. Das Boot wurde schon am 13. Dezember 1944 in der Barentssee östlich Jan Mayen von zwei „Swordfish"-Doppeldeckern des Geleitträgers „Campania" durch Wasserbomben versenkt. Von der Besatzung kehrte niemand mehr heim. Dank des massierten Aufgebots alliierter

U-Boot-Jäger wurde der Geleitzug von keinem deutschen U-Boot mehr belästigt, er lief am 19. Dezember 1944 ohne Verluste in Loch Ewe ein.

In der Zwischenzeit hatte U 997 gegen Mitternacht zum 15. Dezember die Standlinie 1 nördlich der Lofoten erreicht und fuhr mit 6,6 Knoten Marschfahrt weiter zur Standlinie 2. Dort stand das Boot am 15. und 16. Dezember auf und ab, ohne dass etwas passierte.

Das sollte sich am 17. Dezember ändern. Es war 06.15 Uhr, die Nacht war ruhig geblieben. Im Norden deuteten helle Streifen zwischen düsteren Wolken auf den baldigen Dämmerungsbeginn hin. Ein fahles Licht senkte sich auf das Boot, als Bootsmaat Zich einen Schatten meldete. Obersteuermann Schwab schaute durch sein Glas in die Nacht.

„Hoffentlich ist das kein Zerstörer", brummte er – und fluchte dann laut, „warum zeigt dieses verdammte Ortungsgerät nichts an?"

Mittlerweile war der Kommandant auf die Brücke geeilt und hatte sich neben dem Obersteuermann aufgebaut.

„Und, Schwab?", fragte Lehmann.

„Könnte ein U-Boot sein, wahrscheinlich ein deutsches."

Lehmann fixierte jetzt ebenfalls den Schatten.

„Klar ist das ein deutsches U-Boot, Schwab", feixte er.

Der Kommandant ließ auf den Schatten zuhalten, und langsam, dann immer deutlicher war die lange, schmale Silhouette eines deutschen U-Bootes vom Typ VII-C/41 zu erkennen. Das Kameradenboot hatte U 997 seinerseits bemerkt, dort flackerte schon ein Morsescheinwerfer auf. Das Brummen der Dieselmotoren verstummte auf beiden Booten fast gleichzeitig. Schnell waren Decknamen und Erkennungssignale ausgetauscht; nun wusste man, wer der andere war. Langsam kamen die Boote sich näher, bis sie fast nebeneinander lagen.

„Mensch das ist ja der alte Hess mit U 995", freute sich der Obersteuermann.

Auch Hans-Georg Hess hatte seine Kameraden identifiziert, und nun kam es mitten in der Einöde des Eismeers über die Flüstertüten zu einer lebhaften Unterhaltung von Bord zu Bord, bei der die Kommandanten vor allem ihre Erlebnisse während dieser Feindfahrt austauschten. Dann verabschiedeten sie sich voneinander, die Brückenwächter winkten sich noch einmal herzlich zu, und in einer Abgaswolke drifteten die beiden Boote auseinander. Schnell war U 995 von der Dunkelheit verschluckt, und U 997 schien wieder völlig allein auf See zu sein.

Nur kurze Zeit später fing U 997 einen Funkspruch von U 956 auf, der drei Zerstörer mit Westkurs südwestlich Lehmanns Boot meldete.

„Beide Maschinen große Fahrt! Wir operieren auf die Zerstörer", befahl der durch die Begegnung mit Hess aufgekratzte Kommandant.

„Zerstörer, Zerstörer – ohne T-V. Hoffentlich ist er nicht verrückt geworden", flüsterte der Obersteuermann dem I WO Friederichs ins Ohr. Doch bereits nach einer Stunde kam Entwarnung. U 956 meldete, dass es die Fühlung verloren habe. Lehmann änderte darauf den Kurs und setzte den Weitermarsch zur Standlinie 3 fort, die um 11.00 Uhr passiert wurde. Um 23.00 Uhr fing U 997 einen Funkspruch des F.d.U. Nordmeer auf:

1. *Büchler (U 387) Standort melden.*
2. *Gruppe Stier Angriffsräume besetzen: Lehmann (U 997) AC 8570, Emde (U 299) AC 8850, Dietrich (U 286) AC 8860, Mohs (U 956) AW 21 und Hess (U 995) AW 22. Angriff frei gegen alle Schiffe und Seestreitkräfte. Unbemerkt bleiben bis zum ersten sicheren Schuss. Laufenden Befehl 45 und Nordmeerhinweis 40 besonders beachten. F.d.U.*

Für U 387 kam dieser Befehl zu spät. Das Boot und seine Besatzung existierten seit dem 9. Dezember nicht mehr.

Am Morgen des 18. Dezember ließ Lehmann vor einer Ortung tauchen. Als der I. Wachoffizier Friederichs meldete, dass er kleine Flämmchen am Runddipol gesehen hatte, war dem Kommandanten klar, dass es sich hier nicht um einen Feind, sondern um eine atmosphärische Störung gehandelt haben musste. Trotzdem entschloss er sich, bis zum Abend unter Wasser zu bleiben.

Um 19.16 Uhr tauchte U 997 wieder auf, und im gleichen Moment fiel aus heiterem Himmel die Steuerbord-Hauptschalttafel aus. Durch einen Fremdkörper, ein Rundeisen, hatte sich ein Lichtbogen gebildet, der mehrere Isolierungen durchschmoren ließ. Auch nach der Entfernung des Rundeisens kam es noch zur Lichtbogenbildung. U 997 konnte ab sofort mit beiden E-Maschinen nur noch halbe Fahrt machen.

Am Morgen des 19. Dezember erreichte das Boot dann endlich den zugewiesenen Angriffsraum vor Rybatschi und tauchte zunächst. Der Obersteuermann jammerte, dass er nur eine schlechte Standortbestimmung nach einer ungenauen Landpeilung vornehmen konnte. Ein Sternenbesteck war unmöglich, da die Kimm wegen des miserablen Wetters nicht zu sehen war. Doch noch bevor Lehmann dazu etwas sagen konnte, meldete sich der Horchraum:

„Schraubenhorchpeilung in 200 Grad, Lautstärke 2!"

Lehmann eilte ans Sehrohr, aber auszumachen war nichts. Schuld daran war das fahle Licht der Dämmerung und im Hintergrund das karstige Land. Das Problem löste sich dann aber von selbst. Die Peilung wanderte nach Süden aus und war bald nicht mehr zu hören. Etwa zur gleichen Zeit schrappte das Boot bei etwa 25 Metern über Grund, obwohl die Karte an dieser Stelle 70 Meter Tiefe ausgewiesen hatte. Das ausgefallene Echolot machte sich jetzt bei Fahrten in Küstennähe, unangenehm bemerkbar. Am 20. Dezember 1944 stand U 997 von Dämmerungsbeginn bis zum Nachmittag vor Rybatschi etwa drei bis vier Seemeilen von der Küste entfernt auf und ab. Um 18.50 Uhr meldete sich der Funker Koller:

„Turbinengeräusche in 120 Grad, aber weit ab!"

„Gut, wir nehmen die Verfolgung auf", entschied Lehmann kurzentschlossen.

Nach einer Stunde waren in einiger Entfernung zwei Serien von je fünf Wasserbomben zu hören, und eine Viertelstunde später detonierten zehn weitere aus der Richtung des Schraubengeräusches.

Wieder eine halbe Stunde später meldete Funker Koller aufgeregt: „Schraubengeräusche, werden lauter, Asdic-Ortung, sind drei oder vier Fahrzeuge."

Um 21.40 Uhr ließ Lehmann auf 130 Meter tauchen, kurz darauf wurde das Boot mehrmals überlaufen.

„Sind Kolbengeräusche, Herr Kaleu", war Kollers kurzer Kommentar.

„Das sind eindeutig Frachter", Lehmann war sich sicher, „ist wohl ein Kleingeleit mit vorgesetzter U-Boot-Jagd."

Um 22.25 Uhr steuerte U 997 auf Sehrohrtiefe ein. Nach wie vor hatte Koller zwei laute Peilungen, dazwischen detonierten einzelne Wasserbomben. Nachdem durch das Periskop aber nichts zu sehen war, ließ der Kommandant auftauchen. Die Nacht war sternenklar, perfekte Bedingungen für einen Torpedoangriff. U 997 hielt jetzt auf das 310 Grad steuernde Geleit zu, es war noch ungefähr 6.000 Meter entfernt. Schon konnte man von der U-Boot-Brücke aus deutlich erkennen, dass der Konvoi aus zwei mittelgroßen Frachtern und einem Tanker bestand. Gesichert wurde er von fünf Geleitfahrzeugen, die dicht bei ihm standen, voraus und an Steuerbord fuhr je ein Bewacher, etwas weiter vorne an Steuerbord die anderen drei in Dwarslinie.

„Wir nehmen uns den Tanker und die drei Bewacher Steuerbord voraus vor", befahl Lehmann, und fixierte den Gegner konzentriert.

Mit hoher Fahrt lief U 997 an. Der Kommandant hatte vor, möglichst schnell zu schießen, da er mit einer Kursänderung des Konvois nach Backbord – in Richtung der Einlaufhäfen Petsamo oder Kirkenes – rechnete. Zwar meldete der Horchraum mehrere Flieger- und Schiffsortungen mit hoher Lautstärke, aber Lehmann ging nun aufs Ganze.

Um 23.00 Uhr war U 997 klar zum Schuss. Doch plötzlich drehten zwei Bewacher bei und kamen mit Lage Null auf, doch der Kommandant ließ sich nicht aus der Ruhe bringen:

„FAT-Schuss auf Tanker aus Rohr I."

Die Klarmeldung aus der Zentrale folgte prompt.

„Rohr I looos!", befahl Lehmann – und Sekunden später, „FAT-Schuss auf Tanker aus Rohr IV. Rohr IV looos!"

Zischend verließen die Torpedos die Rohre. Zum Zeitpunkt der Abschüsse stand der

Tanker vor den beiden Frachtern. Lehmann hoffte, wenigstens einen der Frachter zu treffen, wenn die Torpedos den Tanker wegen der großen Entfernung verfehlen sollten. Gleich nach dem zweiten Schuss ließ Lehmann das Boot hart nach Steuerbord abdrehen und mit hoher Fahrt nach Nordnordosten ablaufen.

Genau 22 Sekunden nach dem ersten Schuss, donnerte eine gewaltige Detonation, nur 100 Meter vom Boot entfernt an der Backbordseite achtern. Eine riesige Wasserfontäne hob das Boot ruckartig an und warf es hart auf die Wasseroberfläche zurück. Sekunden später meldeten fast alle Stationen Ausfälle. Die schlimmste Nachricht brüllte der Leitende Ingenieur:

„Boot ist tauchunklar!"

Wahrscheinlich war der erste Torpedo nicht vom Boot weggelaufen, sondern nach dem Ausstoßen in Richtung Meeresboden gesunken und bei etwa 60 Metern detoniert. Es gab keine andere Erklärung. Nun konnte U 997 nur noch versuchen, den Gegnern, die bereits zudrehten, mit Höchstgeschwindigkeit über Wasser zu entkommen.

Um 23.10 Uhr war eine weitere Detonation zu hören, und gleich darauf sah Lehmann Feuer in der Richtung des Konvois. Es schien, als hätte der zweite Torpedo getroffen, denn die Bewacher drehten ab und liefen zum Geleit, das keine Fahrt mehr machte, zurück. Näheres war aber wegen der großen Entfernung von etwa 7.500 Metern nicht zu sehen. Der Kommandant wollte nun genauere Informationen, und weil U 997 nicht mehr verfolgt wurde, ließ er näher heranstaffeln. Aufgeregt zählte er die Fahrzeuge. Tatsächlich, es waren nur noch sieben, eines schien zu fehlen!

„Schade dass wir keine Aale mehr haben", raunzte Lehmann missmutig, „bei der Aufregung da drüben hätten wir noch gute Erfolgsaussichten gehabt."

Inzwischen hatte sich die Lage auf U 997 wieder etwas entspannt, LI Sadewasser und seine Männer hatten die schlimmsten Schäden repariert. Das Boot war wieder tauchklar. Da aber alle Torpedos verschossen waren, entschloss sich der Kommandant gegen Mitternacht, den Rückmarsch anzutreten. Die Heimreise verlief ohne Zwischenfälle. U 997 lief am 23. Dezember 1944, um 17.15 Uhr in Harstad ein und machte am Wohnschiff „Black Watch" fest. Lehmann beschloss, seiner nervlich stark angegriffenen Besatzung einen Tag Ruhe zu gönnen. Den Heiligen Abend verbrachten die Männer im U-Boot-Stützpunkt in Harstad.

Am 24. Dezember 1944, gegen 10.00 Uhr hatte sich ein Teil der Besatzungsmitglieder am Bug des Wohnschiffes versammelt. Von dort aus betrachteten sie die öde Landschaft. Sie blickten auf nackte Felsenberge, die glatt geschliffen waren von den Gletschern der Eiszeit, die hier scheinbar erst kürzlich zu Ende gegangen war. Nur wenig Schnee war bisher gefallen, aber es herrschte bittere Kälte. Ein eisiger Wind wehte über den Fjord und machte die See rau. Der graue Rumpf von U 997 hatte eine weiße Halskrause aus Eis. Am Nachmittag kam allmählich Feststimmung auf. In der Messe der „Black Watch" packten Obersteuermann Schwab und Oberfunkmaat Gindorf für jedes einzelne Besatzungsmitglied ein kleines Weihnachtsgeschenk auf einen langen Tisch. Jeder bekam Kekse, eine Tafel Schokolade, eine Schachtel Pralinen, ein Stück Marzipan, Äpfel und Bonbons. Zudem standen überall Teller mit Süßigkeiten und Obst auf einer langen, weiß gedeckten Tafel.

Am Abend hatte sich die Besatzung vollzählig auf der „Black Watch" versammelt. In der Mitte des Raumes stand ein geschmückter Weihnachtsbaum. Das Licht war gelöscht, nur die brennenden Wachskerzen des Christbaumes sorgten für eine feierliche Beleuchtung. Der Kommandant sprach einige ernste Worte über den Sinn des Weihnachtsfestes und warum sie es hier im hohen Norden, fern der Heimat feiern mussten. Dann sangen die U-Boot-Männer ein Weihnachtslied, das so manchem der hartgesottenen Burschen die Tränen in die Augen trieb. Zum festlichen Essen gab es Wein und Bier. Man schien von der Hölle des Seekriegs direkt im Schlaraffenland gelandet zu sein. Danach wurde die Post verteilt, was die Rührseligkeit noch steigerte. Erst als Hans Lehmann und Funker Vinzenz Koller ihre Schifferklaviere an die Brust nahmen und fröhliche Seemannslieder spielten, wurde die Stimmung heiter und ausgelassen. Bis nach Mitternacht sangen die Männer zu den Melodien der beiden Musikanten. Diesen Abend würde keiner so schnell vergessen.

Obwohl es spät wurde, war U 997 am nächsten Morgen schon um 07.00 Uhr seeklar und auslaufbereit. Das Boot musste nun zunächst nach Ramsund, um dort zehn Torpedos zu übernehmen, und dann weiter nach Narvik. Schon um 12.00 Uhr war Ramsund erreicht, die Torpedoübernahme dauerte aber bis in die Nacht, sodass das Boot erst am zweiten Weihnachtsfeiertag, um 05.30 Uhr wieder ablegen konnte. Um 08.00 Uhr machte es schließlich in Narvik an der „Grille", dem Stabsschiff des F.d.U. Nordmeer, fest.

Die „Grille" lag dicht am Land vor Anker. Das gesamte Hafengebiet war von Stacheldraht und Minenfeldern umringt, ebenso wie die zahlreichen Wohn- und Verpflegungsbaracken, das Munitionsdepot und die Telegraphenstation. Etwas weiter entfernt befand sich eine ebenso sorgfältig abgesicherte Marinefliegerbasis.

Die „Grille" war vor dem Krieg die Yacht Adolf Hitlers gewesen und hatte der nationalsozialistischen Führung vor allem zu Repräsentationszwecken gedient. 1939 wurde sie bewaffnet und als Minenschiff eingesetzt, ab 1942 dann als Stabsschiff in Narvik. Das Schiff bot mit seinem Klipperbug und der geschmackvollen Einrichtung aber immer noch einen prachtvollen Anblick. Auf ihm lebten und arbeiteten der Führer der Unterseeboote Norwegen beziehungsweise Nordmeer, Fregattenkapitän Reinhard Suhren, und sein Stab. Außerdem verfügte das Aviso über eine beeindruckende Funkstation, die es ermöglichte, mit den U-Booten im Nordmeer, der Barentssee oder im Weißen Meer Funkkontakt zu halten. Auch eine Krankenstation war eingerichtet, in der ein Arzt Untersuchungen machte, ja sogar Operationen vornehmen konnte.

Heimkehrende U-Boote machten in der Regel zuerst an der ehemaligen Führeryacht fest, auf der der Kommandant dem F.d.U. über die Feindfahrt berichtete. Liefen die U-Boote wieder zur Feindfahrt aus, wiederholte sich die Zeremonie, nur wurden diesmal die Kommandanten von Fregattenkapitän Suhren auf den gnadenlosen Kampf gegen die Geleitzüge vorbereitet.

Die letzte Reise von U 997 hatte 33 Seetage gedauert. Damit stand das Boot mittlerweile insgesamt 143 Tage vor dem Feind.

Am Nachmittag des zweiten Weihnachtsfeiertages verlieh Reinhard Suhren Jimmy Barkowski (E-Obermaschinist), Wolfgang Gindorf (Funkobermaat), Rudolf Trogbacher (Zentralemaat), den Maschinenmaaten Kiener, Horst Puder und Herfert sowie Gerhard Hoffmann (Obermaschinenmaat), Erich Schaller (Smutje) und Vinzenz Koller (Funkobergefreiter) das Eiserne Kreuz 1. Klasse. Der Rest der Besatzung wurde – sofern nicht schon vorher geschehen – mit dem Eisernen Kreuz 2. Klasse ausgezeichnet.

Am 27. Dezember 1944 erhielt U 997 den Befehl, in die Werft nach Trondheim zu verlegen. Schon um 07.05 Uhr legte das Boot in Narvik ab. Über Lødingen, wo es von einem Geleit aufgenommen wurde, Bodø und Sandnessjøen ging es weiter nach Trondheim, das am 29. Dezember 1944, um 13.30 Uhr erreicht wurde. Hier bekam Oberleutnant zur See der Reserve Hans Lehmann am 28. Dezember 1944 das Deutsche Kreuz in Gold verliehen.

Am 29. Dezember 1944 fand der Kommandant endlich Zeit, seinen Kommentar zur fünften Feindfahrt für das Kriegstagebuch von U 997 zu verfassen, und diesmal wurde er sehr ausführlich:

Auf dieser Unternehmung erhielt das Boot insgesamt 234 Wasserbomben. Sämtliche Horchpeilungen in der Zeit vom 20. bis zum 23. November 1944 lagen um 115 Grad falsch, obwohl das Gruppenhorchgerät auf dem Werkstattschiff „Kamerun" überholt worden war. Ich stellte den Fehler erst am 2. Dezember bei der Peilung eines Kameraden-Bootes fest. Der Fehler wurde mit Bordmitteln behoben.
Wieboldt (U 295) hat am 4. Dezember, um 23.45 Uhr eine Feuersäule in der Richtung meines Angriffsortes auf sowjetischen U-Jäger beobachtet. Wir bekamen gerade eine Serie von 15 Wasserbomben. Das Rauschen und Knacken hielt ich für Wabo-Echos. Annehme Versenkung, da nach 38 Wasserbomben innerhalb von acht Minuten keine weitere Belästigung mehr durch U-Jäger. Auch der Umstand, dass Wieboldt (U 295) nur zwei Fahrzeuge (ähnlich der deutschen 35er Minensuchboote) aus Richtung meines Angriffsraums kommen sah, spricht dafür, nachdem ich selbst drei U-Jäger gezählt habe.
Erfahrungen: Sowjetische Kriegsschiffe haben die selben Über- und Unterwasserortungsgeräte wie die Briten und Amerikaner, nur erzielen sie damit nicht so gute Ergebnisse. Eine energische Ortung und sonstige Feinheiten habe ich bei den Sowjets nicht beobachten

können. Die Besatzung wurde auf dieser Unternehmung durch die ständigen Wasserbombenverfolgungen nervlich stark beansprucht. Vor Kildin war bei einigen eine hochgradige Empfindlichkeit gegenüber jeder Art von Geräuschen festzustellen.
Wie auf den zurückliegenden Feindfahrten arbeitete die Besatzung hervorragend zusammen. Die bis heute gemachten Erfahrungen kommen den Männern zugute. Das Boot kann nun Situationen ausgesetzt werden, die früher nicht ohne weiteres zu meistern gewesen wären.
Als Erfolg der Unternehmung melde ich die Versenkung eines sowjetischen Geleitbootes, eines Zerstörers oder Dieselbootes und eines U-Jägers. Am 9. Dezember Treffer auf Zerstörer möglich.

Der F.d.U. Nordmeer, Fregattenkapitän „Teddy" Suhren, musste natürlich auch zur fünften Feindfahrt von U 997 Stellung nehmen:

Zum 22. bis 23.11.1944: Feind-U-Boot möglich, jedoch Verbindung mit Geräuschtonne nicht erwiesen. Letztere ist ungefährlich und nur Einschüchterungsmittel.
Zum 04.12.1944, 04.46 Uhr: Fehlschüsse durch Torpedobeschädigungen möglich.
Zum 04.12.1944, 23.42 Uhr: Nach Beobachtungen von Wieboldt und den gehorchten Sinkgeräuschen wird Versenkung als sicher angesehen.
Zum 09.12.1944, 12.50 Uhr: Treffer nach Detonation und auf Grund späterer Berichterstattung möglich.
Zum 11.12.1944, 04.26 Uhr: Bemerkenswerte neue Art des Fühlungshaltens.
Zum 13.12.1944, 15.30 Uhr: Erkenntnis über kürzlich festgestellte Ortungen von Trägerflugzeugen erneut bestätigt.
Anschließend: Die Erfahrungen mit sowjetischen Seeleuten entsprechen auch meinen Auswertungen. Demnach haben die Sowjets von den Angloamerikanern Geräte übernommen, verstehen aber nicht, sie geschickt handzuhaben.
Erfolge: Drei Geleitzerstörer versenkt, außerdem ein Treffer auf gleichen Typ möglich.
Der zähe Angriffswille von Kommandant und Besatzung sowie deren hervorragende Fähigkeiten haben sich auch auf dieser Unternehmung bestätigt.

Kapitel 6: Mann über Bord

Zwischen dem 30. Dezember 1944 und dem 21. Februar 1945 wurde U 997 in Trondheim generalüberholt. Hier im Hoplafjord, einem Seitenarm des Asenfjords lagen zahlreiche U-Boote und Versorgungsschiffe in Reih und Glied. In einem anderen Seitenarm, dem Lofjord, hatte die Kriegsmarine Maschinenfabriken angesiedelt. Hier lag auch während des Kriegs das Werkstattschiff „Huascaran" vor Anker, das drei U-Boote gleichzeitig reparieren und auch Torpedos und Sehrohre in Stand setzen konnte.

Schon Anfang 1941 begann in Trondheim der Bau des U-Boot-Bunkers Dora I, der am 20. Juli 1943 fertiggestellt wurde. Der Bunker hatte fünf Boxen, drei Trockendocks und zwei Schwimmdocks. Während die Trockendocks nur jeweils einem U-Boot Platz boten, konnten in den Schwimmdocks je zwei U-Boote gleichzeitig eingedockt werden. In Dora I konnten also sieben U-Boote gleichzeitig und sicher vor Bomben repariert werden.

In den letzten beiden Kriegsjahren war die Kriegsmarinewerft Trondheim in der Lage, auch komplizierte und umfassende Reparaturen an U-Booten, die früher nur in Deutschland gemacht werden konnten, durchzuführen. Die Werft rüstete beispielsweise alleine von Oktober 1944 bis Kriegsende zwölf U-Boote mit dem Schnorchel aus.

Ein Problem blieb jedoch die ganze Kriegszeit über bestehen, es mangelte ständig an Ersatzteilen. Als dann noch nach dem Zusammenbruch der Westfront im Spätsommer 1944 die meisten Kampf-U-Boote von Frankreich nach Norwegen ausweichen mussten, waren die Kapazitäten der dortigen Werften schnell überschritten. Die Werften und Bunker in Norwegen waren ja nur auf den Bedarf der dort stationierten U-Boote ausgelegt und wurden nun von der seit Ende 1944 rasch ansteigenden Anzahl der Boote regelrecht überrollt.

Auch U 997 wurde in Trondheim mit einem Schnorchel und dem neuen Hohentwiel-Ortungsgerät ausgerüstet. Die Arbeiten waren Mitte Februar 1945 abgeschlossen, dann absolvierte das Boot eine mehrtägige Schnorchelausbildung. Während der langen Werftliegezeit durfte die Besatzung abwechselnd in zwei Törns in den wohlverdienten Urlaub nach Deutschland fahren.

Zu Beginn des Jahres 1945 wurde mit Oberleutnant zur See der Reserve Theodor Kundt ein dritter Offizier an Bord kommandiert, der als III. Wachoffizier und Kommandantenschuler eine oder zwei Feindfahrten auf U 997 mitmachen sollte, um danach in Deutschland seinen Kommandanten-Lehrgang zu absolvieren und schließlich selbst ein U-Boot zu führen. Theodor Kundt wurde zunächst als III. Wachoffizier der III. Wache unter Obersteuermann Schwab zugeteilt. Am 22. Februar 1945 ging es dann für U 997 wieder los. Der längst erwartete Verlegungsbefehl traf ein:

An U 997:
1. *Auslaufen Trondheim am 22. Februar um 20.00 Uhr nach Harstad über Lødingen.*
2. *Geleit durch Geleitboot bis Entlassungspunkt.*
3. *Ausmarsch durch Frohavet, weiter in 50 Seemeilen Küstenabstand bis 66 Grad, gemäß Befehl Nr. 13. Einsteuern Vestfjord.*
4. *Voraussichtliches Eintreffen Ansteuerungspunkt und Passieren Weg V-1 durch Kurzsignal melden.*
5. *U-Boot-Nordmeerschaltung.*

Punkt 20.00 Uhr legte U 997 in Trondheim ab und wurde schon eine halbe Stunde später durch ein Geleitboot aufgenommen. Nach Passieren von Frohavet am 23. Februar, um 03.30 Uhr wurde das Boot aus dem Geleit entlassen. Lehmann befahl zunächst ein Prüfungstauchen, das ohne Probleme verlief.

Am Abend sollte trotz rauer See zum ersten Mal unter Ernstfallbedingungen die Batterie im Schnorchelbetrieb aufgeladen werden. Die Aktion gelang, dauerte aber wegen der hohen Dünung ziemlich lange. Zudem kam es im Boot zu einer leichten Dieselverqualmung und einem Unterdruck von 300 Millibar.

Am 24. Februar 1945, gegen 05.30 Uhr war plötzlich überall im Boot Rauchgas, und die Dieselmotoren sprangen nicht mehr an. Der Grund dafür war der zu hohe Gegendruck, nachdem das Boot mehrmals die Wasseroberfläche unterschnitten hatte. Gott sei Dank schien der Qualm bei den Männern im Dieselraum keine wesentlichen Beschwerden verursacht zu haben, weshalb Lehmann auch keine Tauchretter anlegen ließ.

Dennoch bestürmte Sadewasser den Kommandanten:

„Wir müssen dringend auftauchen und das Boot gründlich durchlüften, Herr Kaleu."

„Ja, Sie haben Recht, aber es wird bald hell, das wird eine gefährliche Kiste", antwortete Lehmann, sah aber die Notwendigkeit, das Boot zu lüften, ein und gab Befehl zum Auftauchen.

Kaum hatte U 997 die Wasseroberfläche durchbrochen, hatte der Kommandant auch schon das Turmluk geöffnet und war mit der ersten Wache auf die Brücke gestiegen. Die Männer atmeten schwer und schnappten nach Luft.

„Lüfter anstellen", war Lehmanns erster Befehl.

Der Kommandant hatte noch nicht einmal sein Fernglas vor die Augen genommen, als der Leitende Ingenieur eine Hiobsbotschaft zur Brücke meldete:

„Herr Kaleu, fast die ganze Besatzung ist ausgefallen!"

Lehmann wurde bleich im Gesicht. Nur die Brückenwächter schienen einigermaßen einsatzfähig zu sein. Zwar litten auch sie an starken Kopfschmerzen, konnten ihren Dienst aber noch leidlich versehen.

Aus der Zentrale hangelten sich vier Seeleute mehr schlecht als recht nach oben. Sie waren die einzigen, die noch die Kraft hatten auf die Brücke zu klettern. Zwei von ihnen ließen sich nach den ersten japsenden Atemzügen einfach umfallen, waren kaum ansprechbar und stierten mit glasigen Augen vor sich hin.

Inzwischen hatte Sadewasser seine erste Meldung konkretisiert. Das Personal war bis auf zwei Mann in der Zentrale und einem Mann in der E-Maschine nicht einsatzfähig.

Aber auch wenn sich die Männer plötzlich erholt hätten, wären die Dieselmotoren nicht mehr in Gang zu bringen gewesen. Die Dieselbilge war vollgelaufen, weil der halb ohnmächtige Maschinist nicht mehr in der Lage war, die Abgasklappen zu schließen. Zudem waren Hilfslenz- und Trimmpumpe ausgefallen. Das Boot hatte mittlerweile schon fast fünfzehn Tonnen Wasser gemacht, das vor allem im Dieselraum gluckerte. Es war eine einzige Katastrophe!

An Bord herrschte ein wildes Durcheinander, und jeden Augenblick konnte ein feindliches Flugzeug auftauchen, für das das hilflose Boot ein gefundenes Fressen wäre. Lehmann ließ deshalb die Brücke bis auf die einsatzbereiten Posten räumen. Mit einem Mann in der E-Maschine, zwei in der Zentrale und dem Leitenden Ingenieur wäre ein Alarmtauchen sowieso schon schwierig genug.

Gegen 11.00 Uhr vormittags kam durch einen hohen Brecher zu allem Überfluss auch noch Wasser in die Zentrale, wodurch sich Chlorgas bildete. Diesmal reagierte Lehmann besonnen und befahl seiner Mannschaft, vorsichtshalber die Tauchretter anzulegen, falls einen Notausstieg der Besatzung notwendig würde.

Gegen Mittag brannte wegen des hohen Wasserstandes im Boot der Sicherungskasten, wobei sich nochmals unglaublich viel Rauch entwickelte. Dann fielen auch noch Kreisel- und Magnetkompass aus, beide E-Maschinen konnten nur noch langsame Fahrt machen. Das Boot schien einem Totalschaden nahe.

Gott sei Dank hatte sich das Maschinenpersonal wieder soweit erholt, dass es die Dieselaggregate notdürftig reparieren und die beiden Motoren wieder anlassen konnte. Zwar ging das Boot nur langsame Dieselfahrt, war damit aber immer noch schneller als mit elektrischem Antrieb. U 997 musste nun so rasch als möglich einen sicheren Hafen finden.

Vollkommen unerwartet schnitt das Boot dann gegen 13.30 Uhr bei schräg achterlicher See bis auf 11,5 Meter Tiefe unter. Ein markerschütternder Schrei kam im gleichen Augenblick von der Brücke:

„Mann über Bord!" Lehmann reagierte sofort!

„Anblasen!", brüllte er und rannte die Turmleiter zur Brücke empor.

„Bootsmaat Sachse ist über Bord gegangen", empfing ihn der Obersteuermann Schwab entsetzt. Bootsmaat Erich Sachse war als Seemännische Nr. 3 erst zwei Tage zuvor auf das Boot gekommen.

Lehmann hatte der Brückenwache verboten, sich anzuschnallen, um bei Alarmtauchen nicht unnötig Zeit zu verlieren. Es schien auch nicht notwendig, da innerhalb der letzten acht Stunden die See ruhig und nur wenig Wasser übergekommen war.

Dem Kommandanten stand das nackte Entsetzen im Gesicht! Er ließ das Boot sofort beidrehen und bis 17.00 Uhr suchen, aber Ernst Sachse blieb verschollen. Die Männer von U 997 schauten betroffen, allen war klar, dass Sachse in der eisigen See ohne Schwimmweste praktisch keine Überlebenschance hatte.

Schweren Herzens befahl Lehmann um 17.30 Uhr:

„Suche abbrechen, wir tauchen zum Unterwassermarsch."

Kommandant und Besatzung hatten genug an diesem Tag. Lehmann schickte alle Mann zum Ausruhen in die Kojen, bis auf die Wachen und den Leitenden, der mit einigen seiner Leute versuchte, den ausgefallenen Kreiselkompass zu reparieren. Als U 997 am nächsten Morgen auftauchte, war der Kreisel immer noch unklar. Der Kommandant versuchte, den Kurs anhand des Windes zu bestimmen. Trotz der ungenauen Navigation erreichte das Boot fast ohne Umweg die Spitze der Lofoten und machte um 18.30 Uhr in Lødingen fest. In der Nacht musste ein kompletter Ölwechsel vorgenommen werden, nachdem das Schmieröl einen Wassergehalt von über 15 Prozent hatte. Am 26. Februar 1945, um 06.00 Uhr verließ U 997 Lødingen mit einem Lotsen an Bord und legte bereits um 09.00 Uhr in Harstad an der „Black Watch" an.

Zwischen dem 27. Februar und dem 6. März 1945 wurde das Boot zunächst repariert, dann bekam es Halterungen für vier bemannte Torpedos vom Typ „Marder" und wurde den in Narvik und Harstad stationierten Kleinkampfverbänden, auch K-Verbände genannt, überstellt, wo es in 24-stündiger Bereitschaft lag.

Die Kleinkampfverbände bestanden aus Kleinst-U-Boote der Typen „Seehund", „Biber" und „Molch" oder bemannte Torpedos der Typen „Neger" und „Marder". Vor U 997 waren schon andere Nordmeer-Boote den Kleinkampf-Flottillen zur Verfügung gestellt worden. Bereits am 5. Januar 1945 liefen die Boote U 295 (Wieboldt), U 318 (Will) und U 716 (Dunkelberg) von Harstad aus. Jedes der Boote war mit zwei „Bibern" ausgestattet, einer war am Vorder-, der andere am Achterdeck befestigt. Die drei Boote fuhren gen Norden, wo ihre „Schützlinge" in einer Geheimoperation gegen das sowjetische Schlachtschiff „Archangelsk" und weitere alliierte Schiffe eingesetzt werden sollten. Der Einsatz musste aber nach kurzer Zeit abgebrochen werden, weil die Kleinst-U-Boote nicht so stabil waren, dass man sie über längere Strecken durch die raue See, die große Kälte und den heftigen Wind hätte transportieren können. Zudem zeigten Tauchübungen, dass sich bei den Kleinst-U-Booten Lecks bildeten, die dann auch das Mutterschiff in Gefahr brachten. U 997 legte am 7. März 1945 mit vier Mardern zu einer Testfahrt von Harstad ab. Vor allem die Halterungen sollten auf offener See erprobt werden. Die Kleinst-U-Boote waren längsseits des Mutterschiffs befestigt.

Nach dem Kriegstagebuch von U 997 fand am 8. März, Punkt 10.00 Uhr der erste Härtetest statt. U 997 tauchte im Andfjord auf 115 Meter ab. Genau eine Stunde später kam es wieder an die Wasseroberfläche. Dann tauchte das Boot auf Sehrohrtiefe und schnorchelte zwei Stunden durch den Andfjord, um anschließend auf 135 Metern Tiefe unter Wasser zu marschieren. Um 13.00 Uhr wurde wieder aufgetaucht und mit 14 Knoten Überwasserfahrt gegen die See gesteuert. Um 15.00 Uhr waren die Tests beendet, und das Boot lief durch den Toppsund nach Harstad, wo es um 20.40 Uhr an der „Black Watch" festmachte.

Die Testreihe hatte zahlreiche Schwachstellen bei den „Mardern" aufgedeckt. Besonders die Ruderanlage war beim Tauchen oder bei hohem Seegang beschädigt worden. So blieb ein Transport der Kleinst-U-Boote durch VII-C-Boote vorerst ausgeschlossen.

Einer mündlichen Aussage des Leitenden Ingenieurs, Oberleutnant (Ing.) Ulrich Sadewasser, zufolge, fand zwar an diesem 8. März 1945 tatsächlich eine Versuchsfahrt mit Angehörigen der Kleinkampfverbände statt, es sollte aber dabei das Verhalten des U-Bootes bei Über- und Unterwasserfahrt mit einer zusätzlichen Oberdeckslast von acht Torpedos ermittelt werden. Was an diesem 8. März tatsächlich geschah, wird wohl für immer im Dunkeln bleiben.

Am 9. März wurden die „Marder" schließlich von Bord gebracht und die Halterungen abgebaut. Anschließend musste sich U 997 wieder in vierundzwanzigstündiger Bereitschaft halten. An diesem Tag wurde Leutnant (Ing.) Albert Wieduwilt als LI-Schüler und Wachingenieur auf das Boot kommandiert, gleichzeitig wurde es jetzt in die neu aufgestellte 14. U-Flottille eingereiht.

Kapitel 7: Geleitzugschlacht zwischen Bäreninsel und Murmansk

Am 12. März, um 13.00 Uhr erreichte Hans Lehmann ein Fernschreiben:

Auslaufbefehl für U 312 (v. Gaza), U 968 (Westphalen), U 997 (Lehmann), U 363 (Nees) und U 992 (Falke).
1. Auslaufen am 12.03., 22.00 Uhr durch Andfjord. Nachtmarsch.
2. Ansteuerung Quadrat AB 65.
3. U-Boot-Nordmeerschaltung. F.d.U.

Um 18.55 Uhr legte U 997 zu seiner sechsten Feindfahrt ab. Bereits um 20.00 Uhr stand das Boot nördlich des Andfjords, als sich der F.d.U. abermals meldete:

1. Anzeichen für Auslaufen Geleitzug. Standort 14. März etwa Quadrat AF 16.
2. Vorpostenstreifen besetzen bis 15. März, 24.00 Uhr von AB 6513 bis AB 6825. Reihenfolge: Thimme (U 716), Westphalen (U 968), Lehmann (U 997), v. Gaza (U 312), Krüger (U 307), Nees (U 363) und Falke (U 992).
3. Boote bilden die Gruppe Hagen. F.d.U.

Am 11. März 1945 lief der alliierte Konvoi JW.65 mit 24 Handelsschiffen aus dem Clyde aus. Zur Sicherung gehörten der Geleitträger „Campania" mit Vizeadmiral Frederick Dalrymple-Hamilton an Bord sowie der Geleitträger „Trumpeter", der Kreuzer „Diadem" und 19 Zerstörer, Sloops, Fregatten und Korvetten. Der Geleitzug wurde am 13. März vom deutschen Geheimdienst aufgespürt, woraufhin der F.d.U. Nordmeer die Boote der Gruppe Hagen südlich der Bäreninsel aufstellte und U 995 (Hess) vor den Kolafjord beorderte. Zwei Tage später wurden U 711 (Lange) zur Gruppe Hagen befohlen und U 668 (von Eickstedt) und U 313 (Schweiger) zu U 995 vor den Kolafjord geschickt.

Der Besatzung von U 997 standen ungemütliche Tage bevor. Alles begann mit einem schweren Sturm aus nordwestlicher bis westlicher Richtung. Der Seegang war so stark, dass sich das Boot nicht auf 13 Metern Schnorcheltiefe halten ließ. Da die Batterien leer waren, musste U 997 an die Wasseroberfläche. Dem Kommandanten blieb keine andere Wahl:

„Auftauchen!"

Über Wasser wurde das Boot von einem Seegang der Stärke sieben bis acht empfangen. Der Sturm türmte riesige Wellenberge auf, auf denen U 997 tanzte und schaukelte, ehe es wieder zurück in ein Wellental geschleudert wurde. Schwere

Brecher donnerten über die Brücke hinweg. Die Männer der ersten Seewache unter Oberleutnant Friederichs waren schnell grün im Gesicht und beugten sich immer wieder über die Turmbrüstung, um sich ihrer letzten Mahlzeit zu entledigen. Zwar waren sie alle sorgfältig angeschnallt, mussten sich aber dennoch mit aller Kraft festkrallen. Innerhalb von Sekunden waren die Brückenwächter vollkommen durchnässt, trotzdem machte keiner schlapp.

Ungeachtet des miserablen Wetters, befahl Lehmann, den Abfall der letzten 24 Stunden über Bord zu werfen. Dies erwies sich als schwierige Arbeit für den Smut Erich Schaller und seine beiden Helfer, denn die schweren Brecher spülten den Müll gleich wieder durch das Turmluk ins Boot zurück. Unten im Boot waren die Männer zwar vom Sturm geschützt, nicht aber vom Seegang. Mit schwarzen Augenringen und hohlen Wangen in grün-gelben Gesichtern führten die Gestalten ihre Arbeiten nur noch mechanisch aus. Irgendwann hatte selbst der sturmerprobte Kommandant genug. Als die Batterien geladen waren, brachte er U 997 auf 60 Meter Tiefe. Endlich kehrte wieder Ruhe ein.

Ab dem 17. März wurde das Wetter wieder besser. Die See beruhigte sich zusehends. Nun türmten sich aber dunkle Wolken am Firmament, aus denen dicke weiße Schneeflocken fielen, sodass die Brückenwächter in ihrer Sicht stark eingeschränkt waren.

Um die Mittagszeit gingen zwei Funksprüche des F.d.U. Nordmeer ein, die meldeten, dass der Geleitzug bereits in der Nacht die Bäreninsel passiert habe und die Boote der Gruppe Hagen mit hoher Marschfahrt ins Quadrat AC 88 vor Murmansk schickte. Um 16.00 Uhr ließ der F.d.U. schon wieder von sich hören:

Schwerpunkte: Ley (U 310) AC 8496, Will (U 318) AC 8578, von Eickstedt (U 668) AC 8865, Hess (U 995) AC 8947, Schweiger (U 313) AC 8859, Falke (U 992) AC 8858, Thimme (U 716) AC 8864, Westphalen (U 968) AC 8856, Lehmann (U 997) AC 8855, v. Gaza (U 312) AC 8828, Krüger (U 307) AC 8853, Nees (U 363) AC 8869, Lange (U 711) AC 8893.
Bis 18. März, 24.00 Uhr Positionen einnehmen, jedoch letzte 60 Seemeilen unbemerkt marschieren. F.d.U.

Fregattenkapitän Reinhard Suhren wollte seine U-Boote vor der Kolabucht in zwei Linien mit sechs beziehungsweise sieben Booten aufstellen. Lehmann machte sich sofort auf den Marsch in das zugewiesene Operationsgebiet, das am 19. März, gegen 00.30 Uhr erreicht wurde.

Seit 02.00 Uhr früh hatte Funker Koller bis zu zehn Schiffe in der Nähe eingepeilt. Die Gegner marschierten im Drei-Minuten-Rhythmus zuerst mit hoher Fahrt und bremsten dann, um zu horchen. Auch Asdic-Ortungen hatte Koller aufgefangen. Plötzlich kam eines der Gegnerboote U 997 verdächtig nahe und lief dann mit hoher Fahrt über das auf 40 Meter abgetauchte U-Boot hinweg. Wasserbomben fielen freilich keine, dafür detonierten in der Nähe vereinzelt Schreckwasserbomben. Immer wieder wagte der Kommandant einen Rundblick durch das Sehrohr. Dabei sah er zweimal kurz hintereinander mehrere einmotorige Jagdmaschinen, aber keine Seefahrzeuge.

Um 20.26 Uhr tauchte U 997 wieder auf. In nur 300 Metern Entfernung querab war Pogan Punkt deutlich auszumachen. Vier Minuten später schreckte der Ruf des Matrosenhauptgefreiten Willi Schneidereit seine Kollegen von der Brückenwache auf:

„Zwei Bewacher in 140 Grad, Entfernung 2.000 Meter!"

Lehmann, der wie immer bei brenzligen Situationen auf der Brücke stand, riss sofort sein Zeissglas an die Augen und blickte angestrengt in die Richtung des Gegners.

„Der signalisiert uns ja mit der Morselampe, Herr Kaleu", brach es völlig entgeistert aus dem I WO heraus.

Lehmann nickte ungläubig mit dem Kopf. Im gleichen Moment nahmen die beiden Bewacher Fahrt auf und steuerten direkt auf U 997 zu. Der Kommandant reagierte sofort, zeigte den Gegnerschiffen das Heck und lief mit 16 Knoten Fahrt ab.

„Falls die weiter aufkommen feuern wir einen T-V aus dem Heckrohr, I WO", murmelte Lehmann.

Doch so weit kam es nicht. Die Verfolger drehten nach Backbord ab und liefen ganz dicht entlang der Küste in die Karelinskayabucht ein. U 997 tauchte und patrouillierte wieder im zugewiesenen Quadrat.

Der 20. März war gerade zwei Stunden alt, als Lehmann zum Aufladen der Batterien und zum Durchlüften des Bootes auftauchen ließ. Die Sicht betrug trotz Schneefalls um die 1.500 Meter, war also verhältnismäßig gut. Nach einer Dreiviertelstunde waren die Batterien wieder voll, und U 997 tauchte ab. Gegen 08.00 Uhr meldete der Funkraum zahllose Horchpeilungen und Asdic-Ortungen. Bis Mittag detonierten allein im Umkreis des U-Bootes 120 Wasserbomben. Lehmann blieb die ganze Zeit auf Sehrohrtiefe und konnte innerhalb von zehn Minuten fünf einmotorige Jagdmaschinen, die nur von einem Geleitträger sein konnten, beobachten. Schiffe sah er allerdings nicht, obwohl welche in der Nähe sein mussten, wie die Detonationen, Horchpeilungen und Asdic-Ortungen bewiesen.

Um 12.15 Uhr stürmte plötzlich ein Zerstörer aus einer Schneewand, zackte mit etwa zwölf Knoten Fahrt nach Backbord und kehrte kurz darauf wieder auf seinen alten Kurs zurück. Lehmann fixierte den Gegner durch das Sehrohr, in diesem Augenblick hatte er sich schon zum Angriff entschieden.

„Ist ein Zerstörer der Jervis-Klasse", kommentierte er laut, sodass ihn die Besatzung im Boot hören konnte. Der Kommandant wollte einen Zweier-Fächer mit den neuen LUT-Torpedos schießen. Nachdem bereits der Flächen-Absuch-Torpedo eine mechanisch programmierbare Steuerung hatte, war der lageunabhängige Torpedo (LUT) eine Weiterentwicklung dieses Konzepts. Er hatte ein zweites Gyroskop, wodurch die Notwendigkeit, den Torpedo immer im rechten Winkel zur späteren Suchschleife abschießen zu müssen, entfiel. Der LUT war in dem Sinn lageunabhängig, dass er vor dem Ausstoß auf einen festgelegten Kurs eingestellt werden konnte und diesen anschließend selbst steuerte.

Lehmann drehte das Boot nach Backbord und ging auf Angriffskurs. Während sich U 997 noch in Hartlage befand, drehte der Zerstörer auf das U-Boot zu. Gleichzeitig gab er mit der Morselampe Signale in 90 Grad seiner Fahrtrichtung. Allerdings konnte Lehmann in dieser Richtung durch das Sehrohr nichts erkennen. Plötzlich lief der Zerstörer mit hoher Fahrt an. Der Kommandant sah schell ein, dass er nicht mehr zum Schuss kommen konnte und befahl sofort:

„Auf 160 Meter gehen, dalli, LI."

U 997 glitt mit 25 Grad Vorlastigkeit rasch in die Tiefe, aber nicht rasch genug. Schon bei 35 Metern detonierte eine Serie von dreizehn sehr gut liegenden Wasserbomben. Das Boot wurde wild hin und her geschleudert. Das Licht fiel aus, alle Sicherungen brannten durch. Überall klirrte und schepperte es. Als U 997 die befohlene Tiefe von 160 Metern erreicht hatte, explodierte die nächste Wasserbombenserie, die wieder gut lag. In schneller Folge kam nun eine Serie nach der anderen. Das Boot schüttelte sich, krängte mal nach Steuerbord mal nach Backbord, sackte mit dem Bug ab und gleich danach mit dem Heck. Dieselluftmast und Zuluftmast liefen voll Wasser und drückten das Boot weiter in die Tiefe, bis es bei 187 Metern auf dem Meeresgrund aufsetzte. Schleichfahrt war nicht mehr möglich, da das Boot so schwer war, dass es nur noch mit hoher Fahrt bei gleichzeitigem Lenzen bewegt werden konnte. Die Geräusche, die beides verursachte, hätten den Standort von U 997 wiederum verraten.

Inzwischen trat auch Wasser durch die Stiftschrauben des Druckkörperflansches der Schnorchelentwässerung ein. Das Boot hatte in vier Stunden schon sieben Tonnen Wasser gemacht. Und die Jagd war noch nicht vorbei. Die alliierten Schiffe suchten nach wie vor unermüdlich.

Ab 18.00 Uhr kehrte bei den Männern von U 997 langsam die Hoffnung zurück. Die Wasserbomben fielen nun immer weiter weg. Kurz darauf wurde das Boot von Frachtern überlaufen. 15 Minuten dauerte es, bis wieder Ruhe eingekehrt war. Zu Recht vermutete Lehmann, dass sie soeben vom Geleitzug passiert worden waren.

Während dieser Zeit konnten die fünf U-Jäger, die so hartnäckig hinter U 997 her waren, nicht orten. Der Kommandant nützte diese Chance, um das Boot vom Grund zu lösen.

„Auf 140 Meter steuern."

Langsam hob sich das Boot und begann nach Westen zu marschieren, 250 Wasserbomben hatten U 997 und seine Besatzung in den zurückliegenden Stunden über sich ergehen lassen müssen.

„Nach Koppelung müsste das Meer hier mindestens 150 Meter tief sein", meldete der Obersteuermann dem Kommandanten.

Doch wenig später stellte sich das als Irrtum heraus. Das Boot war in nur 15 Metern Tiefe und lief trotzdem auf Grund. Lehmann und Schwab hatten vollkommen die Orientierung verloren. Es blieb nur eine Möglichkeit: aufzutauchen.

U 997 durchschnitt langsam die Wasseroberfläche. Lehmann öffnete das Turmluk. Zusammen mit dem Obersteuermann stieg er aus. Ihnen stockte der Atem. U 997 stand direkt unter dem Leuchtfeuer Sjet-Huk, nur etwa 20 Meter von der Küste entfernt. Im Abstand von etwa drei Seemeilen sahen die beiden die U-Boot-Jäger, die sie in den vergangenen Stunden so gepeinigt hatten.

Jetzt hieß es, sich möglichst rasch davonzumachen. Der Kommandant forderte die Dieselmotoren an, und mit Höchstfahrt ging es nach Westen, hinaus aus der Gefahrenzone. Um 20.00 Uhr tauchte U 997 auf 140 Meter. Hier versuchten der Leitende Ingenieur und sein Personal, den undichten Druckkörperflansch der Schnorchelentwässerung neu zu verpacken. Schnell stellte sich aber heraus, dass der Schaden mit Bordmitteln nicht zu beheben war. Ein Tieftauchversuch ergab, dass das Boot eine Tonne Wasser pro Stunde machte. Zudem fanden die Techniker weitere Schäden. Das Tiefenruder knarrte so laut, dass eine Schleichfahrt unmöglich war. Zudem waren bis auf zwei Ausnahmen alle Torpedos durch die Wasserbombenverfolgung beschädigt worden.

„Das hat keinen Sinn mehr", brummte Lehmann, „wir machen so viel Wasser, dass wir ständig die Lenzpumpe einschalten müssen. Und die ist so laut, dass die Jäger uns mit bloßem Ohr hören. Da können wir auch auftauchen und uns ergeben. Wir marschieren zurück!" Am 21. März, um 02.55 Uhr setzte der Kommandant den F.d.U. Nordmeer in Kenntnis, dass der Geleitzug am 20. März gegen 17.00 Uhr in die Kolabucht eingelaufen sei und dass er die Unternehmung wegen diverser Schäden abbrechen müsse. Diesmal war der Konvoi allerdings nicht ungeschoren davongekommen. Wegen eines Schneesturmes mussten die Alliierten für eineinhalb Stunden die Flugtätigkeit einstellen. Ein wichtiger Schutz für den Geleitzug war damit weggefallen. Dies nutzte U 995 unter dem Kommando von Oberleutnant zur See Hans-Georg Hess am 20. März, um 09.10 Uhr. Hess torpedierte den amerikanischen Frachter der Liberty-Klasse „Horace Bushnell". Das Schiff lief auf Grund und wurde dabei so schwer beschädigt, dass es nicht mehr repariert werden konnte. Auch U 968, das unter dem Kommando von Oberleutnant zur See Otto Westphalen stand, feierte Erfolge. Es versenkte die britische Korvette „Lapwing" und den amerikanischen Frachter der Liberty-Klasse „Thomas Donaldson" mit 7.210 Tonnen. Inzwischen hinkte U 997 „auf Zahnfleisch und Kniescheiben", wie es der LI so schön nannte, im langsamen Marsch nach Hause. Am Nachmittag des 23. März wurde der Andfjord erreicht. Über Wasser lief das Boot nach Harstad ein und machte um 18.53 Uhr am Wohnschiff „Black Watch“ fest.

Doch der Aufenthalt in Harstad sollte nicht von langer Dauer sein. Nach Übernahme eines Lotsen legte das Boot um 22.30 Uhr zur Weiterfahrt nach Narvik ab. Am 24. März, um 06.30 Uhr wurde in Narvik längsseits der „Stella Polaris“ festgemacht. Noch am gleichen Abend schrieb Hans Lehmann seinen Bericht zur sechsten Unternehmung von U 997, der diesmal sehr knapp ausfiel:

Durch die schlechte Sicht und Zerstörerverfolgung wurden wir um einen Erfolg auf dieser Reise gebracht.
Die Besatzung, die anfangs mit ganzem Herzen bei der Sache war, war wegen der irreparablen Schäden ziemlich niedergeschlagen.

Die Stellungnahme des F.d.U. Nordmeer war da schon etwas ausführlicher:

Unglückliche Unternehmung des bewährten Kommandanten.
Zum 24.02., 05.30 Uhr: Sehr bedenkliche Schnorchelpanne, die zum Bootsverlust führen kann. Ursache wahrscheinlich häufiges Unterschneiden bei starkem Seegang mit Verqualmen der Diesel und starkem Unterdruck, durch die eine CO_2-Vergiftung ausgelöst werden kann. Befehl zum Aufsetzen der Tauchretter bei Verqualmung ist streng zu befolgen. Ansonsten in gefährlicher Lage besonnen gehandelt.
Zum 24.02., 15.00 Uhr: Bei stärkerem Seegang, vor allem von achtern, müssen unbedingt Sicherheitsgurte auf der Brücke getragen werden. Einsteigen bei Alarm wird dadurch nicht merklich verzögert. Bei der geschwächten Besatzung wäre besondere Vorsicht geboten gewesen. „Mann über Bord“-Manöver bei unübersichtlicher See am sichersten mit Rückwärtsfahrt auf altem Kurs. Längeres Suchen war aussichtslos.
Zum 20.03., 12.15 Uhr: In sicherer Erwartung des großen Geleitzuges wäre unbemerktes Abwarten in günstiger Schussposition (zunächst spitzes Ablaufen aus unmittelbarer Zerstörernähe) richtiger gewesen.
Zu 20.03., 18.40 Uhr: Beispiel für Erfolg unerwarteter Maßnahmen. Rückmarsch 20.03. gebilligt.

Nach der sechsten Unternehmung hatten sich die Tage, die U 997 vor dem Feind verbracht hatte, auf 158 summiert. In Narvik erhielten die alten Besatzungsmitglieder Anfang April 1945 die silberne U-Boot-Frontspange. Das Eiserne Kreuz 1. Klasse bekamen Diether Wolffram (II. Wachoffizier), Heinz Wysgol (Funkmaat), Robert Grützenbach (Mechanikerobergefreiter), Franz Krause (Sanitätsobermaat), Eugen Zich (Bootsmaat) und der Maschinenobergefreite Schneider.

Kapitel 8: Die letzte Feindfahrt – der letzte Erfolg

Anfang April 1945 war auch den Letzten klar geworden, dass Deutschland den Krieg verloren hatte. Schon längst hatten alliierte Truppen im Westen und Osten die deutschen Grenzen überschritten. Die britische Armee stieß bereits auf Bremen, Hamburg, Lüneburg, Hannover, Minden und Nienburg vor. Amerikanische Truppen hatten Thüringen erreicht und marschierten in Richtung Plauen, Fürth, Nürnberg und Ingolstadt. Südlich von Karlsruhe standen französische Truppen bei Ettlingen und Bretten. Die Rote Armee hatte die Oder erreicht und die ersten Brückenköpfe gebildet. Hier bereitete sie sich auf ihre letzte große Offensive vor, an deren Ende die Schlacht um Berlin stehen sollte. Während in Böhmen, Mähren und Teilen von Schlesien die Heeresgruppe Mitte unter Generalfeldmarschall Ferdinand Schörner immer mehr zusammengedrängt wurde, hatten sowjetische Truppen auch die Grenze des damaligen Gaues Ostmark (Österreich) überquert und stießen über Ödenburg (Sopron) und Pressburg (Bratislava) schon nach Wien vor. Auch im Südosten eilten sie von Erfolg zu Erfolg, sie standen im Burgenland und in der Steiermark. In Jugoslawien hatten Tito-Partisanen den Raum Laibach (Ljubljana) und Marburg (Maribor) genommen und waren an der unteren Mur bis zur österreichischen Grenze vorgerückt, und aus Norditalien hatten sich die Verbände der Wehrmacht in die so genannte Alpenfestung zurückgezogen.

Auch der Krieg in Skandinavien ging seinem Ende entgegen. Die deutschen Truppen waren aus Finnland abgezogen worden und hatten am 13. Februar 1945 Hammerfest geräumt. Nördlich von Narvik versuchten sie, eine neue Front aufzubauen.

U 997 lag Anfang April 1945 zur Überholung in Narvik. Die Gedanken der Männer waren in diesen Tagen bei ihren Familien in Deutschland, besonders die Besatzungsmitglieder, die aus den deutschen Ostgebieten kamen, machten sich große Sorgen.

Zu den privaten Problemen gesellten sich bei Offizieren und Mannschaften auch dienstliche. Würde es überhaupt Sinn machen, noch einmal gegen die Alliierten auszulaufen? Was würde nach Kriegsende geschehen – jahrelange Gefangenschaft? Wie würde die Heimat bei ihrer Rückkehr aussehen?

Die Frage nach Sinn oder Unsinn eines nochmaligen Auslaufens blieb unbeantwortet. Unabhängig davon schickte der F.d.U. Suhren seine Boote nochmals in die Schlacht, als am 16. April 1945 der Konvoi JW.66 mit 26 Handelsschiffen den Clyde verließ. Er sollte der letzte im Krieg sein. Die Sicherungskräfte führte Konteradmiral Cunningham-Graham. Sie bestanden aus den beiden Geleitträgern „Vindex“ und „Premier“, dem Kreuzer „Diadem“, den Zerstörern „Zephyr“, „Zest“, „Zealous“,

„Zodiac“, „Stord“, „Offa“, „Haida“, „Huron“ und „Iroquois“, der 8. Escort-Group mit der Sloop „Cygnet“, den Korvetten „Alnwick Castle“, „Bamborough Castle“, „Farnham Castle“, „Honeysuckle“, „Rhododendron“, „Oxlip“ und „Lotus“ sowie der 19. Escort-Group mit den Fregatten „Loch Insh“, „Loch Shin“ und „Anguilla“ und den Geleitzerstörern „Cotton“ und „Goodall“. Der deutsche Geheimdienst spürte diesen Konvoi auf, und der F.d.U. Nordmeer schickte die U-Gruppe Faust, bestehend aus U 286 (Dietrich), U 295 (Wieboldt), U 307 (Krüger), U 313 (Schweiger), U 363 (Nees) und U 481 (Andersen), westlich der Bäreninsel an die Front.

Auch U 997 zog noch einmal in die Schlacht. Am 19. April 1945 lief das Boot zu seiner siebten und letzten Unternehmung aus, und zwar zusammen mit U 318 (Will), U 427 (v. Gudenus), U 711 (Lange), U 992 (Falke), U 278 (Franze), U 294 (Schütt), U 312 (v. Gaza), U 716 (Thimme) und U 968 (Westphalen) ins Gebiet vor die Kolamündung. Nachdem die Gruppe Faust den Konvoi bei der Bäreninsel bis 21. April nicht aufgespürt hatte, beorderte F.d.U. „Teddy“ Suhren auch diese Boote vor die Kolabucht.

Auf dem Marsch nach Murmansk wurde U 997 noch am gleichen Tag vor der Rybatschiküste von einem „Catalina“-Flugboot angegriffen. Lehmann und seinen Männern gelang es, den Angriff mit der Flak abzuwehren und zu tauchen. Das Flugboot warf mehrere Bomben in die Tauchstelle, die aber keinen Schaden anrichteten. Nach dem Zusammenbruch der Sowjetunion und der Öffnung der Archive stellte sich heraus, dass die Flugboot-Besatzung U 997 als versenkt gemeldet hatte.

Am Morgen des 22. April peilte der Funkobergefreite Koller im Norden das sowjetische Küstengeleit „PK-9“ ein. Es bestand aus zwei Frachtern, die von den Zerstörern „Karl Liebknecht“, „Derzkij“, „Zestkij“, „Dostojnyj“, zwei Minensuchern, sechs U-Jägern und einer exilnorwegischen Gruppe mit der Korvette „Eglantine“ und den Trawlern „Karmøy“, „Jeløy“ und „Tromøy“ begleitet wurde. Auch aus der Luft wurde der Konvoi geschützt.

Gegen 07.00 Uhr hatte Lehmann das Boot in die Nähe des Geleits gebracht. U 997 stand so günstig, dass die Gegnerschiffe ihm quasi in die Arme laufen mussten. Im Boot herrschte atemlose Stille. Durch das Sehrohr konnte der Kommandant deutlich zwei Frachter im Abstand von 1.500 Meter erkennen. Ein Zerstörer und ein Bewacher liefen etwas weiter östlich und staffelten langsam heran.

„Wir nehmen uns erst die beiden Sicherungsfahrzeuge vor und schießen zwei T-V aus Rohr I und II“, flüsterte Lehmann, dann gab er die Zielwerte durch.

Im Boot standen die Männer auf ihren Gefechtsstationen und fieberten dem Angriff entgegen.

„Rohr I und II klar?“, fragte der Kommandant.

Innerhalb von Sekunden war die Frage bejaht. Lehmann beobachtete die beiden Fahrzeuge weiter schweigend durch das Sehrohr, dann befahl er: „Rohr I und II fertig.“

„Fertig!“, wurde der Befehl quittiert. „Looos!“ Zischend schossen die Torpedos aus den Rohren und jagten ihren Zielen entgegen. Die Sekunden tickten auf der Stoppuhr des Obersteuermanns unaufhörlich, wurden zu Minuten. Und dann waren plötzlich zwei Detonationen kurz hintereinander zu hören. Durch das Periskop sah Lehmann zwei grelle Stichflammen in der Richtung der Bewacher.

„Zwei Treffer“, rief er aufgeregt ins Boot, dann nahm ihm aufsteigender Rauch die Sicht. U 997 hatte auf den sowjetischen Zerstörer „Karl Liebknecht“ und den Bewacher „BO-225“ gefeuert. Während man auf dem deutschen U-Boot allerdings schon die Versenkung der beiden Fahrzeuge feierte, beobachteten die sowjetischen Bewacher die Detonationen seelenruhig in ihrem Kielwasser. Ihre Foxer hatten die Torpedos auf sich gelenkt und sie zur Explosion gebracht.

Bereits vier Stunden vorher hatte U 481 unter Kapitänleutnant Klaus Andersen das Geleit angegriffen, auch seine Torpedos waren im Kielwasser der Feindschiffe detoniert, ebenso wie die von U 294 (Schütt).

Noch während Lehmann vergeblich die beiden Kriegsschiffe in den Rauchwolken suchte, wurden die Torpedorohre nachgeladen. Nach etwa zwanzig Minuten meldete Funker Koller plötzlich:

„Schraubengeräusche, werden schnell lauter, mindestens drei Zerstörer!“

Lehmann fuhr sofort das Sehrohr ein und befahl, auf 120 Meter abzutauchen. Er wusste nur zu genau, dass sie bei dieser Tiefe nur noch wenig Wasser unter dem Kiel hatten.

„Jetzt haben sie uns am Wickel“, stöhnte der I WO Friederichs, erntete aber nur einen bösen Blick vom Kommandanten, der auf dem Weg ins Horchschapp war. Dort drehte der Funker das Peilrad und flüsterte Lehmann zu:

„Schraubengeräusche von fünf Fahrzeugen!“

„Schleichfahrt!“, befahl der Kommandant leise.

Lehmanns Gesicht war versteinert. Er wusste, dass die Gegner bereits ihre Wasserbomben klar gemacht hatten. Trotzdem ließ er die beiden druckfesten Kugelschotts, die das Boot in drei Sektoren teilten, schließen. Eine Verbindung unter den verschiedenen Abteilungen war nun nur noch über das Bordtelefon möglich. Das metallische Knacken beim Verriegeln fuhr der Besatzung in Mark und Bein. Ein Entkommen war jetzt nur noch den Männern im hinteren und im mittleren Teil – durch Kombüsen- und Zentraleluk – möglich. Die Besatzungsmitglieder im vorderen Sektor des Boots waren abgeschnitten.

Inzwischen waren die Schraubengeräusche der Bewacher schon mit bloßem Ohr zu hören. Dann stoppten die Turbinen urplötzlich. Sekundenlang herrschte Totenstille. Die Männer stierten aus aschgrauen Gesichtern ins Leere.

„Ping – Ping – Ping!“

„Asdic“, kommentierte der I WO überflüssigerweise. Der Ortungston schwoll an, wurde immer lauter. Dann klatschte es mehrmals auf der Wasseroberfläche. „Wasserbomben“, stöhnte der II. Wachoffizier Diether Wolffram, „jetzt haben sie uns am Haken.“

Panisch ließ der junge Zentralegast Günter Schmengler seinen Blick vom Kommandanten zum Leitenden Ingenieur und wieder zurück wandern.

Plötzlich krachte es gewaltig. Das Boot wurde wieder einmal hin und her geschüttelt, alles was nicht festgemacht war, fiel auf die Flurplatten. Aber das Boot hielt stand, sackte aber langsam tiefer. Bald würde es auf Grund treffen. Lehmann überlegte: Wenn er das Boot auf den Meeresboden legen würde, hätte er keine Möglichkeit mehr, die beiden Frachtschiffe vor dem Eintreffen in Murmansk abzufangen. Um U 997 tauchfähig zu halten, müsste er lenzen. Die Geräusche der Lenzpumpe würden wiederum das Boot an den Feind verraten.

Inzwischen kurvten die sowjetischen Schiffe an der Meeresoberfläche wild und unkoordiniert durcheinander, orteten hier und dann an einer anderen Stelle, warfen Serien von Wasserbomben, fuhren ein Stück und stoppten dann unvermittelt.

U 997 war aber zu keiner Zeit in Gefahr, alle Bomben detonierten viele Seemeilen entfernt. Den sowjetischen Kapitänen fehlte die Abgeklärtheit und die Routine für eine systematische U-Boot-Jagd, wie sie von den Briten in Perfektion beherrscht wurde.

Lehmann versuchte, mit kleinen Kursänderungen aus dem Ortungsbereich der Kriegsschiffe herauszukommen. Seine Bemühungen waren aber erfolglos. Ein Zerstörer rauschte heran, und kurz darauf brach über U 997 ein neues Wasserbombengewitter herein. Der Druckkörper des Boots knirschte und knackte bedenklich. Schon donnerte die nächste Wabo-Serie, diesmal aber weiter weg. Das Boot hatte wieder gehalten.

Lehmann hockte neben Funkgast Koller, stülpte sich hin und wieder selbst die Kopfhörer über die Ohren, um sich ein klares Bild zu verschaffen. Neben Koller stand der Funkmaat Wysgol und sah Lehmann geringschätzig an. Seiner Meinung nach hatte sie der Kommandant in diese Todesfalle gebracht. Er wäre schuld, wenn sie hier absaufen würden. Und das, obwohl der Krieg sowieso verloren war.

Obwohl die Ortungsgeräusche allmählich leiser wurden, detonierten die Wasserbomben immer noch gefährlich nahe am Boot. Lehmann gingen derweil die beiden Frachter nicht aus dem Kopf, er hatte noch nicht aufgegeben.

„Auf Sehrohrtiefe gehen!“

In der Zentrale schauten sich die Männer verwundert an. War ihr Kommandant jetzt endgültig verrückt geworden?

„Schotten öffnen“, befahl Lehmann als nächstes.

Der LI hatte das Boot inzwischen auf Sehrohrtiefe eingependelt. Schweigend beobachtete der Kommandant die Wasseroberfläche. Immer noch liefen dort Bewacher wild zackend durch die Gegend. In circa 5.000 Metern Entfernung entdeckte er dann die beiden Frachter. Sie liefen auf ihrem alten Kurs, waren immer noch in Reichweite von U 997. Lehmann witterte noch einmal die Chance zum Angriff.

„Wir attackieren die beiden Dampfer", befahl er schneidend.

Inmitten detonierender Wasserbomben näherte sich U 997 auf Sehrohrtiefe langsam den beiden Frachtschiffen, die auf beiden Seiten von je zwei Zerstörern bewacht wurden. Trotz der zahlreichen Verfolger steuerte der Kommandant stur auf Sehrohrtiefe, obwohl das Boot durch die Wasserbomben heftig schaukelte, sodass das Periskop mehr als einmal unterschnitt.

Allmählich kam U 997 in eine gute Schussposition. Lehmann betrachtete die beiden Frachter, auf beiden waren breite hölzerne Aufbauten zu sehen. Mühsam arbeitete sich das Boot weiter nach vorne. Minuten vergingen, niemand sagte ein Wort. Die Männer sahen sich verzweifelt an, konnten nicht glauben, was ihr Kommandant da vorhatte. Während rings um das Boot zahlreiche Wasserbomben detonierten und die Ortungsgeräusche wieder lauter geworden waren, steuerte Lehmann mit Seelenruhe den beiden Frachtern entgegen.

„Fahrzeuge zacken auf uns zu", flüsterte er, „Rohr I bis IV klarmachen zum Unterwasserschuss!"

Schnell wurden die Rohre bewässert und die Mündungsklappen geöffnet, die Torpedos waren klar zum Schuss.

„Hoffentlich laufen die Aale", dachte Lehmann und gab die Koordinaten des einen Schiffs in die Zentrale weiter.

Mitten in eine Detonation hinein kam die Meldung:

„Steht!"

Lehmann sah noch einmal durch das Periskop. Das Ziel stand ungefähr 3.000 Meter achtern querab und ahnte nichts davon, dass der Feind schon angelegt hatte.

Noch einmal korrigierte Lehmann die Gegnerwerte. In der Zentrale surrte die Kurbel des Vorhalterechners, und Bootsmaat Goldberg meldete.

„Steht!"

Dann ging es Schlag auf Schlag.

„Rohr I und III fertig!"

„Rohr I und III ist fertig!"

Die Zeit schien stillzustehen, dann bellte der Kommandant:

„Rohr I und III looos!"

Es war 08.42 Uhr, als der I. Wachoffizier Friederichs den Abzugshebel im Turm betätigte und die Torpedomechaniker im Bugraum auf die Handabfeuerung schlugen.

„Aale laufen", kam es kurz angebunden aus dem Torpedoraum.

Noch während die Geschosse ihr Ziel ansteuerten visierte Lehmann den zweiten Dampfer an. Um 08.50 Uhr gab er Feuerbefehl, aus den Rohren II und IV schossen zwei Torpedos in die Richtung des zweiten Ziels. Gleichzeitig ließ der Kommandant das Boot nach Osten abdrehen.

Durch das Sehrohr beobachtete er, wie ein Torpedo in den ersten Frachter einschlug. Das Schiff stoppte sofort und bekam Schlagseite nach Backbord. Am Heck wütete ein Brand, dessen Rauchwolken weit in den Himmel stiegen.

Zwischendrin schaute Lehmann immer wieder nach den Zerstörern. Drei von ihnen legten an der Backbordseite des getroffenen Dampfers an, wahrscheinlich um die Besatzung zu übernehmen. Zwei andere fuhren mit hoher Fahrt in die Richtung von U 997 und warfen zahlreiche Wasserbomben, allerdings so weit entfernt, dass dem Boot keine Gefahr drohte.

Dann war eine weitere Torpedodetonation zu hören.

„Treffer!", rief Lehmann triumphierend, der mit dem Sehrohr zusammengewachsen schien.

Der kleinere Frachter begann sofort mit dem Bug voraus zu sinken. Nur das Heck ragte noch aus dem Wasser. Mittlerweile waren die beiden Zerstörer, die U 997 schon ziemlich nahe gekommen waren, nach Südosten abgelaufen, wo sie weitere Wasserbomben warfen. Sie hatten das U-Boot ohne Zweifel verloren.

Lehmann befahl nun nordöstlichen Kurs, heraus aus der Höhle des Löwen. Nach einer Stunde war das Boot außer Reichweite der Zerstörer. Langsam kehrte wieder Leben in die Männer zurück. Innerhalb von knapp fünf Stunden hatte U 997 sieben Torpedos abgeschossen und in dieser Zeit 484 Wasserbomben abbekommen. Trotz der starken Abwehr war Lehmann fast die ganze Zeit stur auf Sehrohrtiefe geblieben.

Das erste Opfer des Kommandanten war der norwegische Frachter „Idefjord" mit 4.287 Bruttoregistertonnen. Er konnte schwer beschädigt nach Murmansk geschleppt werden, das zweite das sowjetische Handelsschiff „Onega" mit 1.603 Tonnen, bei dessen Untergang fünf Seeleute den Tod fanden. 37 Besatzungsmitglieder konnten gerettet werden.

U 997 machte weiter Jagd. Am 24. April 1945 war der Geleitzug JW.66 nur noch einen Tagesmarsch von Murmansk entfernt. Vorauseilende britische Jagdgruppen sollten angreifende deutsche U-Boote unter Wasser drücken. Am Vormittag entdeckte Lehmann in Höhe der Kolabucht eine englische Suchgruppe. Abermals gelang es ihm, auf Torpedoschussweite an die Geleitschiffe heranzukommen. Er feuerte kurz hintereinander einen T-V- und zwei LUT-Torpedos auf die Zerstörer. Zwar konnte er deutlich eine Detonation hören, allerdings nichts beobachten, weil das Boot vor einem angreifenden Fahrzeug tauchen musste. Er nahm aber an, einen Geleitzerstörer versenkt zu haben. Mit viel Glück und Können konnte sich U 997 nach einer Wasserbombenverfolgung aus den Fängen der U-Jäger befreien.

Da Lehmann nun auch den letzten Torpedo verschossen hatte, befahl er den Rückmarsch. Der Geleitzug JW.66 lief derweil am 25. April 1945 ungeschoren in der Kolabucht ein. U 997 erreichte am 28. April 1945 über Tromsø und Lødingen Narvik. Das Boot war nach seinen sieben Feindfahrten insgesamt 167 Tage auf See gewesen.

Die letzte Geleitzugschlacht im Nordmeer fand ohne Lehmann und seine Männer statt. Beim Angriff auf den Rückkonvoi RA.66 am 29. und 30. April gingen nochmals zwei U-Boote, U 286 (Dietrich) und U 307 (Krüger), verloren. U 968 (Westphalen) versenkte den Geleitzerstörer „Goodall". U 427 (v. Gudenus) beschoss die kanadischen Zerstörer „Haida" und „Iroquois", verfehlte sie aber und musste danach eine schwere Wasserbombenverfolgung über sich ergehen lassen. 678 Bomben richteten das Boot so übel zu, dass es tauchunklar war. Trotzdem konnte es seinen Verfolgern entkommen und sich am 2. Mai 1945 in den sicheren Hafen von Harstad flüchten. Nachdem die übrigen Boote der Gruppe Faust nicht mehr an den Konvoi herangekommen waren, brach der F.d.U. Nordmeer die Operation ab und holte die Boote nach Harstad und Narvik zurück.

Die Besatzung von U 997 war in den Tagen nach dem Einlaufen mit den Nerven völlig am Ende, vor allem die Jüngeren zitterten wie Greise. Fast 600 Wasserbomben waren auf das Boot abgeworfen worden, dazu kamen noch die schlimmen Nachrichten aus der Heimat.

Der Flottillenchef der 14. U-Flottille, Korvettenkapitän Helmut Möhlmann, zeichnete alle schon länger an Bord befindlichen Besatzungsmitglieder mit dem Eisernen Kreuz 1. Klasse aus, ebenso wie zwei neu an Bord gekommene, Bootsmaat Wolters und Mechanikerobermaat Schallenberg. Die übrigen Männer, denen bisher das Eiserne Kreuz 2. Klasse noch nicht verliehen worden war, erhielten es jetzt.

Als Hans Lehmann dem F.d.U. Nordmeer von der Versenkung eines Zerstörers, eines Bewachers, eines Geleitzerstörers und von zwei Frachtern berichtete, war dieser so beeindruckt, dass er ihn am 29. April 1945 beim Oberkommando der Marine und beim Kommandierenden Admiral der Unterseeboote für das Ritterkreuz vorschlug. Die Verleihung wurde noch am 7. Mai 1945 genehmigt.

Einen Tag später war der Zweite Weltkrieg vorbei. Deutschland hatte den Krieg verloren. Millionen Opfer waren zu beklagen und unzählige Menschen hatten ihre Heimat verloren.

Kapitel 9: Das Ende von U 997

U 997 war mittlerweile in den Skjomenfjord verlegt worden. Am 16. Mai 1945 bekam die 9. Escort-Group der Alliierten einen Spezialauftrag. Die fünf kanadischen Fregatten sollten die an diesem Tag in Narvik ausgelaufenen und auf dem Marsch vom Vestfjord nach Trondheim befindlichen deutschen Nordmeer-U-Boote noch auf See anhalten und im Geleit bis zum 19. Mai 1945 nach Loch Eriboll bringen. Die U-Boot-Gruppe bestand aus U 294 (Schütt), U 318 (Will), U 427 (v. Gudenus) und U 997 (Lehmann) von der 14. U-Flottille sowie U 278 (Franze), U 295 (Wieboldt), U 312 (v. Gaza), U 313 (Schweiger), U 363 (Nees), U 668 (von Eickstedt), U 968 (Westphalen), U 992 (Falke) von der 13. U-Flottille, dazu kamen noch U 481 (Andersen), U 1165 (Homann) und U 716 (Thimme). Für die Überfahrt kamen kanadische Prisenkommandos an Bord der U-Boote.

Schon am 20. Mai 1945 lief U 997 wieder von Loch Eriboll aus und erreichte zwei Tage später nach einem Zwischenstopp in Loch Alsh Lisahally (Londonderry) in Nordirland. Von dort ging der größte Teil der Besatzung in die Gefangenschaft. Nur der Leitende Ingenieur Ulrich Sadewasser, der E-Obermaschinist Jimmy Barkowski, der Dieselobermaschinist Walter Tegtmeier und der I. Wachoffizier von U 294, Oberleutnant zur See der Reserve Wilhelm Uhle, blieben mit 15 Maschinenleuten zurück. Sie waren für die Wartung von fünf U-Booten zuständig, darunter auch U 997. Insgesamt lagen in Lisahally etwa 40 deutsche U-Boote.

Gut vier Wochen später kamen plötzlich britische Seeleute an Bord, die zusammen mit den deutschen U 997 und vier andere Boote in die Bucht von Stranraer bei Loch Ryan verlegten, das am 23. Juni 1945 erreicht wurde. Bis Anfang Dezember 1945 blieben die Deutschen auf ihren Booten, dann wurden auch sie auf verschiedene Gefangenenlager verteilt.

Inzwischen hatten die Briten beschlossen, im Rahmen der Operation „Deadlight“ den größten Teil der deutschen U-Boote etwa 100 Seemeilen nordwestlich von Irland zu versenken. Ab 14. November 1945 wurden die 86 in Loch Ryan liegenden U-Boote zur Versenkung vorbereitet. Am 25. November 1945 begann die Operation „Deadlight“. Die U-Boote traten in kleinen Gruppen von vier bis sechs Booten ihre letzte Fahrt an.

U 997 war am 9. Dezember 1945 an der Reihe, zusammen mit U 716, U 978, U 991 und U 1163. Das Boot wurde von der H.M.S. „Bustler“ auf eine Position im Planquadrat AM 5169 geschleppt und am 11. Dezember 1945, um 12.15 Uhr durch „Mosquito“-Flugzeuge der 248. Squadron der Royal Air Force mit Raketen versenkt. Das war das Ende von U 997 nach über zweijähriger Dienstzeit. Die Besatzungsmitglieder des Bootes hatten mehr Glück. Sie gehörten nicht zu den fast

30.000 U-Boot-Männern, die während des Zweiten Weltkriegs auf den Weltmeeren den Tod fanden. Nach meist zwei- bis dreijähriger Gefangenschaft kamen sie in ihre zerstörte Heimat zurück und arbeiteten daran mit, ein freies und friedliches Deutschland aufzubauen.

Anlagen

Anlage 1: Personalien, Urkunden und Fotos von Besatzungsmitgliedern von U 380

Hans Lehmann

Geboren wurde Hans Lehmann während des Ersten Weltkriegs, am 24. September 1915 in Brunsbüttelkoog bei Heide in Holstein. Sein Vater Heinrich Lehmann und seine Mutter Anna geborene Scheln zogen mit dem jungen Hans später nach Hamburg um, wo der Vater als Schiffseigner tätig wurde.

Im Elternhaus erlebte Hans eine sorgenfreie Kindheit, die aber auch von Strenge und Disziplin geprägt war. Die Lehmanns gehörten dem evangelisch-lutherischen Glauben an, den sie in tiefer Religiosität lebten.

Hans besuchte ab 1922 vier Jahre die Volksschule, danach fünf Jahre die Oberrealschule in der Osterbeckstraße in Hamburg bis zur Obertertia.

Schon immer war es sein Traum, eines Tages auf einem Handels- oder Kriegsschiff zur See zu fahren. Deshalb absolvierte er drei Semester an der Navigationsschule in Hamburg, wo er am 9. April 1938 die Befähigung zum Seesteuermann auf großer Fahrt (A5) erwarb.

Zugleich lernte er dort Englisch und Spanisch.

Am 1. November 1938 trat Hans Lehmann als Rekrut in die Kriegsmarine ein.

01.11.1938 – 04.04.1939	Rekrut bei der 1. (schweren) Artilleriebatterie/1. Marine-Artillerieabteilung
07.12.1938	Vereidigung
05.04.1939 – 01.12.1939	Koppelgast auf dem Minensuchboot „M-3"/1. Minensuchflottille. Während des Polenfeldzuges war die Flottille an der Einnahme von Oxhöft und Hela beteiligt
02.12.1939 – 01.02.1940	Ausbildung zum Maat bei der 5. Kompanie/ 1. Marineunteroffizierslehrabteilung in Friedrichsort
02.02.1940 – 31.03.1940	Korporal auf dem Schweren Kreuzer „Admiral Hipper". Da Hans Lehmann die Besetzung von Trondheim am 10. April 1940 an Bord der „Admiral Hipper" miterlebte, muss seine Versetzung erst später erfolgt sein
01.04.1940 – 14.07.1940	Lehrgang bei der 5. Kompanie/1. Marineunteroffizierslehrabteilung in Friedrichsort. Hans Lehmann schlug nun die Reserveoffizierslaufbahn ein

15.07.1940 – 02.11.1941	Kommandant des Vorpostenboots „VP-402"/4. Vorpostenbootflottille. Der Einsatzraum der 4. Vorpostenbootflottille erstreckte sich von der Nordsee bis zum Ärmelkanal, also an der norwegischen, dänischen, holländischen, belgischen und französischen Küste
03.11.1941 – 29.11.1941	Artillerieoffizierslehrgang an der Schiffsartillerieschule Kiel-Wik
30.11.1941 – 05.07.1942	Kommandant des Vorpostenboots „VP-407"/4. Vorpostenbootflottille
06.07.1942 – 29.08.1942	U-Lehrgang bei der 2. U-Boot-Lehrdivision (U.L.D.) in Gotenhafen
30.08.1942 – 15.06.1943	diverse U-Boot-Lehrgänge, ab Ende März 1943 als zusätzlicher Wachoffizier auf U 359 (Kommandant Heinz Förster) bei der 7. U-Flottille in St. Nazaire/Frankreich, dabei:
19.04.1943 – 20.05.1943	Feindfahrt im Nordatlantik

Anschließend wurde Hans Lehmann I. Wachoffizier auf U 454 (Kommandant Burkhard Hackländer), ebenfalls bei der 7. U-Flottille. Wenige Tage nach seinem Dienstantritt auf U 454 wurde Lehmann überraschend nach Memel kommandiert.

16.06.1943 – 26.07.1943	Kommandanten-Schießlehrgang bei der 24. U-Flottille in Memel (50. Kommandanten-Schießlehrgang)
27.07.1943 – 22.09.1943	Baubelehrung bei der 1. Kompanie/8. Kriegsschiffbau-Lehrabteilung (K.L.A.) in Hamburg für U 997
23.09.1943 – 30.04.1944	Kommandant von U 997/5. U-Flottille in Kiel
01.05.1944 – 31.05.1944	Kommandant von U 997/9. U-Flottille in Brest
01.06.1944 – 03.1945	Kommandant von U 997/13. U-Flottille in Trondheim
03.1945 – 08.05.1945	Kommandant von U 997/14. U-Flottille in Narvik
16.05.1945 – 21.05.1945	Überführung von U 997 von Narvik aus über Loch Eriboll nach Lisahally in Nordirland
22.05.1945 – 1947	britische Kriegsgefangenschaft

Hans Lehmann war es gelungen, die Kriegsflagge seines Bootes, den Kommandanten- und die Versenkungswimpel zu retten. Er brachte sie schon vor Kriegsende nach Hause.

Nach der Gefangenschaft gründete Hans Lehmann eine kleine Reederei und führte sie bis 1975. In diesem Jahr trat er in den Ruhestand und verkaufte seine drei Schiffe nach Saudi-Arabien. Nun erfüllte er sich einen Jugendtraum und machte den

Hans Lehmann als Leutnant zur See der Reserve im Jahre 1941.

Hans Lehmann als Oberleutnant zur See der Reserve im April 1945 mit „EK 2", „EK 1", „Deutschem Kreuz in Gold" und „U-Boots-Frontspange in Silber".

Hans Lehmann im Jahre 1938 bei seiner Einstellung in die Kriegsmarine.

Hans Lehmann im Jahre 1979 bei einem Treffen der U-Boot-Kameradschaft von U 997.

MKYU 54319

Geheim!

Marinenachrichtendienst

Eingegangen	Weiter an	Tag	Uhrzeit	Rolle	durch
26/9 1240				U 997	
von MBZ durch [illegible]					
Verzögerungsvermerk					

Fernschreiben von +LT MBUZ 22219 26/9 1200=

5 UFL FUER OBLT Z S D R LEHMANN=

--GEHEIM-- ZUR INDIENSTSTELLUNG HERZLICHEN GLUECKWUNSCH.

GUTE FAHRT UND VOLLEN ERFOLG=

OB D M UND BDU+

Glückwunsch-Fernschreiben an Hans Lehmann vom Oberbefehlshaber der Marine und Befehlshaber der Unterseeboote, Großadmiral Karl Dönitz, zur Indienststellung von U 997.

Der Grabstein von Hans Lehmann in Maschen bei Hamburg.

VERLEIHUNGS-URKUNDE

Auf Grund der Ermächtigung des Oberbefehlshabers der Kriegsmarine verleihe ich dem

Oberleutnant zus See

H a n s L e h m a n n

die

U-Boots-Frontspange

in Bronze

An Bord, den 10. Nov. 1944

Fregattenkapitän und Chef
13. Unterseebootsflottille

Verleihungsurkunde zur „U-Boots-Frontspange in Bronze" vom 10. November 1944 an Hans Lehmann.

IM NAMEN DES FÜHRERS

VERLEIHE ICH

DEM

Oberleutnant zur See d.R.

Hans L e h m a n n

DAS DEUTSCHE KREUZ
IN GOLD

BERLIN, DEN 28.Dezember 1944.

DER OBERBEFEHLSHABER
DER KRIEGSMARINE

Großadmiral.

Verleihungsurkunde zum „Deutsches Kreuz in Gold" an Hans Lehmann vom 28. Dezember 1944.

VERLEIHUNGS-URKUNDE

Auf Grund der Ermächtigung des Oberbefehlshabers der Kriegsmarine verleihe ich dem

Oberleutnant zur See

Hans Lehmann

die

U-Boots-Frontspange

in Silber

An Bord, den 12. April 1945

Fregattenkapitän
und
Führer der Unterseeboote Nordmeer

Verleihungsurkunde zur „U-Boots-Frontspange in Silber“ an Hans Lehmann vom 12. April 1945.

Marinenachrichtendienst

Eingegangen	Weiter an	Tag	Uhrzeit	Rolle	durch
29/4	MNNV	TM2	[illegible]	[illegible]	[illegible]
von durch					
Verzögerungsvermerk					

Fernschreiben von

Vi.

1. Fs. SSD OKM, 2. SKL. FdU ...
SSD Kom. Adm. U-Boote. Mit Af! Tm 2.

Rot/Geheim! Verschlüsseln! Oberlt. z. S. d. R. Hans Lehmann, Kdt. U 997 im 13. U. Fl., geb. 24.9.15 in Brunsbüttelkoog, wird zur Verleihung Ritterkreuz zum EK vorgeschlagen. Anschr. Ehefrau: Anna Lehmann, (24) Hamburg 33, Alte-Wöhr. Siedlung 33.
KS-Abz. 1940, Flottenkriegsabz. 17.6.42, U-K 27.5.43, Silb. Ubootsfrontsp., EK I: 27.5.42., dt. Kr. i. G.: 28.12.44.
Keine Partei- oder HJ-Zugehörigkeit.
Der im Nordmeer auf 7 Feindfahrten mit 169 Seetagen bewährte Kdt. hat auf letzter Unternehmung Kaltblütigkeit, Schneid und Angriffswillen in bisher nicht gekannter Form bewiesen. Im Kampf gegen einen durch 10 Sicherungszerstörer schwer gesicherten Geleitzug, versenkte er, obwohl auf Sehrohrtiefe mehrfach von Zerstörern abgelaufen und während des Angriffs mit flach eingestellten Wabos bekämpft, beide Dampfer (7000 u. 3000 BRT) des Geleits.
In einzigartiger Überlegenheit und Kühnheit hat L. während des Angriffs zahlreiche Bombenwerfende Sicherungsfahrzeuge und Flugzeuge im Auge behalten und ist durch blitzartiges Ausnutzen der Rammposition zweier Zerstörer der durch Herauskommen des Bootes entstandenen Vernichtungsgefahr entgangen.
Trotz 484 Wabos innerhalb von 5 Stunden hat L. die nun innerhalb der übriggebliebenen Sicherungsfahrzeuge entstandene Verwirrung genutzt und noch einen Zerstörer versenkt, später noch einen wahrscheinlich versenkt und noch einen möglichen Treffer auf einen Zerstörer erzielt.
Damit erhöhen sich Versenkungserfolge L. im Kampf gegen PQ- und QP-Geleite auf: 10000 BRT und 5 Zerstörer versenkt, 2 Zerstörer wahrscheinlich versenkt u. d. 1 Zerstörer u. 1 Fregatte torpediert.
L., der bereits auf vorletzter Unternehmung bei einer besonders harten Waboverfolgung vor Murmansk Standfestigkeit und Zähigkeit bewies, wird als vorbildlicher nat.-soz. Kämpfer und Offizier angesehen.

FdU-Nordmeer G. [illegible] ... 72. [illegible]

2. Wv. mit Antwort. [illegible]

Verleihungsvorschlag zum Ritterkreuz des Eisernen Kreuzes an Hans Lehmann vom 29. April 1945, eingereicht durch den F.d.U. Nordmeer, Fregattenkapitän Reinhard Suhren.

Nach einem arbeitsreichen und erfüllten Leben starb heute,

für uns alle viel zu früh, mein geliebter Mann

Hans Lehmann

im Alter von 66 Jahren.

Im Namen aller Angehörigen

Edith Lehmann

Föhrenweg 12

2105 Seevetal 3 - Maschen, den 25. November 1981

Trauerfeier am Donnerstag, dem 3. Dezember 1981, um 14 Uhr
in der Friedhofskapelle des Waldfriedhofes in Maschen

Todesanzeige
von Hans Lehmann.

Pilotenschein (PPL). Dann kaufte er sich eine „Cessna 172", mit der er noch gut drei Jahre Flüge, zumeist über Norddeutschland unternahm. Ende 1978 begann Hans Lehmann noch einmal von vorne. Er verkaufte seine kleine Motoryacht „Dunja" und schließlich im Februar 1979 auch die „Cessna". Noch im gleichen Jahr baute er in Maschen bei Hamburg ein neues Haus, in das die Familie kurz vor Weihnachten 1979 einzog. Lange konnte sich Hans Lehmann nicht über sein neues Eigenheim freuen. Am 25. November 1981 erlitt er in Maschen einen Herzinfarkt, an dem er verstarb.

Beförderungen:

01.10.1939	Matrosengefreiter
02.02.1940	Bootsmannsmaat (überzählig)
01.07.1940	Bootsmannsmaat der Reserve
28.02.1941	Bootsmann der Reserve
28.03.1941	Leutnant zur See der Reserve mit Rangdienstalter vom 01.04.1941
17.03.1943	Oberleutnant zur See der Reserve mit Wirkung vom 01.04.1943 und Rangdienstalter vom 01.04.1943

Orden und Ehrenzeichen:

1940	Eisernes Kreuz 2. Klasse
1940	Kriegsabzeichen für Minensuch-, U-Jagd- und Sicherungsverbände
27.05.1942	Eisernes Kreuz 1. Klasse
17.06.1942	Flotten-Kriegsabzeichen
27.05.1943	U-Boot-Kriegsabzeichen
10.11.1944	U-Boot-Frontspange in Bronze
28.12.1944	Deutsches Kreuz in Gold
12.04.1945	U-Boot-Frontspange in Silber
07.05.1945	Ritterkreuz zum Eisernen Kreuz

Klaus-Ulrich Sadewasser

Klaus-Ulrich Sadewasser wurde am 29. April 1922 in Villarrica in Paraguay geboren, wohin seine Eltern nach Ende des Ersten Weltkriegs ausgewandert waren. Kurz nach Klaus-Ulrichs Geburt zog die Familie nach Asunción um, wo Ulli acht Jahre lang die Deutsche Schule besuchte. Im letzten Schuljahr wurde der Unterricht ausschließlich auf Spanisch gehalten. Weil er unbedingt eine deutschsprachige Schule besuchen wollte, verließ Ulli Paraguay und zog in das Land seiner Eltern. Im August 1936 trat er zuerst in die Aufbauschule, später in das Athenäum in Stade (Niederelbe) ein. Während seiner gesamten Schulzeit in Deutschland lebte er allein, seine Eltern waren in Paraguay geblieben.

Wegen seines guten Reifezeugnisses und seines technischen Talents wurde Ulrich Sadewasser im Dezember 1940 zur Kriegsmarine einberufen. Am 3. Januar 1941 wurde er Ingenieuroffiziersanwärter bei der Crew I/41. Nach dreimonatiger Rekrutenzeit bei der 2. Kompanie der 7. Schiffsstammabteilung auf der Insel Dänholm bei Stralsund folgte der erste Werkstättenlehrgang an der Marineschule Flensburg-Mürwik. Die Ingenieurschüler waren in diesen zwei Monaten auf dem Kasernenschiff der Marineschule, der „Caribia", einquartiert. Anschließend wurde Ulrich Sadewasser zur viermonatigen Bordausbildung auf das Schlachtschiff „Tirpitz" kommandiert.

Vom 1. Oktober 1941 bis 14. Februar 1942 nahm Sadewasser am Hauptlehrgang für Fähnriche in der 1. Kompanie an der Marineschule Flensburg-Mürwik teil, dann folgte der zweite Werkstättenlehrgang. Mitte April 1942 wurde er zur 8. Minensuchflottille in die Biscaya versetzt, wo er auf dem Minensuchboot „M-26" Dienst tat.

Ab 1. Juli 1941 wurde Sadewasser der U-Boot-Waffe zugeteilt. Zunächst absolvierte er einen zweimonatigen Lehrgang bei der 1. U-Boot-Lehrdivision (U.L.D.) in Pillau. Von September 1942 bis zum Jahresende kam er an die Marineschule Kiel, wo er die theoretischen Grundlagen der U-Boot-Antriebe erlernte. Anfang 1943 wurde er erneut nach Pillau zur 1. U.L.D. kommandiert, bei der er praxisnahe Schulungen an Bord absolvierte. Im Anschluss daran ging es nach Hela zur Agru-Front. Die jungen LI-Schüler fuhren hier auf den neuesten U-Booten und übten die Behebung von Ausfällen unter Wasser. Sie sollten alle notwendigen Maßnahmen lernen, um ein U-Boot auch in den kritischsten Situationen halten zu können. Diese drei Wochen im Frühsommer 1943 erlebte Ulli Sadewasser als intensivste Zeit seiner Ausbildung.

Mitte Juni 1943 endete die Ausbildung. Am 1. Juli 1943 wurde er nach Hamburg zur 8. Kriegsschiffbau-Lehrabteilung (K.L.A.) zur Baubelehrung von U 997 bei Blohm & Voss versetzt, gleichzeitig wurde er zum Leutnant (Ing.) befördert. Die für Anfang September 1943 vorgesehene Indienststellung von U 997 verzögerte sich wegen der verheerenden alliierten Luftangriffe auf Hamburg Ende Juli 1943, unter denen auch die Werft zu leiden hatte. Sadewasser selbst verlor bei einem derartigen Angriff

Klaus-Ulrich Sadewasser, Leitender Ingenieur von U 997, während der Indienststellung des Bootes am 23. September 1943.

alle Habseligkeiten, ihm blieb buchstäblich nur noch die Kleidung am Leib. Am 23. September 1943 wurde U 997 dann endlich in Dienst gestellt. Mit diesem Boot absolvierte Klaus-Ulrich Sadewasser bis zum Kriegsende sieben Unternehmungen im Eismeer. Kurz vor Kriegsende wurde er noch mit dem Deutschen Kreuz in Gold ausgezeichnet Die Kriegsgefangenschaft führte Sadewasser über Lisahally und Loch Ryan in Lager 17, Sheffield, Lager 18, Featherstone Park und Lager 365, Watten. Letzteres lag im äußersten Norden Schottlands. Im Oktober 1947 wurde er aus der Gefangenschaft entlassen und gelangte über ein Zwischenlager in Südengland nach Munsterlager in Deutschland. Von dort aus ging es weiter nach Neuengamme, wo die britische Marine U-Boot-Kommandanten und Leitende Ingenieure, die Kriegsverbrechen verdächtigt waren, internierte. Noch einmal wurden die Offiziere drei Wochen lang vom Naval Review Board verhört. Erst Mitte November 1947 wurde Ulrich Sadewasser als „Militarist der Gruppe III“ entlassen.

Nach der Gefangenschaft arbeitete er als Hilfsarbeiter, als Dreher und als Schweißer in Göttingen. Im Jahr 1950 kehrte er Deutschland den Rücken und wanderte nach Südamerika aus, wo er in verschiedenen kaufmännischen und technischen Berufen in Asunción/Paraguay und Buenos Aires/Argentinien tätig war. Im November 1953 wurde er Betriebsingenieur bei BAMA International in Montevideo/Uruguay, wo er heute noch als Pensionist lebt.

Beförderungen:

01.06.1941	Kadett
01.12.1941	Fähnrich (Ing.)
1943	Oberfähnrich (Ing.)
01.07.1943	Leutnant (Ing.)
01.01.1945	Oberleutnant (Ing.)

Orden und Ehrenzeichen:

Flotten-Kriegsabzeichen
Kriegsabzeichen für Minensuch-, U-Jagd- und Sicherungsverbände
Eisernes Kreuz 2. Klasse
Eisernes Kreuz 1. Klasse
U-Boot-Kriegsabzeichen 1939
U-Boot-Frontspange in Bronze
U-Boot-Frontspange in Silber
Deutsches Kreuz in Gold (08.06.1945)

Gerhard Nösel war I. Wachoffizier auf U 997
vom 23. September 1943 bis Anfang Oktober 1944.

Walter-Erich Friederichs fuhr vom 23. September 1943 bis Anfang Oktober 1944 als 2. Wachoffizier und ab Oktober 1944 bis Kriegsende dann als 1. Wachoffizier auf U 997.

Diether Wolffram

* 06.05.1923 in Erfurt

01.05.1941	Eintritt in die Kriegsmarine als Seeoffiziersanwärter (Crew V/41)
01.05.1941 – 31.07.1941	Infanterieausbildung bei der 1. Kompanie/7. Schiffsstammabteilung in Stralsund
01.08.1941 – 15.10.1941	Bordausbildung auf dem Sperrbrecher „Lüneburg" bei der 6. Sperrbrecherflottille in Concarneau
16.10.1941 – 02.02.1942	Bordausbildung auf einem Minensuchboot der 4. Minensuchflottille in Ost- und Nordsee
03.02.1942 – 31.07.1942	Hauptlehrgang für Fähnriche bei der 3. Kompanie/ Marineschule Flensburg-Mürwik
01.08.1942 – 04.01.1943	Bordausbildung auf dem Minensuchboot „M-301" im Nordmeer, mehrere Fahrten im Eismeer als Sicherungsboot für die nach Petsamo gehenden Geleite. Die Einfahrt des Fjords nach Petsamo lag ständig unter Beschuss sowjetischer Küstenbatterien.
05.01.1943 – 22.05.1943	zur Verfügung bei der 29. U-Flottille, La Spezia, auf U 380 kommandiert, dabei:
01.02.1943 – 06.02.1943	Fahrt nach Messina und zurück nach La Spezia. Abbruch der Unternehmung wegen Beschädigungen durch Bombenangriff. Fortsetzung der Feindfahrt vom
10.03.1943 – 05.04.1943	im westlichen Mittelmeer vor der algerischen Küste
23.05.1943 – 03.07.1943	Zugführerlehrgang in Neustadt in Holstein
04.07.1943 – 28.08.1943	U-Ausbildung bei der 2. U-Boot-Lehrdivision (U.L.D.), Gotenhafen
29.08.1943 – 23.10.1943	U.W.O-Torpedolehrgang an der Torpedoschule Flensburg-Mürwik
24.10.1943 – 27.11.1943	U.W.O.-Nachrichtenlehrgang an der Nachrichtenschule Flensburg-Mürwik
28.11.1943 – 27.12.1943	Flak-Lehrgang an der Flak-Schule Swinemünde
28.12.1943 – 08.1944	Wachoffizier bei der 24. U-Flottille, Memel
08.1944 – 10.1944	zur 13. U-Flottille nach Trondheim kommandiert. Hier war Diether Wolffram mehrere Wochen mit der Abwicklung versenkter deutscher U-Boote, die der 13. U-Flottille angehörten, beauftragt
10.1944 – 03.1945	II. Wachoffizier auf U 997/13. U-Flottille, Trondheim

*Diether Wolffram gehörte der Crew V/41 an.
Die Aufnahme entstand im Sommer 1941.*

*Diether Wolffram wurde Anfang Oktober 1944
II. Wachoffizier von U 997.*

*Diether Wolffram als Leutnant zur See
und II. Wachoffizier von U 997.*

Diether Wolffram im Jahre 1941
als Seekadett.

03.1945 – 16.05.1945	II. Wachoffizier auf U 997/14. U-Flottille, Narvik
17.05.1945 – 07.1947	Britische Kriegsgefangenschaft, unter anderem in Camp 17, Sheffield und Camp 9, Lodgemoore
07.1947	Entlassung aus der Kriegsgefangenschaft über die deutschen Entlassungslager Munsterlager und Bad Kreuznach
07.1947 – 04.1949	Ausbildung in einer pharmazeutischen Großhandlung
04.1949 – 05.1952	Lehre zum Industriekaufmann bei der Firma Bayer, Leverkusen
05.1952 – 15.10.1956	Korrespondent im Bayer-Pharma-Büro, Bremen
16.10.1956	Eintritt in die Bundeswehr
16.10.1956 – 13.02.1959	Kommandant von „H-15“ im Hafenschutzgeschwader, Neustadt/Holstein
14.02.1959 – 31.07.1959	Kommandant des Schnellboots „UW-10“ an der Unterwasserwaffenschule
01.08.1959 – 09.11.1959	Ausbildung zum Schnellboot-Kommandanten beim 1. Schnellboot-Geschwader, Kiel
10.11.1959 – 01.05.1962	Kommandant des Schnellboots „Kranich“ beim 5. Schnellboot-Geschwader, Neustadt/Holstein
02.05.1962 – 31.03.1964	A 1/1 beim Kommando Flotte
01.04.1964 – 01.10.1965	Stabsoffizier (S 1) an der Marineschule Flensburg-Mürwik
02.10.1965 – 31.03.1973	Personal-Stabsoffizier beim Personalstammamt, Köln
01.04.1973 – 30.09.1975	Hilfsreferent Fü M I/1 im Bundesministerium für Verteidigung
01.10.1975 – 30.09.1980	Stabsoffizier im Personalstammamt der Bundeswehr
01.10.1980	Ruhestand

Unternehmungen auf U-Booten während des II. Weltkrieges:

01.02.1943 – 06.02.1943	auf U 380 als Fähnrich zur See (Abbruch der vierten Feindfahrt von U 380)
10.03.1943 – 05.04.1943	auf U 380 als Fähnrich zur See (Fortsetzung der vierten Feindfahrt von U 380)
08.10.1944 – 09.11.1944	II. Wachoffizier auf U 997 im Eismeer vor der Bäreninsel und Murmansk
21.11.1944 – 26.12.1944	II. Wachoffizier auf U 997 im Eismeer und Weißen Meer

12.03.1945 – 24.03.1945	II. Wachoffizier auf U 997 im Nordmeer vor der Bäreninsel
19.04.1945 – 30.04.1945	II. Wachoffizier auf U 997 im Eismeer vor der Kolaküste

Beförderungen:

01.10.1941	Seekadett (Ernennung)
31.07.1942	Fähnrich zur See
01.05.1943	Oberfähnrich zur See
01.11.1943	Leutnant zur See
01.04.1945	Oberleutnant zur See
01.02.1957	Kapitänleutnant
01.05.1962	Korvettenkapitän
01.10.1968	Fregattenkapitän

Orden und Ehrenzeichen:

19.10.1941	Kriegsabzeichen für Minensuch-, U-Jagd- und Sicherungsverbände
01.10.1944	U-Boot-Kriegsabzeichen 1939
10.11.1944	Eisernes Kreuz 2. Klasse
26.12.1944	U-Boot-Frontspange in Bronze
24.03.1945	Eisernes Kreuz 1. Klasse
04.1945	U-Boot-Frontspange in Silber

Ingolf Windschügl war während der Ausbildung in der Ostsee von Oktober 1943 bis Anfang März 1944 als zusätzlicher Wachoffizier an Bord von U 997. Er fiel am 5. Juli 1944 als I. Wachoffizier von U 390 in der Seine-Mündung, als das Boot von dem britischen Zerstörer „Wanderer" und der Fregatte „Tavy" mit „Hedgehog"-Wasserbomben versenkt wurde.

Norbert Köhler

Geboren wurde Norbert Köhler am 13. Februar 1923 in Lübben/Spreewald, etwa 80 Kilometer von Berlin entfernt, als zweiter von drei Söhnen des Braumeisters und Brauereibesitzers Max Köhler und seiner Ehefrau Gabriele geborene Reisse, im Hause der Feldschlossbrauerei. Er verlor seine Eltern und den Brauereibetrieb 1945 bei den Kämpfen vor und um Berlin.

17.04.1941	Reifezeugnis der Staatlichen Paul-Gerhardt-Schule in Lübben
01.05.1941	Eintritt in die Kriegsmarine als Seeoffiziersanwärter (Crew V/41)
01.05.1941 – 31.07.1941	Rekrutenausbildung in der 1. Kompanie (9. Gruppe)/ 7. Schiffsstammabteilung auf der Insel Dänholm bei Stralsund
01.08.1941 – 02.02.1942	Bordausbildung bei der 34. Minensuchflottille in Den Helder und der 3. Minensuchflottille in Tromsø
03.02.1942 – 31.07.1942	Hauptlehrgang für Fähnriche an der Marineschule Flensburg-Mürwik, anschließend U-Boot-Ausbildung
01.08.1942 – 08.1943	Wachoffiziersschüler, als Fähnrich und Oberfähnrich auf U 180 (Musenberg)/4. und 12. U-Flottille, dabei:
09.02.1943 – 03.07.1943	Feindfahrt mit U 180, von Kiel aus in den Südatlantik und Indischen Ozean. Operationen vor Südafrika und Mauritius, Einlaufhafen: Bordeaux
08.1943 – 01.1944	diverse U-Boot-Lehrgänge und Wachoffiziersausbildung
01.1944 – 04.1944	zusätzlicher Wachoffizier auf U 997/5. U-Flottille
04.1944 – 18.07.1944	Baubelehrung bei der 8. Kriegsschiffbau-Lehrabteilung (K.L.A.), Hamburg
07.1944 – 03.1945	I. Wachoffizier auf U 2502/31. U-Flottille
03.1945 – Kriegsende	als I. Wachoffizier auf U 2502/11. U-Flottille
06.1945 – 1946	Kriegsgefangenschaft

Stationen nach dem Kriege:

1946 – 1947	Brauerlehrling
1947 – 1949	Brauergeselle
1949 – 1951	Studium Brauwesen
1951 – 1956	Betriebskontrolleur und Brauführer

Leutnant zur See Norbert Köhler fuhr von Januar 1944 bis April 1944 als Wachoffiziersschüler auf U 997.

ab 1956	Braumeister und technischer Leiter der Bavaria- und St. Pauli-Brauerei in Harburg

Beförderungen:

01.10.1941	Seekadett
31.07.1942	Fähnrich zur See
01.05.1943	Oberfähnrich zur See
01.11.1943	Leutnant zur See
01.04.1945	Oberleutnant zur See

Orden und Ehrenzeichen:

Kriegsabzeichen für Minensuch-, U-Jagd- und Sicherungsfahrzeuge
Eisernes Kreuz 2. Klasse
U-Boot-Kriegsabzeichen 1939

Leutnant (Ing.) Albert Wieduwilt, geboren am 29. Oktober 1921, verstorben am 11. März 1993, war von März 1945 bis Kriegsende als Wachingenieur (WI) an Bord von U 997.

Herbert Kistenmacher

Geboren wurde Herbert Kistenmacher am 23. Oktober 1921 in Grammentin bei Demmin/Vorpommern.

Am 1. April 1940 trat er in die Kriegsmarine ein und kam zunächst an die Marineschule Glücksburg. Nach der Rekrutenzeit und einer technischen Ausbildung führte in sein erstes Kommando an eine holländische Werft nach Amsterdam, wo die Übernahme von Minensuchbooten zur Aufstellung der 36. Minensuchflottille vorbereitet wurde. Herbert Kistenmacher kam auf das Minensuchboot „RH-4". Nach der Übernahme ging es nach Oostende, dem Stützpunkt der 36. Minensuchflottille. Das Quartier der Besatzungen lag in Coq sur Mer. Von hier aus liefen die Schiffe täglich zum Einsatz in den Ärmelkanal aus, um Minen zu räumen. Kistenmacher war auf „RH-4" Heizer.

Ende 1940 wurde er nach Glückstadt zur 2. Marine-Unteroffziers-Lehrabteilung (M.L.A.) zum Maatenlehrgang abkommandiert, den er am 6. März 1941 als Maschinenmaat für E. u. Mot. (E-Maschine und Diesel) abschloss.

Danach kam er auf das Torpedoboot „Kondor" der Raubvogel-Klasse in Le Havre, wo er als Maschinenmaat am Kessel „K 2" in der Mitte des Bootes arbeitete. Während dieser Zeit nahm Kistenmacher unter anderem am Kanal-Durchbruch der deutschen Schlachtschiffe „Scharnhorst" und „Gneisenau" sowie des Schweren Kreuzers „Prinz Eugen" teil (Unternehmen Donnerkeil-Cerberus). Das Torpedoboot überstand das Gefecht ohne Blessuren, obwohl es in der Schlacht einem Torpedo nur mit Glück ausweichen konnte. Die nächste Station war die Marineschule Kiel, wo er den Lehrgang zum Obermaschinisten absolvierte. Nach bestandener Prüfung ging es zur U-Boot-Ausbildung. Im Juni 1943 kam er schließlich nach Hamburg zur Baubelehrung bei der 8. Kriegsschiffbau-Lehrabteilung (K.L.A.) für U 997, das sich damals noch im Bau befand. Am 23. September 1943 wurde das Boot in Dienst gestellt. Kistenmacher wurde Obermaschinist und absolvierte bis Ende Januar 1944 alle Ausbildungs- und Versuchsfahrten.

Von Anfang März bis Ende Oktober 1944 war Kistenmacher in der Personalreserve. Seine Stelle auf U 997 übernahm Walter Tegtmeier.

Ende Oktober 1944 wurde er nach Horten, Norwegen, kommandiert, wo er auf U 486 die Stelle des erkrankten Obermaschinisten übernahm. Mit diesem Boot unter dem Kommandanten Oberleutnant zur See Gerhard Meyer absolvierte er vom 17. November 1944 bis 15. Januar 1945 eine äußerst erfolgreiche Feindfahrt im Ärmelkanal. Während dieser Unternehmung versenkte U 486 den britischen Dampfer „Silverlaurel", den belgischen Truppentransporter „Leopoldville" und die beiden britischen Geleitzerstörer „Capel" und „Affleck".

Nach Ende der Feindfahrt wurde Kistenmacher wieder der Personalreserve in Bergen

Herbert Kistenmacher war als Diesel-Obermaschinist von der Indienststellung am 23. September 1943 bis Ende Januar 1944 an Bord von U 997.

zugeteilt. Bei Kriegsende kam das komplette Stützpunktpersonal von Bergen nach Norheimsund, zwischen Bergen und Stavanger am Hardangerfjord gelegen. Trotz der Internierung erlebte er hier eine schöne Zeit, den Soldaten fehlte es an nichts. Ende September 1945 kamen die Internierten frei, und Kistenmacher wurde mit vielen anderen auf einem Frachtschiff von Norwegen nach Lübeck gebracht und schließlich nach Kiel entlassen, wo er eine Zeit lang bei einem Kameraden wohnte. Da sein Heimatort nun in der sowjetischen Zone lag, zog Kistenmacher im November 1945 in den Westteil von Berlin, das zu seiner neuen Heimat wurde. Sein letzter Dienstgrad war Obermaschinist.

Orden und Ehrenzeichen:

1941 Kriegsabzeichen für Minensuch-, U-Jagd- und Sicherungsverbände
1941 Eisernes Kreuz 2. Klasse
1942 Zerstörer- und Torpedoboot-Kriegsabzeichen
1945 U-Boot-Kriegsabzeichen 1939

Walter Tegtmeier

* 04.01.1919 in Hannover

Aus reiner Abenteuerlust meldete sich Walter Tegtmeier am 1. Oktober 1937 zur Kriegsmarine. Er wollte fremde Länder sehen und Land und Leute kennenlernen.

01.10.1937 – 31.03.1938	Rekrutenausbildung bei der 13. Schiffsstammabteilung in Saßnitz/Rügen
01.04.1938 – 30.11.1938	als Matrose II (technisches Personal) auf dem Leichten Kreuzer „Königsberg“
01.12.1938 – 30.01.1939	Mot.-3-Lehrgang an der Marineschule Kiel-Wik
01.02.1939 – 31.10.1939	Maschinen-Leitstand des Leichten Kreuzers „Königsberg“
01.11.1939 – 31.05.1940	Lehrgang zum Maschinenmaaten bzw. Unteroffiziersausbildung an der Marineschule Kiel-Wik
01.06.1940 – 12.07.1940	U-Boot-Ausbildung bei der 1. U-Boot-Lehrdivision (U.L.D.) in Pillau. Walter Tegtmeier hatte sich nach seinem Dienst auf der „Königsberg“ und erfolgreich abgeschlossenem Lehrgang zum Maschinenmaaten freiwillig zur U-Boot-Waffe gemeldet.
13.07.1940 – 30.09.1940	technischer Lehrgang im M.A.N.-Werk in Augsburg und bei der 5. Kompanie der U-Boot-Ausbildungsabteilung (U.A.A.) in Plön/Holstein
01.10.1940 – 17.11.1940	Mot.-2-Lehrgang an der Marineschule Kiel-Wik
18.11.1940 – 19.09.1941	Zentralemaat auf U 6/21. U-Flottille in Pillau. Auf U 6, einem Schulboot, diente Walter Tegtmeier als Zentralemaat unter den Kommandanten Johannes Liebe – später Kommandant von U 332 – und Eberhard Bopst. Letzterer nahm ihn auf das neue U 597 mit
20.09.1941 – 19.11.1941	Baubelehrung bei der 1. Kompanie/Kriegsschiffbau-Lehrabteilung (K.L.A.) U-Boote Nordsee bei Blohm & Voss für U 597
20.11.1941 – 31.06.1942	Zentralemaat auf U 597/8. U-Flottille in Königsberg/Ostpreußen
01.07.1942 – 27.09.1942	Zentralemaat auf U 597/1. U-Flottille in Brest[1]
28.09.1942 – 29.01.1943	Ausbildung und Lehrgang zum Obermaschinisten an der Marineschule Kiel-Wik

30.01.1943 – 26.02.1943	Zugführer-Lehrgang bei der 4. Kompanie/18. Schiffsstammabteilung in Buxtehude
14.04.1943 – 24.06.1943	Baubelehrung bei der 4. Kompanie/8. Kriegsschiffbau-Lehrabteilung (K.L.A.), Hamburg bei Stülcken & Sohn für U 718
25.06.1943 – 18.11.1943	Obermaschinist auf U 718/5. U-Flottille[2]
19.11.1943 – 02.02.1944	Dienst als Wachhabender bei der 1. Kompanie/ 5. U-Flottille auf dem Wohnschiff „St. Louis"
03.02.1944 – 18.05.1945	Obermaschinist auf U 997/5., 9., 13. und 14. U-Flottille
19.05.1945 – 26.09.1946	Obermaschinist auf U 997 in Londonderry und Stranraer (Schottland), Gefangenschaft in Camp 19, Happendon, Douglas-Lanarkshire. Am 26. September 1946 wurde Tegtmeier krankheitshalber nach Hannover entlassen

Nach dem Kriege:

Examen als Schiffsingenieur an der Ingenieurschule in Bremen. Von 1951 bis zur Pensionierung 1981 war Walter Tegtmeier bei der Reifen-Firma Continental Gummi-Werke AG in Hannover als Ingenieur tätig.

Beförderungen:

01.10.1938	Maschinengefreiter
01.10.1939	Maschinenobergefreiter
01.04.1940	Maschinenmaat
01.04.1942	Obermaschinenmaat
01.03.1943	Obermaschinist

Orden und Ehrenzeichen:

20.08.1942	Eisernes Kreuz 2. Klasse
10.07.1944	U-Boot-Kriegsabzeichen 1939
10.11.1944	Eisernes Kreuz 1. Klasse
10.11.1944	U-Boot-Frontspange in Bronze
10.04.1945	U-Boot-Frontspange in Silber

[1] U 597 lief am 27. Juni 1942 von Kiel zu einer Feindfahrt aus. Ab Mitte Juli 1942 operierte das Boot in der neu aufgestellten U-Gruppe Wolf, die aus zehn Booten

Diesel-Obermaschinist Walter Tegtmeier war vom 3. März 1944 bis Anfang Dezember 1945 an Bord von U 997.

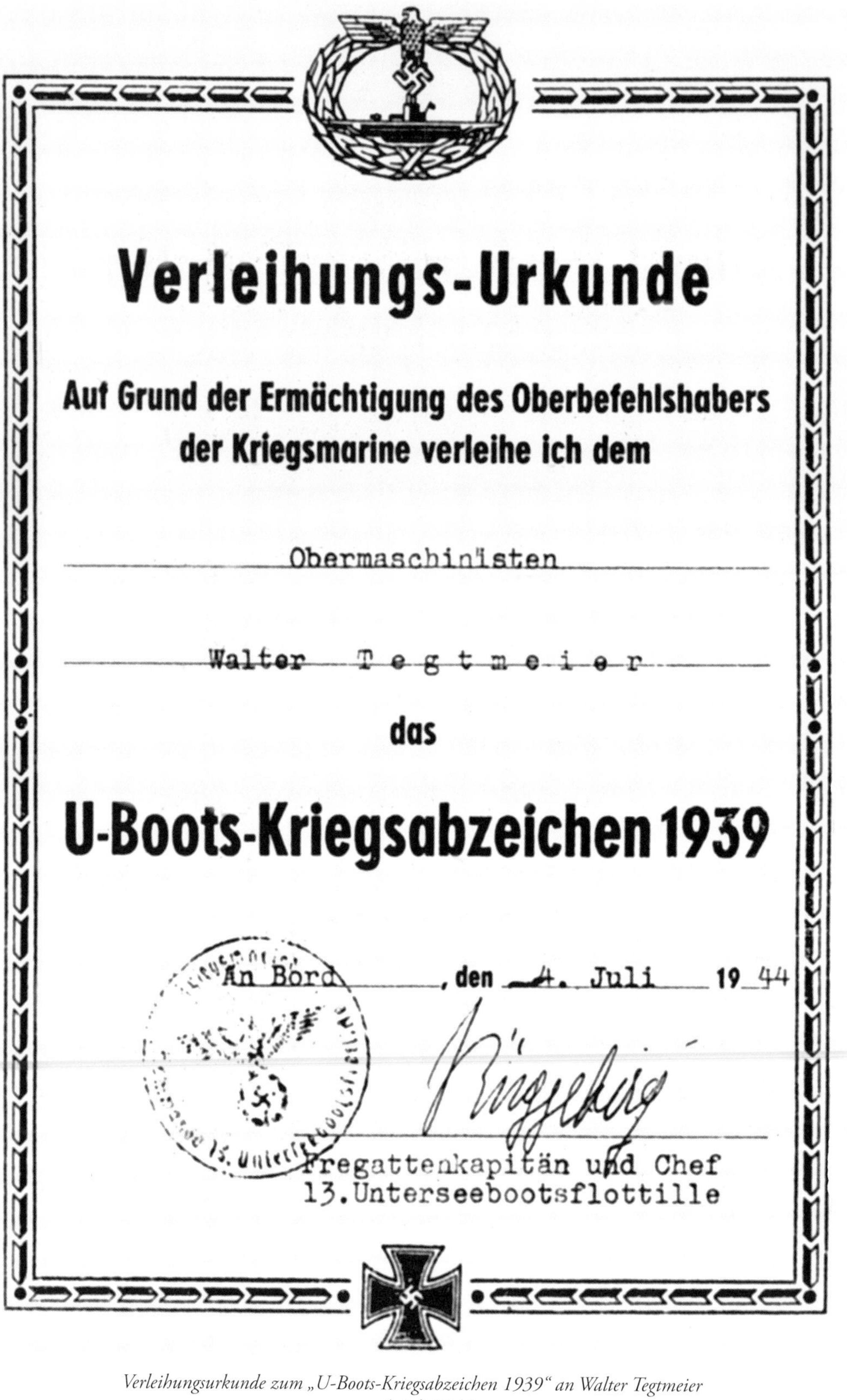

Verleihungs-Urkunde

Auf Grund der Ermächtigung des Oberbefehlshabers der Kriegsmarine verleihe ich dem

Obermaschinisten

Walter Tegtmeier

das

U-Boots-Kriegsabzeichen 1939

An Bord, den 4. Juli 1944

Fregattenkapitän und Chef
13. Unterseebootsflottille

Verleihungsurkunde zum „U-Boots-Kriegsabzeichen 1939“ an Walter Tegtmeier vom 4. Juli 1944.

Im Namen des Führers und Obersten Befehlshabers der Wehrmacht

verleihe ich

dem

Obermaschinist

Walter Tegtmeier

das

Eiserne Kreuz 1. Klasse

An Bord, den 10. November 1944.

(Dienstsiegel)

Führer der Unterseeboote Nordmeer

Fregattenkapitän
und
Führer der Unterseeboote Nordmeer

O.M.S. 245.

Verleihungsurkunde zum „Eisernen Kreuz 1. Klasse" vom 10. November 1944 an den Obermaschinisten Walter Tegtmeier.

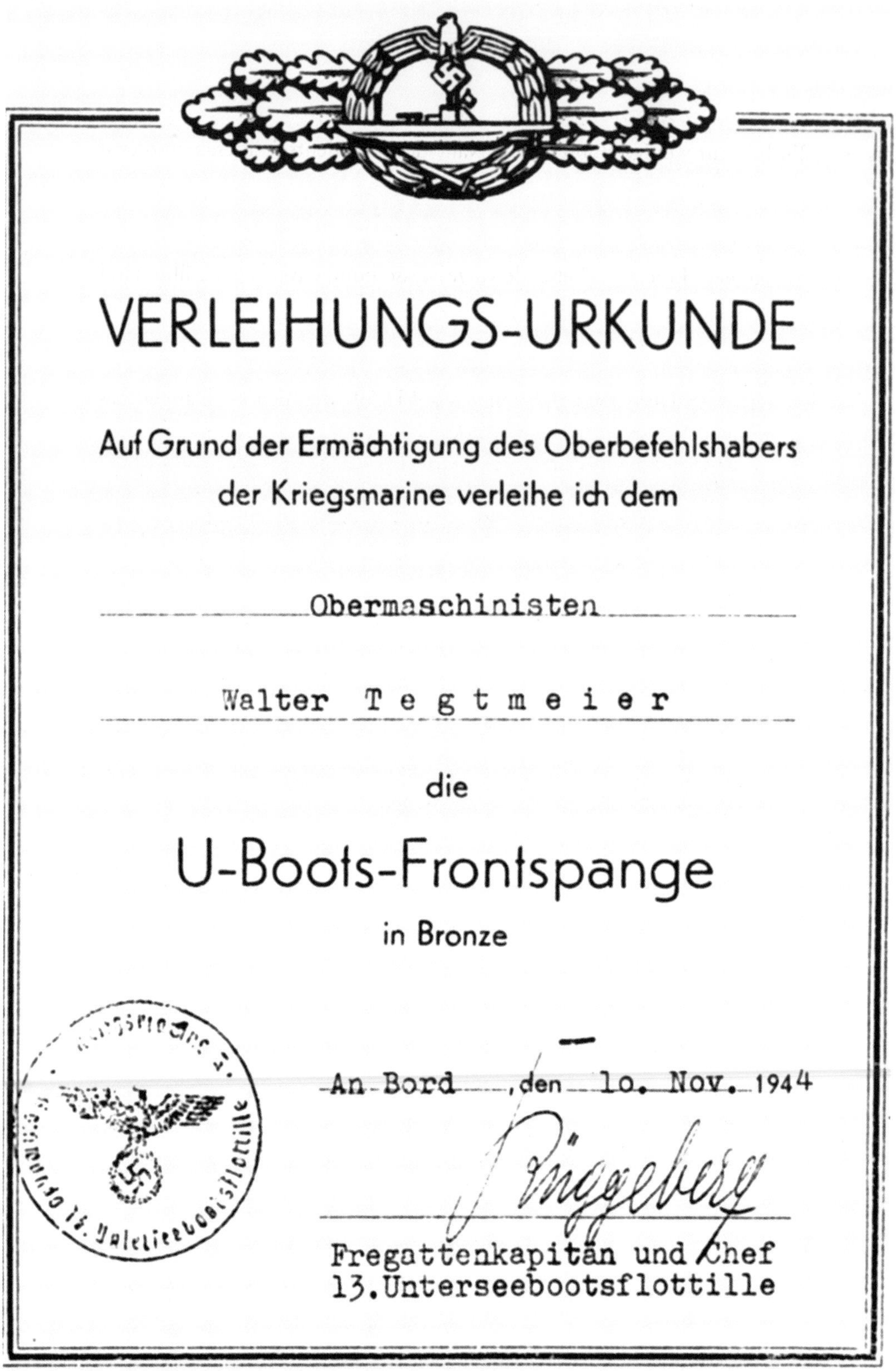

VERLEIHUNGS-URKUNDE

Auf Grund der Ermächtigung des Oberbefehlshabers
der Kriegsmarine verleihe ich dem

Obermaschinisten

Walter T e g t m e i e r

die

U-Boots-Frontspange

in Bronze

An Bord , den 10. Nov. 1944

Fregattenkapitän und Chef
13.Unterseebootsflottille

Verleihungsurkunde zur „U-Boots-Frontspange in Bronze" vom 10. November 1944 an den Obermaschinisten Walter Tegtmeier.

bestand, auf Konvois im Nordatlantik. Bei schlechtem Wetter und Sturm kamen bis zum 25. Juli nur wenige Boote in die Nähe des vom deutschen Geheimdienst gemeldeten Geleitzugs ON.113.

Die in der Nacht geführten Angriffe von U 597 waren erfolglos, das Boot wurde aber von einem Sicherungsfahrzeug des Konvois mit Artillerie beschossen und zum Tauchen gezwungen. Eine anschließende kurze Wasserbombenverfolgung überstand U 597 ohne Schaden, der Fühlungshalter U 90 (Oldörp) wurde dagegen von dem kanadischen Zerstörer „St. Croix" durch Wasserbomben versenkt. Die Fühlung am Geleitzug ging verloren.

Bei den folgenden Unterwasserfahrten war auf U 597 deutlich ein klapperndes Geräusch in Höhe des Kombüsenluks zu hören. Da keine Schäden sichtbar waren, wurde Walter Tegtmeier von einer Leine gesichert bei grober See auf das Oberdeck des U-Bootes geschickt, wo er eine Holzgräting in der Nähe des Kombüsenluks öffnete. Lose Ausrüstungsgegenstände hatten das Klappern verursacht, die Tegtmeier wieder festzurrte. Er wollte das Gräting gerade wieder schließen, als ein riesiger Brecher das Gräting urplötzlich zuschlug. Durch die scharfe Blechkante des Holzgrätings, wurde ihm das rechte Daumenendglied abgequetscht. Dann wurde er über Bord gespült. Nachdem Tegtmeier wieder an Deck gezogen worden war, wurde ihm ein Notverband angelegt. Da U 597 keinen Sanitäter an Bord hatte, ließ Kommandant Eberhard Bopst folgenden Funkspruch absetzen: „Zentralemaat rechter Daumen abgequetscht, brauche dringend ärztliche Hilfe!"

Die Antwort des B.d.U. kam prompt: „Lose Fleischstücke abschneiden und mit Lebertransalbe behandeln." Schon nach wenigen Tagen bekam Tegtmeier Wundfieber.

U 597 nahm nun zur Treibstoffergänzung Kurs auf den Versorger U 461, der südlich der Azoren stand. Während der Ölübernahme am 30. Juli 1942 wurde Tegtmeier vom Arzt des Versorgungsbootes untersucht und auf U 461 operiert. Der Eingriff dauerte aber so lange, dass U 597 ohne ihn abfuhr, und so blieb Tegtmeier an Bord des Versorgers und kehrte auf ihm zurück nach Frankreich. Am 16. August 1942 lief U 461 ohne Feindberührung in St. Nazaire ein. U 597 hatte am gleichen Tag in Brest festgemacht.

Walter Tegtmeier kam sofort in das Lazarett bei La Baule. Nach drei Wochen kehrte er zu U 597 nach Brest zurück, wo das Boot gerade für seine zweite Feindfahrt ausgerüstet wurde.

Da Tegtmeier noch nicht ganz genesen war und seine Abkommandierung zur Marineschule Kiel zum Obermaschinisten-Lehrgang kurz bevorstand, übernahm ein anderer Zentralemaat von der Personalreserve Brest seine Aufgabe auf U 597. Das rettete ihm das Leben – U 597 wurde am 12. Oktober 1942 im Nordatlantik südwestlich von Island am Konvoi ONS.136 durch eine „Liberator" der britischen 120. Squadron versenkt. Kein Besatzungsmitglied überlebte.

[2] Nach seiner Beförderung zum Obermaschinisten und anschließender Baubelehrung kam Tegtmeier auf U 718, das am 25. Juni 1943 auf der Werft Stülcken & Sohn in Hamburg in Dienst gestellt wurde. Kommandant von U 718 war Oberleutnant zur See Helmut Wieduwilt. Anfang November 1943 lief das Boot von Gotenhafen zu taktischen Übungen mit anderen frontreifen U-Booten aus. Am frühen Morgen des 18. November 1943, gegen 04.30 Uhr wurde U 718 nördlich Bornholm in einen tragischen Unfall verwickelt. U 476 kollidierte mit U 718 auf Höhe von dessen Maschinenraum. U 718 sank nach 30 Sekunden mit dem Heck voran. Nur drei Besatzungsmitglieder und Tegtmeier waren aus dem Boot entkommen. Walter Tegtmeier saß zum Zeitpunkt der Kollision im Sehrrohrsessel in der Zentrale und gelangte als dritter Mann und einziger Angehöriger des Maschinenpersonals auf die Brücke und fand sich kurz darauf ohne sein Zutun im Wasser wieder. Von den im Wasser schwimmenden etwa 15 Seeleuten wurden nur sieben, einschließlich des Kommandanten von dem am Bug stark beschädigten U 476, das unter dem Kommando von Oberleutnant zur See Otto Niethmann stand, gerettet.

Insgesamt fanden bei dem Unglück 43 Seeleute den Tod. U 718 liegt heute noch in etwa 80 Metern Tiefe auf dem Grund der Ostsee. Zum zweiten Mal hatte Walter Tegtmeier sein Boot verloren, zum zweiten Mal hatte er einen Schutzengel und kam mit dem Leben davon.

Wolfgang Gindorf

Geboren wurde Wolfgang Gindorf am 10. Juni 1922 in Dillingen-Pachten im Saarland, das seit der Volksabstimmung 1935 wieder zum Deutschen Reich gehörte. Nach Beendigung der Volksschule ging er 1936 als Kaufmannslehrling zur „Dillinger-Hütte“, bei der auch sein Vater als Hüttenbeamter tätig war. Wolfgang Gindorf wollte aber immer zur See fahren, und so meldete er sich nach dem Ende seiner Lehre, noch vor Ausbruch des Zweiten Weltkrieges, im August 1939 freiwillig zur Kriegsmarine. In Karlsruhe wurde er auf seine körperliche und geistige Eignung untersucht. Wolfgang Gindorf war geeignet und wurde wegen seiner schnellen Auffassungsgabe in die Marine-Kategorie IV eingestuft. Er sollte eine Ausbildung zum Funker machen.

Nach Kriegsausbruch mussten Dillingen und Umgebung evakuiert werden. Die Familie Gindorf zog in die Niederlausitz, in den Ort Wildgrube nahe Bad Liebenwerder. Dort arbeiteten Wolfgang und sein Vater in einer der vielen Braunkohlegruben. Hier erreichte ihn der Einberufungsbefehl zur Kriegsmarine.

Wolfgang Gindorf wurde, noch nicht einmal 18 Jahre alt, nach Glückstadt in Holstein in die Rekrutenkompanie der 14. Schiffsstammabteilung kommandiert, wo er vom 10. Januar bis 4. April 1940 seine Grundausbildung absolvierte.

Von Mai bis Juli 1940 kam er an die Marine-Nachrichtenschule nach Flensburg-Mürwik, wo er zum Funker ausgebildet wurde. Der Umgang mit dem Morsealphabet fiel ihm leicht, ebenso das Ver- und Entschlüsseln und der Unterricht an den komplizierten Geräten. Im Anschluss daran wurde er zum Marine-Nachrichtenoffizier (MNO) Cherbourg kommandiert, um gleich nach Beendigung des Frankreichfeldzuges eine Küstenfunkstelle am Kanal zu besetzen. Hier war er von Juli 1940 bis April 1942 tätig. Auf See ging es für ihn nur, wenn er auf den Leuchttürmen in Cap de la Hague oder auf den englischen Kanalinseln Alderney und Jersey Dienst tun musste.

Nach seiner Beförderung zum Funkobergefreiten ging es im Mai 1942 zum dreimonatigen Maatenlehrgang erneut nach Flensburg-Mürwik. Wolfgang verfolgte nun sein eigentliches Ziel, zur See zu fahren, energisch und meldete sich freiwillig zur U-Boot-Waffe. Damit begannen zahlreiche U-Boot-Lehrgänge, unter anderem bei der 2. U-Boot-Lehrdivision in Gotenhafen und in der Nähe von de Haan an der belgischen Kanalküste, wo er in die Elektronik von Funkmessgeräten eingewiesen wurde. Danach wurde Wolfgang Gindorf zur 5. U-Flottille nach Kiel zur Personalreserve befohlen, wo er auf dem Wohnschiff „St. Louis“ Dienst tat.

Im März 1943 wurde er dann überraschend zur 29. U-Flottille nach Toulon versetzt, wo er einen erkrankten Maat vertreten sollte. Dort angekommen, hatte sich der Maat aber wieder gesund gemeldet. Gindorfs Traum von der Seefahrt war wieder geplatzt. Dennoch genoss er in Toulon das gute Leben beim Ersatzpersonal, es gab Frontverpflegung, und Wolfgang aß zum ersten Mal in seinem Leben frische Feigen.

Wolfgang Gindorf war als Oberfunkmaat von 23. September 1943 bis Kriegsende an Bord von U 997.

Vom Dienst an Land gelangweilt, bat Wolfgang Gindorf beim Adjutanten des Flottillenchefs um ein Bordkommando, das er auch bekam. Er wurde nach Hamburg kommandiert, wo er bei Blohm & Voss an der Baubelehrung für U 997 teilnahm. Hier erlebte er den Angriff alliierter Bomber auf Hamburg mit, hatte jedoch Glück, dass er zusammen mit der Besatzung nach dem Aufheulen der Sirenen Schutz im U-Boot-Bunker der Howaldtswerke Kriegsmarinewerft fand.

Bei den zahlreichen Übungsfahrten zeigte Gindorf schnell seine Belastbarkeit und seine Fähigkeiten. Über die erste Zeit auf U 997 schreibt er:

„Zuerst war alles sehr kompliziert. Da gab es Kurzsignale zur Kennzeichnung mit griechischen Buchstaben usw., dauernd piepste es irgendwo. Kamerad Koller war mir eine große Stütze. Auch der Funkgefreite Surauf war schnell im Entschlüsseln. Schon von hier ab waren wir eine verschworene Gemeinschaft.

Bevor wir zur ersten Unternehmung ausliefen, ließ ich mit dem Einverständnis des Kommandanten für die Peilantenne eine Vorrichtung in der Werft anfertigen, die es ermöglichte, die Funkmessantenne rein und raus zu fahren. Beim Alarmtauchen musste es schnell gehen. Wenn ein weiterer Funker auf der Brücke war, der die Antenne drehen musste, verzögerte dieser Mann die Tauchzeit des Bootes nicht unerheblich. Dieses Problem hatte sich mit der eingebauten Vorrichtung erledigt. Ab jetzt konnten wir vom Funkraum aus die Funkmessbeobachtungsantenne drehen. Wir waren zu zweit im Funkraum. Der eine hörte die Kurzwelle ab, während der andere den Peilrahmen mit dem Funkmessgerät drehte und auf Ortungen hörte.“

Wolfgang Gindorf machte alle sieben Feindfahrten von U 997 mit. Gleich nach Kriegsende zog Fregattenkapitän Reinhard Suhren die U-Boote der beiden Eismeerflottillen an einer entlegenen Stelle bei Narvik zusammen, um Ärger mit der norwegischen Zivilbevölkerung zu vermeiden. An Bord der „Grille“ waren die Besatzungen angetreten, als „Teddy“ Suhren eine kurze Rede hielt. Dann sangen die U-Boot-Männer noch einmal die deutsche Nationalhymne. Von Narvik aus fuhren die Boote am 16. Mai 1945 auf Weisung der Allierten nach Trondheim, wo sie unterwegs von kanadischen Zerstörern abgefangen wurden. Die Kanadier geleiteten die U-Boote nach Lisahally in Nordirland. Wie die meisten seiner Kameraden kam Gindorf Ende Mai 1945 in britische Gefangenschaft. Sein letzter Dienstgrad war Obermaat.

Orden und Ehrenzeichen:

Eisernes Kreuz 2. Klasse
U-Boot-Kriegsabzeichen 1939
U-Boot-Frontspange in Bronze
Eisernes Kreuz 1. Klasse
U-Boot-Frontspange in Silber

Horst Puder als „frischgebackener" Matrose.

Horst Puder auf Landgang. Auf seiner Uniform ist das „Eiserne Kreuz 2. Klasse" und die „U-Boots-Frontspange in Bronze" zu erkennen.

E-Maschinenmaat Horst Puder zwischen zwei Feindfahrten in Norwegen.

Der letzte Heimaturlaub von Horst Puder im Januar 1945. Seine Auszeichnungen: „EK 2", „EK 1", „U-Boots-Kriegsabzeichen 1939" und „U-Boots-Frontspange in Bronze".

Franz-Xaver Buchner als Matrose.
Die Aufnahme entstand 1943 in Brest.

Franz-Xaver Buchner als Matrosengefreiter auf U 997. Die Aufnahme entstand im Januar 1945 während des letzten Heimaturlaubs.

Kurt Chinnow als Matrosengefreiter 1943. Geboren am 8. März 1924 in Stolpmünde/Pommern, verstarb er am 9. Mai 2003 in Kiel-Friedrichsort.

Kurt Chinnow in britischer Gefangenschaft aus der er 1947 entlassen wurde.

Die drei Brüder Chinnow Anfang 1944 in Stolpmünde. Durch Zufall hatten die drei Brüder zur gleichen Zeit Urlaub. Alle drei kehrten gesund, aber ohne Heimat, aus dem Krieg zurück.

Ernst Eisenmenger (rechts im Bild) während der Ausbildung bei der Kriegsmarine. Er gehörte später zum Maschinenpersonal von U 997.

Ernst Eisenmenger im Alter von 52 Jahren.

Ernst Eisenmenger während eines Heimaturlaubs.

Otto Gerecht

Otto Gerecht wurde am 15. August 1924 in Bad Homburg geboren. Nach seinem Volksschulabschluss 1939 begann er eine Lehre als Autoschlosser bei der Firma Glöckler in Frankfurt am Main.

1942 meldete er sich freiwillig zur Kriegsmarine und wurde nach der Rekrutenausbildung zur U-Boot-Schulung abkommandiert. Anschließend kam er zur Baubelehrung für U 997 nach Hamburg. Er war von der Indienststellung des Boots bis zur siebten und letzten Feindfahrt Besatzungsmitglied von U 997, und zwar als Maschinengefreiter am Steuerbord-Diesel. Zusammen mit dem Maschinenmaat Horst Puder und dem Maschinenobergefreiten Georg Schüsselbauer gehörte Otto Gerecht zur sogenannten Diesel-Steuerbordwache.

Im Mai 1945 geriet er in britische Kriegsgefangenschaft, aus der er 1946 entlassen wurde. Otto Gerecht heiratete 1948. Aus der glücklichen Ehe gingen sechs Kinder hervor.

Ebenfalls 1948 kehrte er in seine alte Firma – sie hieß nun VW-Glöckler – nach Frankfurt am Main zurück. Im Jahre 1952 machte er sich mit einer Autowerkstatt in Buchschlag selbständig. 1953 wanderte er mit seiner Familie nach Toronto/Kanada aus, wo er zunächst bei der Firma Roots-Motors als Rennwagen-Mechaniker tätig wurde. 1967 machte er sich wieder selbständig, und zwar mit einer Fiat-Vertretung mit angeschlossener Werkstatt. Ende der 70er Jahre wechselte er noch einmal seinen Beruf. Er kaufte in der Umgebung von Toronto marode Häuser auf, renovierte sie und verkaufte die Immobilien anschließend weiter. 1989 trat er in den wohlverdienten Ruhestand. Otto Gerecht lebt heute noch in Kanada.

Otto Gerecht gehörte als Maschinengefreiter zur Steuerbord-Dieselwache.

Herbert Goldbeck

Herbert Goldbeck wurde am 26. Februar 1925 in Lyck in Ostpreußen geboren. Als er zwei Jahre alt war, zogen seine Eltern ins Ruhrgebiet nach Castrop-Rauxel. Hier besuchte er die Volksschule und wurde nach acht Schuljahren mit guten Noten entlassen. Im Anschluss daran trat er einen Ausbildungsplatz in einem Sägewerk an.

Nach Ende seiner dreijährigen Lehrzeit meldete er sich freiwillig zur Kriegsmarine und nach seiner Grundausbildung zur U-Boot-Waffe. Auf U 997 gehörte er zur Brückenwache und war Rudergänger, er absolvierte alle sieben Feindfahrten.

Herbert Goldbeck kam Ende Mai 1945 in britische Kriegsgefangenschaft, die für ihn bis November 1946 dauerte. Nach seiner Entlassung wurde er an seinem früheren Arbeitsplatz wieder eingestellt. 1948 heiratete er seine Frau Erika, mit der er 1957 einen Sohn bekam.

Herbert wechselte bald darauf seinen Beruf und machte eine Umschulung zum Elektriker im damals boomenden Bergbau. Als Ende der 1970er Jahre immer mehr Zechen still gelegt wurden, ging er 1980 im Alter von 55 Jahren in den Ruhestand. Danach führte er noch gerne kleinere Elektroreparaturen in seinem Wohnviertel durch.

Das Ehepaar Goldbeck nahm seit 1979 an allen Besatzungstreffen von U 997 teil. Nach langem Leiden starb Herbert Goldbeck am 2. April 2008 in Castrop-Rauxel.

Orden und Ehrenzeichen:

Eisernes Kreuz 2. Klasse
Eisernes Kreuz 1. Klasse
U-Boot-Kriegsabzeichen
U-Boot-Frontspange in Bronze
U-Boot-Frontspange in Silber

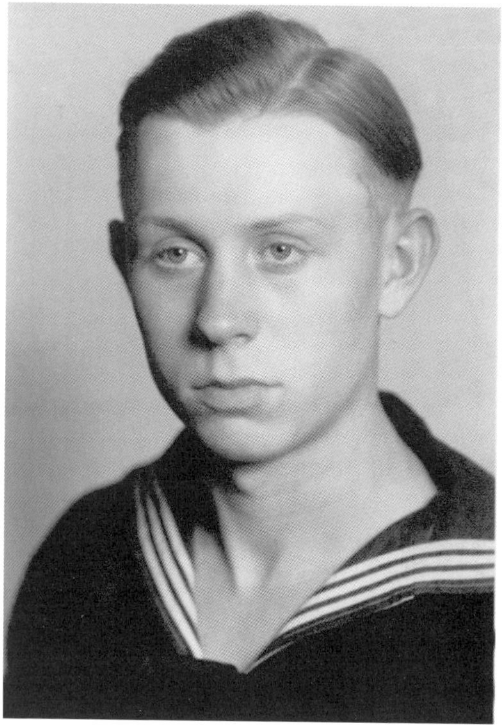

Herbert Goldbeck als Matrose, kurz nach dem er in die Kriegsmarine eingetreten war.

Herbert Goldbeck als Matrosengefreiter. Er gehörte zum Seemännischen Personal von U 997.

Herbert Goldbeck während einer Skitour in Norwegen.

Herbert Goldbeck und Vinzenz Koller während einer gemeinsamen Skitour in Norwegen.

Verleihungs-Urkunde

Auf Grund der Ermächtigung des Oberbefehlshabers der Kriegsmarine verleihe ich dem

Matrosenobergefreiten

Herbert G o l d b e c k

das

U-Boots-Kriegsabzeichen 1939

An Bord, den 4. Sept. 1944

[illegible signature]

Fregattenkapitän und Chef
13. Unterseebootsflottille

Verleihungsurkunde zum „U-Boots-Kriegsabzeichen 1939" an den Matrosenobergefreiten Herbert Goldbeck am 4. September 1944.

VERLEIHUNGS-URKUNDE

Auf Grund der Ermächtigung des Oberbefehlshabers der Kriegsmarine verleihe ich dem

Matrosenobergefreiten

Herbert G o l d b e c k

die

U-Boots-Frontspange

in Bronze

An Bord, den 10. Nov. 1944

Kriegsmarine Kommando 13. Unterseebootsflottille

Büggeberg

Fregattenkapitän und Chef
13.Unterseebootsflottille

Verleihungsurkunde zur „U-Boots-Frontspange in Bronze" an den Matrosenobergefreiten Herbert Goldbeck vom 10. November 1944.

Vinzenz Koller

Geboren wurde Vinzenz Koller am 15. März 1923 als erstes von drei Kindern einer Kleinbauernfamilie in dem Eifeldörfchen Karl bei Manderscheid im Kreis Wittlich. Nach Ende der Volksschule 1937 ging er als Fleischerlehrling nach Düsseldorf. Dort trat Vinzenz der Marine H.J. bei, weil er Seemann werden wollte. In Abendkursen ließ er sich zum Funker ausbilden.

Nach seiner Gesellenprüfung im Fleischerhandwerk wurde er zur 14. Schiffsstammabteilung nach Breda in Holland einberufen. Vinzenz kam ab dem 4. Juli 1942 zur Rekrutenausbildung in die 5. Kompanie. Nach der viermonatigen Grundausbildung wurde er an die 2. Kompanie der Nachrichtenschule in Aurich kommandiert und anschließend an die Marine-Nachrichtenschule nach Flensburg-Mürwik.

Seine weitere Karriere bei der Kriegsmarine verlief geradlinig. Er wurde zur U-Boot-Waffe versetzt und kam zunächst zur 4. Kompanie der 2. Unterseeboot-Ausbildungsabteilung nach Neustadt in Holstein, dann ging es nach Gotenhafen zur 2. U-Boot-Lehrdivision, wo er der 11. Kompanie zugeteilt wurde.

Am 19. Juli 1943 wurde Koller nach Hamburg zur 1. Baulehrkompanie bei Blohm & Voss und ab 7. August 1943 zur 1. Baulehrkompanie der 8. Kriegsschiffbau-Lehrabteilung überstellt, um sich mit U 997 vertraut zu machen. Während der Baubelehrung wurden die Funker erneut auf diverse Lehrgänge geschickt, Vinzenz Koller ging unter anderem zu einem Funkmesslehrgang nach de Haan an der belgischen Kanalküste. Er absolvierte auf U 997 die komplette Ausbildung und alle sieben Feindfahrten. Ende Mai 1945 kam auch er in britische Gefangenschaft. Sein letzter Dienstgrad war Funkobergefreiter

Nach der Rückkehr nach Deutschland Ende 1946 arbeitete er in seinem erlernten Beruf als Fleischer. 1950 machte er seine Meisterprüfung in Trier und ging dann fünf Jahre lang als Fleischermeister nach Luxemburg.

1953 heiratete er seine Frau Elfriede, Fleischerei-Verkäuferin aus Trier. 1955 machten sich beide selbständig und mieteten eine Metzgerei in Baesweiler bei Aachen. Im Jahr 1956 kam Sohn Michael auf die Welt. 1962 kaufte die Familie Koller eine Metzgerei in Rheydt im Rheinland, die das Ehepaar bis zum Ruhestand 1978 führte.

Seit 1974 fanden insgesamt 26 U 997-Kameradschaftstreffen statt, von denen Vinzenz Koller alleine 23 organisiert hatte, genau wie eine Seereise über Bergen, Trondheim, Narvik, Hammerfest zum Nordkap, bei der die alten Einsatzhäfen besichtigt wurden. Das letzte Kameradschaftstreffen der Männer von U 997 fand 2006 in Laboe statt.

Vinzenz Koller als Matrose IV (= Funker).

Vinzenz Koller als Funkobergefreiter auf U 997.

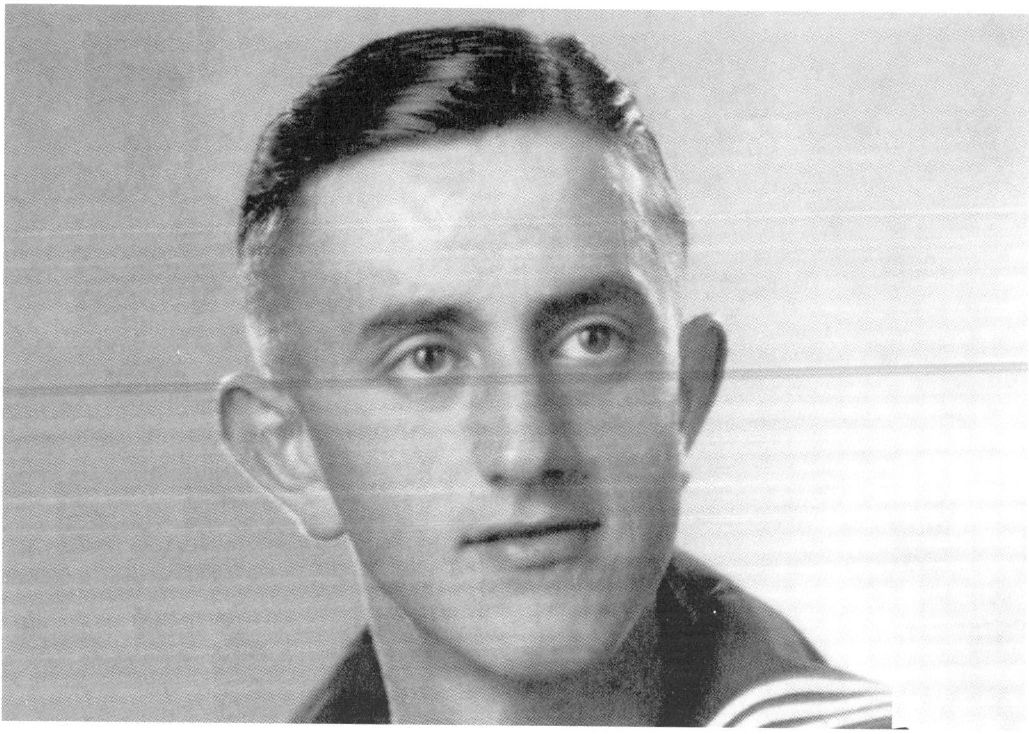

Vinzenz Koller im Jahr 1942.

Im Namen des Führers
und Obersten Befehlshabers
der Wehrmacht

verleihe ich

dem

Funkgefreiten

Vinzenz K o l l e r

das

Eiserne Kreuz 2. Klasse

An Bord, den 10. November 1944

(Dienstsiegel)

Fregattenkapitän
und
Führer der Unterseeboote Nordmeer
(Dienstgrad und Dienststellung)

Verleihungsurkunde zum „Eisernen Kreuz 2. Klasse" an Vinzenz Koller vom 10. November 1944.

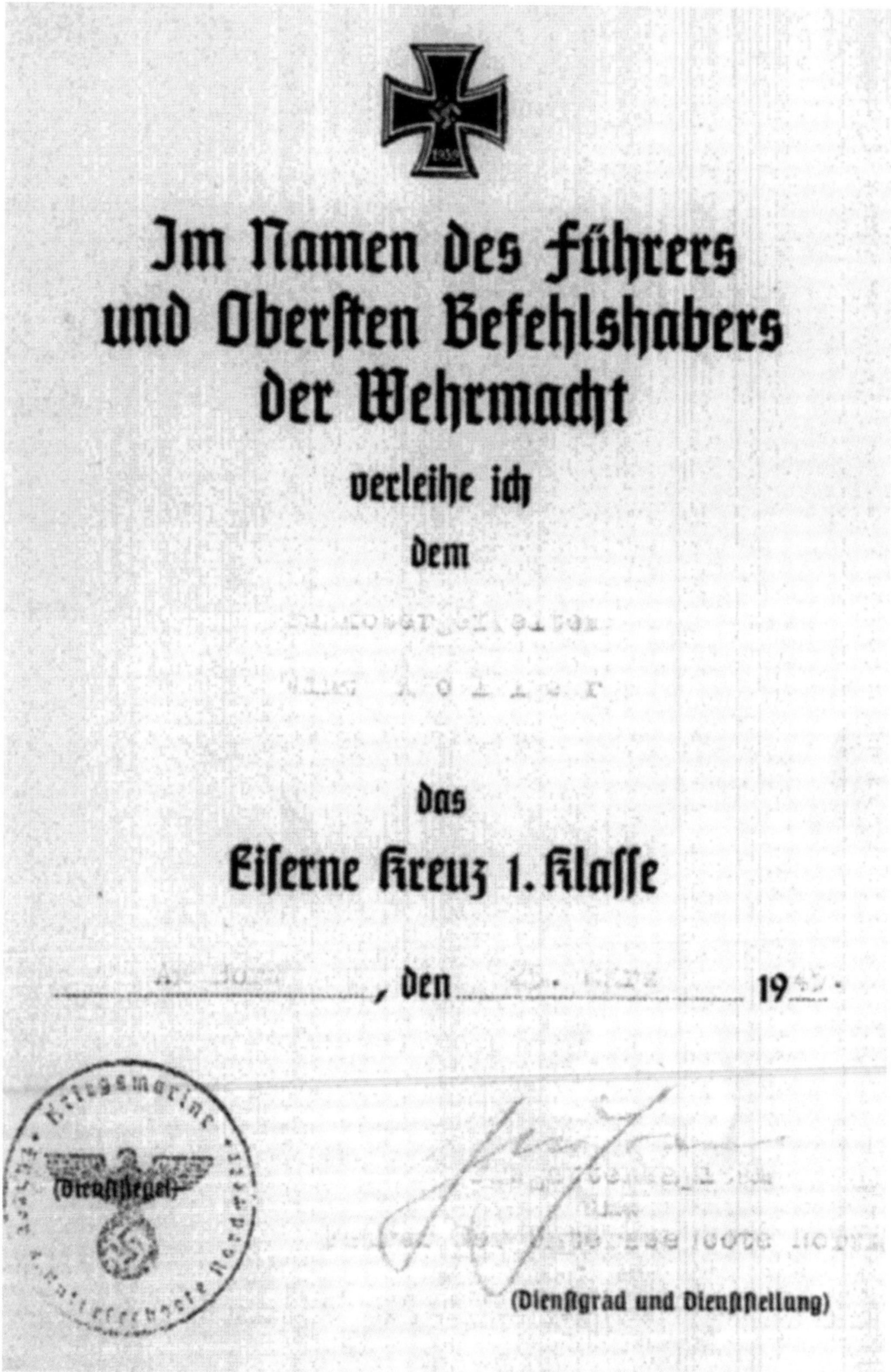

Im Namen des Führers
und Obersten Befehlshabers
der Wehrmacht

verleihe ich

dem

das

Eiserne Kreuz 1. Klasse

, den 19

(Dienstsiegel)

(Dienstgrad und Dienststellung)

Verleihungsurkunde zum „Eisernen Kreuz 1. Klasse" an Vinzenz Koller vom 25. März 1945.

VERLEIHUNGS-URKUNDE

Auf Grund der Ermächtigung des Oberbefehlshabers der Kriegsmarine verleihe ich dem

Funkobergefreiten

Vinz Koller

die

U-Boots-Frontspange

in Silber

Kriegsmarine · Führer d. Unterseeboote Nordmeer

An Bord, den 12. April 1945

Fregattenkapitän
und
Führer der Unterseeboote Nordmeer

Urkunde zur Verleihung der „U-Boots-Frontspange in Silber“ an den Funkobergefreiten Vinz (Vinzenz) Koller am 12. April 1945.

DÖNITZ
GROSSADMIRAL A. D.

2055 AUMÜHLE (HOLSTEIN),
PFINGSTHOLZALLEE 4
TELEFON 30 69

31. 1. 79

Lieber Kamerad Vinzenz Koller!

Ich danke Ihnen und den 31 Kameraden unseres Bootes U-997 und erwidere diese für Sie alle und Ihre Angehörigen in gleicher Weise.

Mit herzlichem Gruss bin ich

Ihr

Karl Dönitz

PRISONER OF WAR POST
KRIEGSGEFANGENENPOST

Army Form No. W.3494
(Revised)

Absender
Vor und Zuname Vinzenz Koller
Gefangenennummer B202048
Lager-Bezeichnung No. 106 P.O.W. Camp Stamford Lincs.
Great Britain

ADRESSE

An Familie M. Koller
Empfangsort Karl/Grosslittgen
Strasse Krs. Wittlich/Eifel
Land Germany
French Zone

Wt. 51866/5128 13,600M. 5/45 S.C.W.S. Ltd. 51-6138

Grußwort von Großadmiral a. D. Karl Dönitz vom 31. Januar 1979.
Darunter: eine Kriegsgefangenenkarte von Vinzenz Koller an seine Eltern.

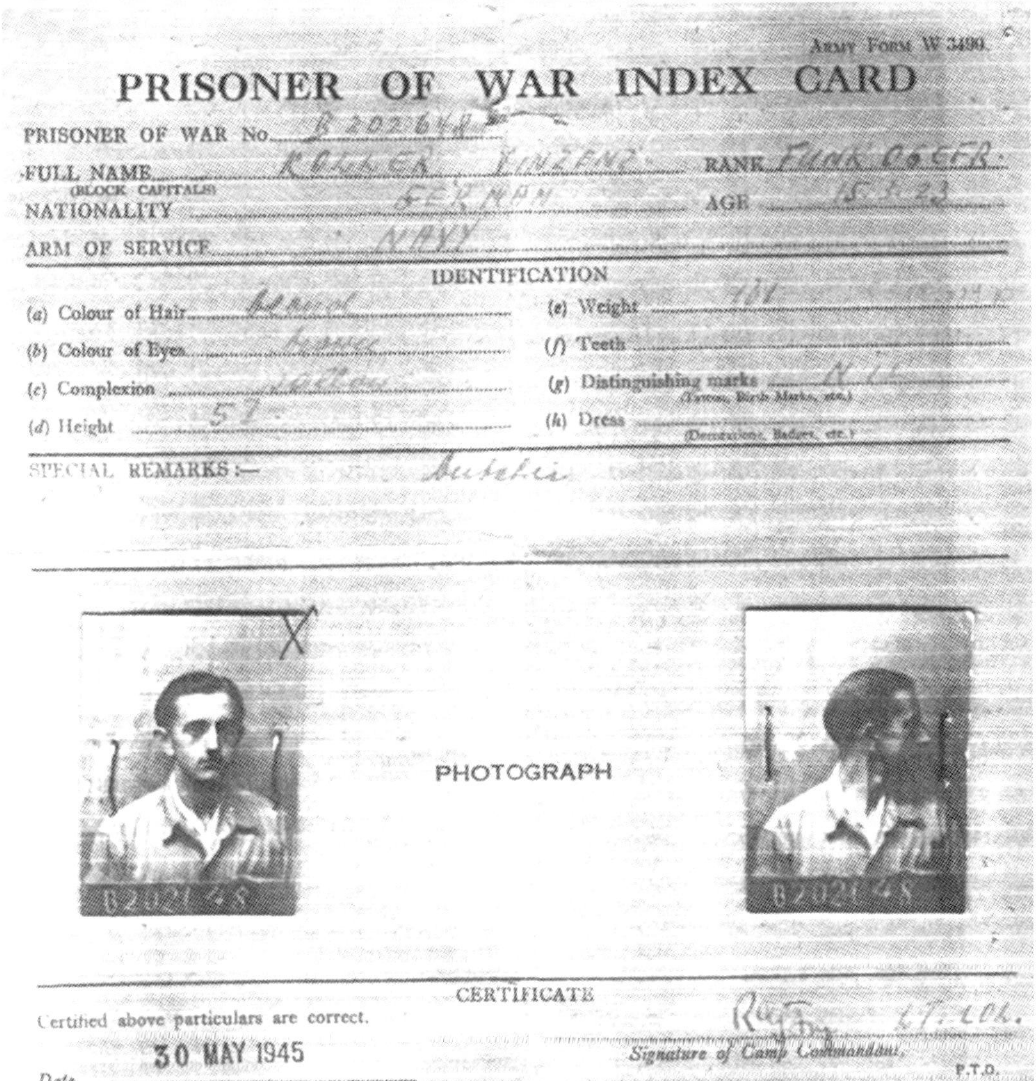

Army Form W 3490.

PRISONER OF WAR INDEX CARD

PRISONER OF WAR No. B 202648

FULL NAME (BLOCK CAPITALS) KOLLER VINZENZ RANK FUNK OBEFR.

NATIONALITY GERMAN AGE 15.3.23

ARM OF SERVICE NAVY

IDENTIFICATION

(a) Colour of Hair brown

(b) Colour of Eyes brown

(c) Complexion sallow

(d) Height 5 7

(e) Weight

(f) Teeth

(g) Distinguishing marks (Tattoo, Birth Marks, etc.) Nil

(h) Dress (Decorations, Badges, etc.)

SPECIAL REMARKS :—

PHOTOGRAPH

B202148 B202148

CERTIFICATE

Certified above particulars are correct.

Date 30 MAY 1945

Signature of Camp Commandant. Lt. Col.

P.T.O.

Wt.10588/2121 88,000 5/44 C.P.S. 51-182

Die Kriegsgefangenen-Indexkarte von Vinzenz Koller, verfasst am 30. Mai 1945.

Orden und Ehrenzeichen:

04.08.1944	U-Boot-Kriegsabzeichen 1939
10.11.1944	U-Boot-Frontspange in Bronze
10.11.1944	Eisernes Kreuz 2. Klasse
24.03.1945	Eisernes Kreuz 1. Klasse
10.04.1945	U-Boot-Frontspange in Silber

Sanitätsmaat Franz Krause war von der Indienststellung bis zum Kriegsende an Bord von U 997.

Heinz Lange

* 19.07.1924 in Lauban/Schlesien

04.1931 – 03.1939	Volksschule in Lauban
04.1939 – 03.1942	Malerlehre und Malergeselle in Lauban
1942	Freiwillige Meldung zur Kriegsmarine
01.06.1942 – 31.08.1942	Infanterieausbildung bei der 13. Schiffsstammabteilung in Libau/Lettland
01.09.1942 – 10.1943	zur 9. U-Flottille nach Brest kommandiert, zugleich im Frühjahr 1943 Flak-Lehrgang in Mimizan Plage, südlich von Bordeaux
10.1943 – 05.1944	U-Boot-Ausbildung bei der 2. U-Boot-Lehrdivision in Gotenhafen, zugleich im Frühjahr 1944 Flak-Lehrgang in Swinemünde
06.1944 – 01.1945	Personalreserve bei der 13. U-Flottille in Trondheim
01.1945 – 19.05.1945	achterer Brückenwächter an Steuerbord über Wasser, Tiefenrudergänger unter Wasser auf U 997, mit dem er die beiden letzten Feindfahrten mitmachte
20.05.1945 – 23.12.1946	von Loch Eriboll auf dem Dampfer „Athenia" ins Sammellager Campton Park nach Donington in Mittelengland, dort Gefangenschaft
24.12.1946 – 19.01.1947	Entlassung aus der Gefangenschaft und Übersiedlung nach Düsseldorf
ab 20.01.1947	Tätigkeit als Lackierer und Schriftenmaler bei der Rheinbahn AG
ab 1948	Lehrlingsausbilder
27.09.1949	Eheschließung mit Paula, geborene Franzen. Aus der Ehe gingen vier Kinder hervor
1954	Meisterschule
04.03.1955	Meisterprüfung
ab 1961	Anstellung als Lackierermeister bei der Rheinbahn AG
01.08.1987	Ruhestand nach über 40 Dienstjahren bei der Rheinbahn AG

Beförderungen:

06.1943	Matrosengefreiter
06.1944	Matrosenobergefreiter

Der Matrosenobergefreiter Heinz Lange
erlebte die beiden letzten Feindfahrten auf U 997 mit.

Orden und Ehrenzeichen:

04.1945	Eisernes Kreuz 2. Klasse

Erwin Maiwald

Erwin Maiwald wurde am 17. April 1924 in Kottwitz bei Arnau, Kreis Hohenelbe im Sudetenland geboren. Nach der Volksschule begann er am 27. Dezember 1938 eine Ausbildung zum Betriebsschlosser bei der Firma Eichmann & Co., Papierfabriken in Arnau, die er am 27. Dezember1941 mit der Gesellenprüfung abschloss. Im Anschluss daran arbeitete er bei dieser Firma bis zum 28. Juni 1942 als Betriebsschlossergeselle, dann meldete er sich freiwillig zur Kriegsmarine.

15.08.1942 – 13.11.1942	Rekrutenausbildung bei der 17. Schiffsstammabteilung in Memel
14.11.1942 – 11.12.1942	bei der 2. Kompanie/5. Ausbildungsabteilung für Kriegsschiffneubau
12.12.1942 – 08.04.1943	Ausbildung zum Funker an der Marine-Nachrichtenschule Aurich
09.04.1943 – 29.04.1943	Lehrgang bei der U-Boot-Abwehrschule in Gotenhafen
30.04.1943 – 27.05.1943	U-Boot-Ausbildung bei der 11. Kompanie/2. U-Boot-Lehrdivision in Gotenhafen und 3. U-Boot-Ausbildungsabteilung (U.A.A.) in Pillau
28.05.1943 – 18.07.1943	Funker-Lehrgang bei der Marine-Nachrichtenschule Flensburg-Mürwik
19.07.1943 – 06.08.1943	bei der 1. Baulehrkompanie/8. Kriegsschiffbau-Lehrabteilung (K.L.A.) in Hamburg
07.08.1943 – 22.08.1943	Funkmesslehrgang bei der 2. U-Boot-Ausbildungsabteilung (U.A.A.) in Neustadt in Holstein
23.08.1943 – 22.09.1943	bei der 1. Baulehrkompanie/8. Kriegsschiffbau-Lehrabteilung (K.L.A.) in Hamburg
23.09.1943 – 30.04.1944	Funker auf U 997/5. U-Flottille
01.05.1944 – 31.05.1944	Funker auf U 997/9. U-Flottille
01.06.1944 – 03.1945	Funker auf U 997/13. U-Flottille
03.1945 – 19.05.1945	Funker auf U 997/14. U-Flottille
20.05.1945 – 23.06.1947	Gefangenschaft in Camp Lawn und Camp Covenant in Wolverhampton/England.

Nach Krieg und Gefangenschaft kehrte Erwin Maiwald nicht mehr in seine Heimat zurück, die mittlerweile zur Tschechoslowakei gehörte. Er ließ sich in Lüdenscheid in Westfalen nieder, wo er wieder in seinem erlernten Beruf als Maschinenschlosser und Dreher arbeitete. Im Mai 1986 ging Erwin Maiwald in den Ruhestand, er verstarb am 27. Februar 2001 in Dortmund.

Das Foto von Erwin Maiwald aus dem Wehrsoldbuch von 1942.

Erwin Maiwald fuhr als Funkobergefreiter auf U 997.

Erwin Maiwald während einer Skitour in Norwegen.

Eine letzte Aufnahme von Erwin Mailwald kurz vor Ende des Krieges.

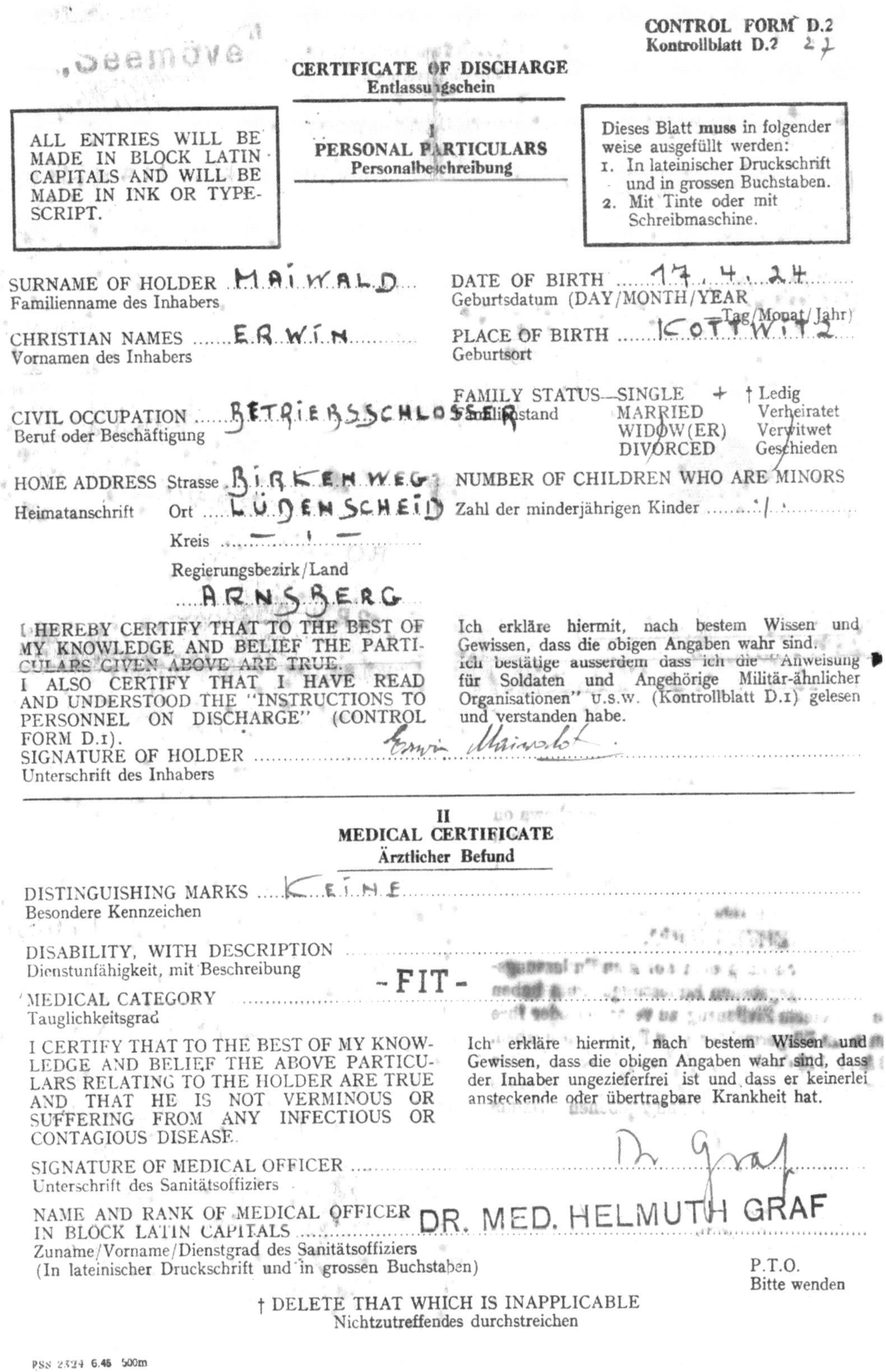

,Seemöve"

CONTROL FORM D.2
Kontrollblatt D.2 27

CERTIFICATE OF DISCHARGE
Entlassungschein

ALL ENTRIES WILL BE MADE IN BLOCK LATIN CAPITALS AND WILL BE MADE IN INK OR TYPESCRIPT.	**I** **PERSONAL PARTICULARS** **Personalbeschreibung**	Dieses Blatt **muss** in folgender weise ausgefüllt werden: 1. In lateinischer Druckschrift und in grossen Buchstaben. 2. Mit Tinte oder mit Schreibmaschine.

SURNAME OF HOLDER MAIWALD
Familienname des Inhabers

DATE OF BIRTH 17. 4. 24
Geburtsdatum (DAY/MONTH/YEAR Tag/Monat/Jahr)

CHRISTIAN NAMES ERWIN
Vornamen des Inhabers

PLACE OF BIRTH KOTTWITZ
Geburtsort

CIVIL OCCUPATION BETRIEBSSCHLOSSER
Beruf oder Beschäftigung

FAMILY STATUS—SINGLE † Ledig
Familienstand MARRIED Verheiratet
WIDOW(ER) Verwitwet
DIVORCED Geschieden

HOME ADDRESS Strasse BIRKENWEG
Heimatanschrift Ort LÜDENSCHEID
Kreis – / –
Regierungsbezirk/Land ARNSBERG

NUMBER OF CHILDREN WHO ARE MINORS
Zahl der minderjährigen Kinder 1

I HEREBY CERTIFY THAT TO THE BEST OF MY KNOWLEDGE AND BELIEF THE PARTICULARS GIVEN ABOVE ARE TRUE.
I ALSO CERTIFY THAT I HAVE READ AND UNDERSTOOD THE "INSTRUCTIONS TO PERSONNEL ON DISCHARGE" (CONTROL FORM D.1).

Ich erkläre hiermit, nach bestem Wissen und Gewissen, dass die obigen Angaben wahr sind. Ich bestätige ausserdem dass ich die "Anweisung für Soldaten und Angehörige Militär-ähnlicher Organisationen" u.s.w. (Kontrollblatt D.1) gelesen und verstanden habe.

SIGNATURE OF HOLDER Erwin Maiwald
Unterschrift des Inhabers

II
MEDICAL CERTIFICATE
Ärztlicher Befund

DISTINGUISHING MARKS KEINE
Besondere Kennzeichen

DISABILITY, WITH DESCRIPTION
Dienstunfähigkeit, mit Beschreibung

MEDICAL CATEGORY -FIT-
Tauglichkeitsgrad

I CERTIFY THAT TO THE BEST OF MY KNOWLEDGE AND BELIEF THE ABOVE PARTICULARS RELATING TO THE HOLDER ARE TRUE AND THAT HE IS NOT VERMINOUS OR SUFFERING FROM ANY INFECTIOUS OR CONTAGIOUS DISEASE.

Ich erkläre hiermit, nach bestem Wissen und Gewissen, dass die obigen Angaben wahr sind, dass der Inhaber ungezieferfrei ist und dass er keinerlei ansteckende oder übertragbare Krankheit hat.

SIGNATURE OF MEDICAL OFFICER Dr. Graf
Unterschrift des Sanitätsoffiziers

NAME AND RANK OF MEDICAL OFFICER IN BLOCK LATIN CAPITALS DR. MED. HELMUTH GRAF
Zuname/Vorname/Dienstgrad des Sanitätsoffiziers
(In lateinischer Druckschrift und in grossen Buchstaben)

P.T.O.
Bitte wenden

† DELETE THAT WHICH IS INAPPLICABLE
Nichtzutreffendes durchstreichen

PSS 2324 6.45 500m

Die Vorderseite des Entlassungsdokuments aus der Kriegsgefangenschaft von Erwin Maiwald.

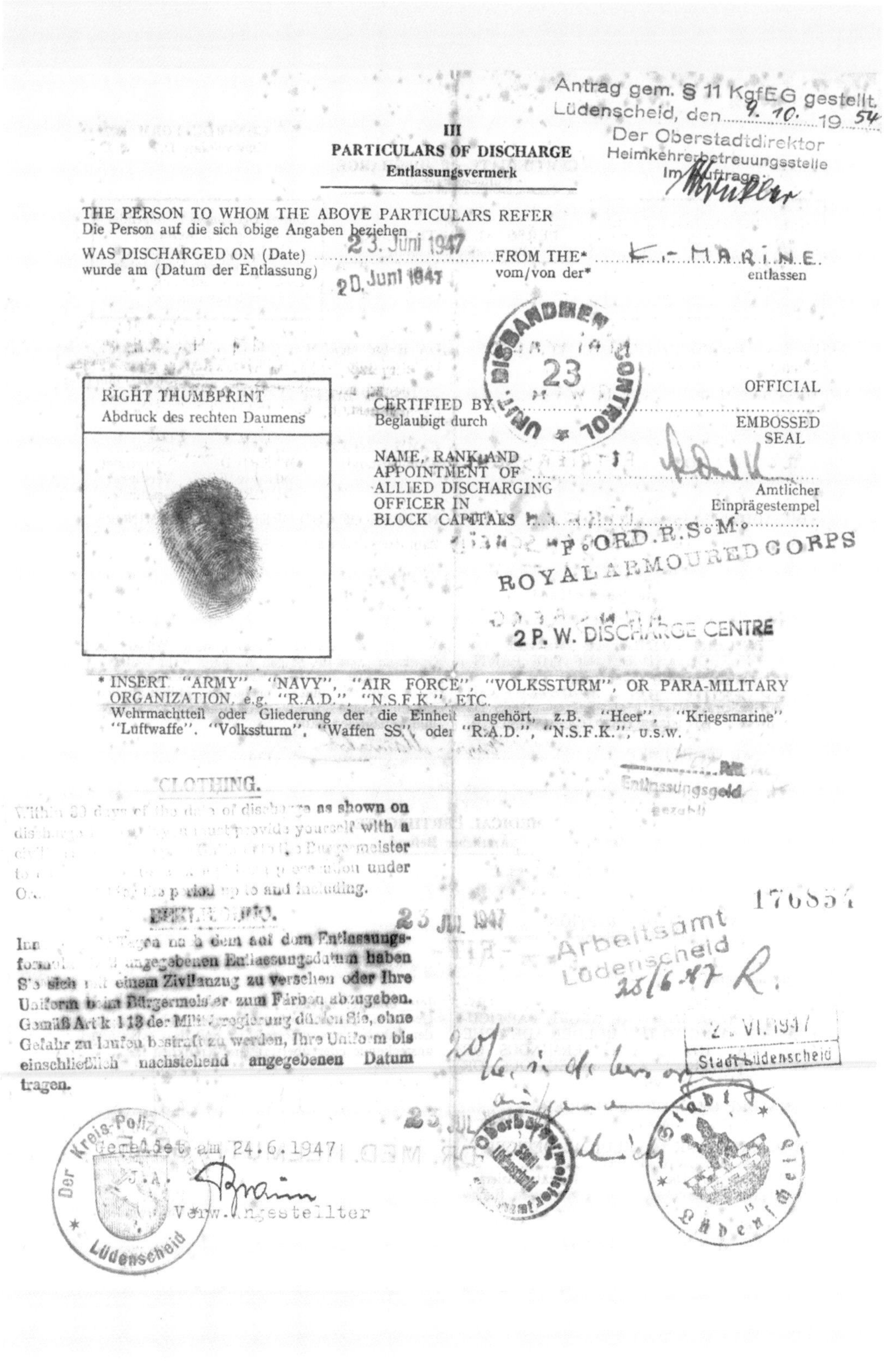

Antrag gem. § 11 KgfEG gestellt.
Lüdenscheid, den 9. 10. 1954
Der Oberstadtdirektor
Heimkehrerbetreuungsstelle
Im Auftrage:

III
PARTICULARS OF DISCHARGE
Entlassungsvermerk

THE PERSON TO WHOM THE ABOVE PARTICULARS REFER
Die Person auf die sich obige Angaben beziehen

WAS DISCHARGED ON (Date) 23. Juni 1947 FROM THE* K.-MARINE.
wurde am (Datum der Entlassung) 20. Juni 1947 vom/von der* entlassen

RIGHT THUMBPRINT
Abdruck des rechten Daumens

UNIT DISBANDMENT CONTROL 23

CERTIFIED BY OFFICIAL
Beglaubigt durch EMBOSSED SEAL

NAME, RANK AND APPOINTMENT OF ALLIED DISCHARGING OFFICER IN BLOCK CAPITALS
Amtlicher Einprägestempel

F. ORD. R. S. M.
ROYAL ARMOURED CORPS
2 P. W. DISCHARGE CENTRE

* INSERT "ARMY", "NAVY", "AIR FORCE", "VOLKSSTURM", OR PARA-MILITARY ORGANIZATION, e.g. "R.A.D.", "N.S.F.K.", ETC.
Wehrmachtteil oder Gliederung der die Einheit angehört, z.B. "Heer", "Kriegsmarine" "Luftwaffe", "Volkssturm", "Waffen SS", oder "R.A.D.", "N.S.F.K.", u.s.w.

RM Entlassungsgeld gezahlt

CLOTHING.

Within 30 days of the date of discharge as shown on discharge certificate you must provide yourself with a civilian suit or ... the Burgomeister ... under ... the period up to and including.

BEKLEIDUNG.

Innerhalb ... Tagen nach dem auf dem Entlassungsformular angegebenen Entlassungsdatum haben Sie sich mit einem Zivilanzug zu versehen oder Ihre Uniform beim Bürgermeister zum Färben abzugeben. Gemäß Artikel 13 der Militärregierung dürfen Sie, ohne Gefahr zu laufen bestraft zu werden, Ihre Uniform bis einschließlich nachstehend angegebenen Datum tragen.

23 JUL 1947

176857

Arbeitsamt Lüdenscheid 25/6.47

2. VI. 1947
Stadt Lüdenscheid

23 JUL 1947

Der Kreis-Polizeibehörde Lüdenscheid
Gemeldet am 24.6.1947
I. A.
Verw. Angestellter

Oberbürgermeister Lüdenscheid

Stadt Lüdenscheid

Die Rückseite des Entlassungsdokuments aus der Kriegsgefangenschaft von Erwin Maiwald.

Beförderungen:

01.05.1943	Funkgefreiter
01.05.1944	Funkobergefreiter

Orden und Ehrenzeichen:

04.08.1944	U-Boot-Kriegsabzeichen 1939
10.11.1944	U-Boot-Frontspange in Bronze
26.12.1944	Eisernes Kreuz 2. Klasse
10.04.1945	U-Boot-Frontspange in Silber
28.04.1945	Eisernes Kreuz 1. Klasse

Maschinengefreiter Ludwig Müller im Herbst 1942. Müller wurde am 7. Januar 1923 in Bad Salzuflen geboren und verstarb am 2. Oktober 2010 in Weißenburg.

Ludwig Müller fuhr als Maschinenobergefreiter auf U 997. Er wurde am 9. August 1945 aus der Gefangenschaft entlassen.

Ludwig Müller, während der Ausbildung bei der 10. Schiffsstammabteilung in Wesermünde. Müller ging als länger dienender Freiwilliger zur Kriegsmarine.

Verleihungs-Urkunde

Auf Grund der Ermächtigung des Oberbefehlshabers der Kriegsmarine verleihe ich dem

Maschinenobergefreiten

Ludwig Müller

das

U-Boots-Kriegsabzeichen 1939

An Bord, den 4. Sept. 1944

Rüggeberg

Fregattenkapitän und Chef
13. Unterseebootsflottille

Verleihungsurkunde zum „U-Boots-Kriegsabzeichen 1939“
an den Maschinenobergefreiten Ludwig Müller.

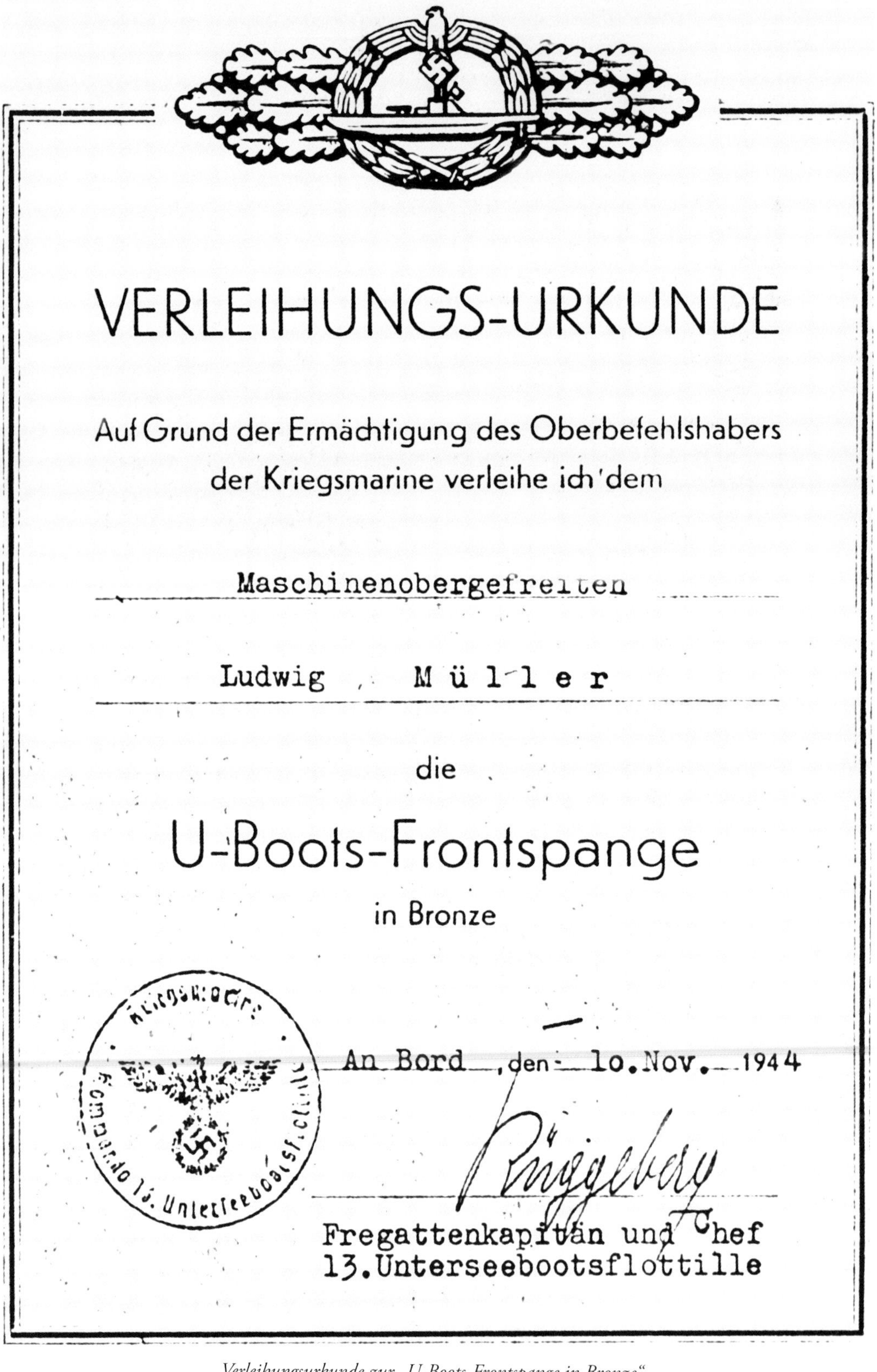

VERLEIHUNGS-URKUNDE

Auf Grund der Ermächtigung des Oberbefehlshabers
der Kriegsmarine verleihe ich dem

Maschinenobergefreiten

Ludwig Müller

die

U-Boots-Frontspange

in Bronze

An Bord, den 10. Nov. 1944

Fregattenkapitän und Chef
13. Unterseebootsflottille

Verleihungsurkunde zur „U-Boots-Frontspange in Bronze" an den Maschinenobergefreiten Ludwig Müller.

Im Namen des Führers
und Obersten Befehlshabers
der Wehrmacht

verleihe ich

dem

Maschinenobergefreiten

Ludwig Müller

das

Eiserne Kreuz 2. Klasse

An Bord, den 10. November 1944

(Dienstsiegel)

Fregattenkapitän
und
Führer der Unterseeboote Nordmeer
(Dienstgrad und Dienststellung)

*Urkunde zur Verleihung des „Eisernen Kreuzes 2. Klasse“
an den Maschinenobergefreiten Ludwig Müller.*

Wilhelm Rützler fuhr als Maschinenobergefreiter auf U 997.
Geboren am 5. März 1924, verstorben am 13. Oktober 2000.

Heinz Sannemann

Heinz Sannemann wurde am 17. Mai 1923 in Schortens, Friesland geboren. Nach dem Besuch der Volksschule in Schortens erlernte er den Beruf des Feinmechanikers auf der Kriegsmarinewerft in Wilhelmshaven. Auf dem zweiten Bildungsweg holte er die Mittlere Reife nach.

Im Winter 1941 wurde Heinz Sannemann zur Kriegsmarine einberufen. Seine Rekrutenzeit absolvierte er bei der 18. Schiffsstammabteilung in Buxtehude, anschließend wurde er zur 10. Schiffsstammabteilung nach Wesermünde kommandiert.

Weitere Stationen seiner Ausbildung lagen in Frankreich und Lütjensburg. Vom 14. März 1943 bis 9. Juni 1943 wurde er zur U-Boot-Ausbildung zur 1. U-Boot-Lehrdivision nach Pillau versetzt.

Im Juli 1943 ging er zur 1. Baulehrkompanie der 8. Kriegsschiffbau-Lehrabteilung (K.L.A.) nach Hamburg und war am 23. September 1943 als Besatzungsmitglied bei der Indienststellung von U 997 dabei. Auf dem Boot erlebte er zwei Feindfahrten, dann kehrte er nach Deutschland zurück, wo er bis Kriegsende an diversen Lehrgängen teilnahm. Sein letzter Dienstgrad war Maschinenobergefreiter.

Bei Kriegsende kam er in britische Gefangenschaft, aus der er 1947 entlassen wurde. Noch im gleichen Jahr trat Heinz Sannemann eine Anstellung bei der Olympia-Schreibmaschinenfabrik in Roffhausen bei Wilhelmshaven an. Von 1954 bis 1981 war er dort als Werkmeister in der Galvanik tätig. Am 23. Dezember 1995 verstarb er unerwartet in Schortens.

Orden und Ehrenzeichen:

U-Boot-Kriegsabzeichen 1939
Eisernes Kreuz 2. Klasse
U-Boot-Frontspange in Bronze
Sämtliche Orden wurden 1944/45 verliehen.

Heinz Sannemann war als Maschinenobergefreiter von der Indienststellung bis September 1944 an Bord von U 997.

Bruno Scheurer fuhr als Maschinenobergefreiter auf U 997.

Bruno Scheurer während eines Heimaturlaubs im Jahr 1944.

Eine Nachkriegsaufnahme von Bruno Scheurer. Geboren am 19. Dezember 1924 verstarb er am 19. August 1990 in Gerolzhofen.

Leo Skibb fuhr als Matrosengefreiter auf U 997. Geboren am 18. Dezember 1924 verstarb er am 8. April 1998 im Alter von 73 Jahren in Hamburg.

Walter Sollmann

Walter Sollmann wurde am 19. Januar 1920 in Bommern bei Witten/Ruhrgebiet geboren. Im Winterhalbjahr 1938/39 absolvierte er den Reichsarbeitsdienst in Lippstadt-Munsterlager 702. Am 1. April 1939 meldete er sich freiwillig zur Kriegsmarine.

Nach der Rekruten- und Bordausbildung nahm er an verschiedenen technischen Lehrgängen teil, dann wurde er auf den Zerstörer „Z-8 Bruno Heinemann" kommandiert.

Den ersten Einsatz erlebte er während der Unternehmung „Weserübung", dem Norwegenfeldzug, als die „Bruno Heinemann" zusammen mit dem Schweren Kreuzer „Admiral Hipper", den Zerstörern „Z-16 Friedrich Eckholdt", „Z-6 Theodor Riedel" und „Z-5 Paul Jacobi" die norwegische Hafenstadt Trondheim besetzte. Dabei wehrten die Zerstörer „Heinemann", „Jacobi" und „Riedel" am 11. April 1940 einen Angriff britischer „Swordfish"-Torpedobomber ab, die vom Flugzeugträgers „Furious" aus gestartet waren. Nach der erfolgreichen Einnahme von Trondheim lief die „Heinemann" nach Deutschland zurück.

Hier wurde der Zerstörer der neu aufgestellten 6. Zerstörerflottille unterstellt. Anfang bis Mitte Mai 1940 folgten drei Minenoperationen im Skagerrak und in der Nordsee. Danach verlegte das Schiff nach Bremerhaven, wo es in der Lloyd-Werft überholt wurde.

Erst Ende März 1941 war die Werftliegezeit beendet, und der Zerstörer wurde nach Westen geschickt. Über Brest erreichte die „Heinemann" am 19. April 1941 La Pallice. Bereits am 22. April lief das Schiff zusammen mit der „Friedrich Ihn" und der „Erich Steinbrinck" zu einem Vorstoß in die Biscaya aus, um den deutschen Hilfskreuzer „Thor" aufzunehmen. Über Cherbourg und Bordeaux kehrten die Schiffe am 10. Mai mit dem Hilfskreuzer nach La Pallice zurück. Am 18. Mai 1941 geleiteten die drei Zerstörer das Marine-Troßschiff „Nordmark" nach Boulogne. Am 2. Juni 1941 sicherten die „Bruno Heinemann" und die „Friedrich Ihn" den aus dem Atlantik kommenden Schweren Kreuzer „Prinz Eugen" in der Biscaya und geleiteten ihn nach Brest. Am 21. und 22. Juni 1941 eskortierte die gesamte 5. Zerstörerflottille, zu der auch die „Bruno Heinemann" gehörte, das Schlachtschiff „Scharnhorst", das vor La Pallice Probefahrten durchführte. Als die „Scharnhorst" am 24. Juli von fünf britischen Bomben beschädigt wurde, begleiteten die Zerstörer der 5. Zerstörerflottille das Schlachtschiff nach Brest. Am 21. August 1941 liefen die „Bruno Heinemann", die „Erich Steinbrinck", „Z-23" und „Z-24" in die Biscaya aus, um den Hilfskreuzer „Orion" sicher in die Girondemündung zu geleiten. Am 6. September verlegten dann die „Bruno Heinemann" und die „Erich Steinbrinck" von La Pallice aus durch den Ärmelkanal nach Bremen zur Deschimag Werft zur Grundüberholung. Am 12. Dezember war der Zerstörer wieder einsatzbereit und lief zu Flottenübungen in die Ostsee aus, die bis zum 14. Dezember 1941 dauerten. Am 13. Januar 1942 schloss sich die „Bruno Heinemann" dem Verband an, der das deutsche Schlachtschiff „Tirpitz" nach Trondheim in Norwegen begleitete. Nach Entlassung des Schlachtschiffs liefen die Zerstörer nach Kiel zurück. Am 24. Januar 1942 machten sich die „Bruno Heinemann", die „Richard Beitzen", die „Hermann Schoemann" und die „Paul Jacobi" auf den Weg von Kiel nach Westfrankreich. Es war bitterkalt, die See rau und die Zerstörer hatten mit Vereisungen zu kämpfen. Während der Nachtfahrt entlang der westfriesischen Inseln wurde die „Paul Jacobi" durch Seeschlag am Bug beschädigt, die Flottille musste außerplanmäßig zur Reparatur nach Vlissingen marschieren. Am 25. Januar 1942 konnte die Fahrt durch den Ärmelkanal weitergehen. Gegen 21.00 Uhr näherten sich die Schiffe mit einer Geschwindigkeit von etwa 18 Knoten der Meerenge von Dover, etwa 20 Seemeilen von der belgischen Küste entfernt.

Um 21.13 Uhr explodierte unter dem Vorschiff der „Bruno Heinemann" eine Mine. Der Zerstörer scherte darauf sofort aus dem Verband aus. Die Kesselräume 2 und 3 waren ausgefallen. Im gleichen Augenblick explodierte eine zweite Mine, die dem Schiff den Bug abriss. Die „Heinemann" begann schnell nach vorne wegzusacken.

Als der Horchraum der „Beitzen" schnell laufende Schraubengeräusche von feindlichen Torpedo- oder Schnellbooten meldete, wurde der „Jacobi" befohlen, die Schiffbrüchigen der „Heinemann" zu retten. Die Rettungsaktion wurde um 23.25 Uhr beendet. 93 Besatzungsmitglieder der „Heinemann" hatten den Tod gefunden, 229 Mann waren von der „Richard Beitzen" und der „Paul Jacobi" gerettet worden. Unter ihnen befand sich Walter Sollmann.

Nach einem längeren Erholungsurlaub wurde Walter Sollmann zur U-Boot-Waffe versetzt, zunächst zur 2. U-Boot-Lehrdivision/22. U-Flottille nach Gotenhafen, wo er auf den Schul-U-Booten U 554 und U 560 Dienst tat. Im Spätsommer 1944 kam Walter Sollmann zur 13. U-Flottille nach Trondheim, wo er dem Zentralepersonal von U 997 zugeteilt wurde.

Während einer Feindfahrt erkrankte er schwer und musste mit einem Flugzeug nach Deutschland geflogen werden, wo er im Marine-Reservelazarett Kiel-Hassee operiert wurde. Erst Anfang Januar 1945 kehrte Walter Sollmann nach Norwegen zurück und machte die beiden letzten Feindfahrten von U 997 im März und April 1945 mit. Sein letzter Dienstgrad war Maschinenhauptgefreiter. Wie seine Kameraden kam er in britische Kriegsgefangenschaft nach England, aus der er am 13. Dezember 1946 entlassen wurde.

Von 1947 bis 1958 arbeitete Walter Sollmann im Bergbau. Noch im gleichen Jahr siedelte er in die damalige DDR über, um hier 1960 seine große Liebe zu heiraten. Der gelernte Karosseriebauer fand gleich Arbeit als Busfahrer bei den Buna-Werken,

Walter Sollmann fuhr zu Kriegsbeginn auf dem Zerstörer „Z-8 Bruno Heinemann". Auf dem Foto trägt er das Zerstörerkriegsabzeichen.

Walter Sollmann fuhr als Maschinenhauptgefreiter auf U 997.
Auf dem Bild trägt er bereits das Eiserne Kreuz 2. Klasse.

später wechselte er zum VEB Kraftverkehr Merseburg und 1970 zum VEB Kraftverkehr Ribnitz, wo er bis zu seinem Ruhestand arbeitete. Am 15. Dezember 2007 verstarb Walter Sollmann in Ribnitz. Seine Seebestattung fand auf der Ostsee bei Rostock statt.

Orden und Ehrenzeichen:

Reichssportabzeichen
Zerstörer-Kriegsabzeichen
U-Boot-Kriegsabzeichen 1939
U-Boot-Frontspange in Bronze
Eisernes Kreuz 2. Klasse
U-Boot-Frontspange in Silber

Günter Surauf fuhr als Funkgefreiter auf U 997. Auf der Aufnahme trägt er die U-Boots-Frontspange in Silber, die ihm im April 1945 in Norwegen verliehen wurde.

Günter Surauf während einer Skitour mit Kameraden in Norwegen.

Werner Trösken

* 01.10.1925 in Dortmund

1939	Lehre als Bergmann
01.07.1943	Freiwillige Meldung zur Kriegsmarine
01.07.1943 – 11.09.1943	Rekrutenausbildung bei der 5. Kompanie/6. Schiffsstammabteilung in Wilhelmshaven
12.09.1943 – 10.10.1943	Kommandierung zur 8. Schiffsstammabteilung in Leer/Ostfriesland
11.10.1943 – 10.01.1944	U-Boot-Ausbildung bei der 2. U-Boot-Lehrdivision (U.L.D.) in Gotenhafen
11.01.1944 – 03.03.1944	Ausbildung bei der 2. U-Boot-Flak-Lehrkompanie der Marineflakschule VII in Swinemünde
04.03.1944 – 14.03.1944	U-Lehrgang bei der 4. Kompanie/1. U-Boot-Ausbildungsabteilung in Plön
15.03.1944 – 30.04.1944	Matrosenobergefreiter für Fliegerabwehr auf U 997/ 5. U-Flottille
01.05.1944 – 31.05.1944	Matrosenobergefreiter für Fliegerabwehr auf U 997/ 9. U-Flottille
01.06.1944 – 03.1945	Matrosenobergefreiter für Fliegerabwehr auf U 997/ 13. U-Flottille
03.1945 – 19.05.1945	Matrosenobergefreiter für Fliegerabwehr auf U 997/ 14. U-Flottille
19.05.1945 – bis Ende 1945	Kriegsgefangenschaft in England bzw. Schottland, Entlassung über das Durchgangslager Munsterlager

Nach dem Krieg ergriff Werner Trösken wieder seinen erlernten Beruf als Bergmann. Er arbeitete bei der Firma Harpener-Bergbau auf der Zeche Kaiserstuhl in Dortmund. 1981 trat er in den Ruhestand. Werner Trösken verstarb am 13. Juli 2002 in Dortmund.

Beförderungen:

01.03.1944	Matrosengefreiter
01.03.1945	Matrosenobergefreiter

Das Foto von Werner Trösken aus dem Jahr 1943 stammt aus seinem Wehrsoldbuch.

In Gefangenschaft 1945: Werner Trösken ist auf der Aufnahme der dritte von links in der hinteren Reihe.

Orden und Ehrenzeichen:

04.09.1944	U-Boot-Kriegsabzeichen 1939
10.11.1944	U-Boot-Frontspange in Bronze
26.12.1944	Eisernes Kreuz 2. Klasse
10.04.1945	U-Boot-Frontspange in Silber
28.04.1945	Eisernes Kreuz 1. Klasse

*Paulus (genannt Paul) Wedel ist am 25. Mai 1922 in Nürnberg geboren worden.
Auf dem Foto ist er oben links zu sehen zusammen mit seiner Mutter, seinem Vater und seiner zukünftigen Frau, die er am 10. März 1945 heiratete. Aus der Ehe gingen zwei Kinder hervor.*

Paul Wedel mit seiner Frau Klara. Er war Matrosenobergefreiter auf U 997. Nach der Gefangenschaft übte er seinen erlernten Beruf als Maurer bis zur Rente aus. Er verstarb am 24. Februar 2007 in Nürnberg.

Besatzungsliste U 997

Kommandant: Oberleutnant zur See Hans Lehmann (kompletter Zeitraum)

I. Wachoffizier: Oberleutnant zur See Gerhard Nösel
(23.09.1943 – 10.1944)
Oberleutnant zur See Walter-Erich Friederichs
(10.1944 – Kriegsende)

II. Wachoffizier: Leutnant zur See Walter-Erich Friederichs
(23.09.1943 – 10.1944)
Leutnant zur See Diether Wolffram
(10.1944 – Kriegsende)

III. Wachoffizier: Oberleutnant zur See Theodor Kundt
(03.01.1945 – Kriegsende)

Zusatz-Wachoffizier: Oberleutnant zur See Ingolf Windschügl
(10.1943 – 03.1944)
Leutnant zur See Norbert Köhler
(01.1944 – 04.1944)

Leitender Ingenieur: Oberleutnant (Ing.) Klaus-Ulrich Sadewasser
(kompletter Zeitraum)

Wachingenieur: Leutnant (Ing.) Albert Wieduwilt
(03.1945 – Kriegsende)

I. Division

Obersteuermann: Walter Schwab

Seemännische Nr. 1: Oberbootsmaat Medler
Bootsmaat Goldberg

Seemännische Nr. 2: Bootsmaat Goldberg
Bootsmaat Erich Sachse †
Bootsmaat Wolters

Seemännische Nr. 3:	Bootsmaat Geiger Bootsmaat Eugen Zich
Seeleute:	Matrosenhauptgefreiter Koch Matrosenhauptgefreiter Paukner Matrosenhauptgefreiter Willi Schneidereit Matrosenobergefreiter Kurt Chinnow Matrosenobergefreiter Herbert Goldbeck Matrosenobergefreiter Fritz Klammer Matrosenobergefreiter Klockenmeier Matrosenobergefreiter Heinz Lange Matrosenobergefreiter Nadler Matrosenobergefreiter Nadolny Matrosenobergefreiter Naefe Matrosenobergefreiter Erich Schaller (Smutje) Matrosenobergefreiter Werner Trösken Matrosenobergefreiter Paul Wedel Matrosengefreiter Franz-Xaver Buchner Matrosengefreiter Paul Pfennig Matrosengefreiter Putz Matrosengefreiter Leo Skibb Matrosengefreiter Walter Uhl
Torpedomechaniker-personal:	Obermechanikermaat Bruno Czublinski (nach dem Krieg Redies-Czublinski) Obermechanikermaat Willi Schallenberg Mechanikerobergefreiter Karl Eisenhardt Mechanikerobergefreiter Robert Grützenbach Mechanikergefreiter Herbert Schmitz
Funker:	Oberfunkmaat Wolfgang Gindorf Funkmaat Heinz Wysgol Funkobergefreiter Vinzenz Koller Funkobergefreiter Erwin Maiwald Funkobergefreiter Günther Surauf Funkgefreiter Ludwig Funkgefreiter Wieland
Sanitäter:	Sanitätsobermaat Franz Krause

II. Division

Maschinenpersonal: Obermaschinist (E) Jimmy Barkowski
Obermaschinist (D) Herbert Kistenmacher
Obermaschinist (D) Walter Tegtmeier
Obermaschinenmaat Gerhard Hoffmann
Obermaschinenmaat Rudolf Trogbacher
Maschinenmaat Emil Ascherl
Maschinenmaat Herfert
Maschinenmaat Kiener
Maschinenmaat Horst Puder
Maschinenmaat Schwarz
Maschinenhauptgefreiter Walter Sollmann
Maschinenobergefreiter Ernst Eisenmenger
Maschinenobergefreiter Otto Gerecht
Maschinenobergefreiter Ludwig Müller
Maschinenobergefreiter Heinrich Öhrlein
Maschinenobergefreiter Willi Rützler
Maschinenobergefreiter Heinz Sannemann
Maschinenobergefreiter Bruno Scheurer
Maschinenobergefreiter Schneemann
Maschinenobergefreiter Schneider
Maschinenobergefreiter Schrader
Maschinenobergefreiter Georg Schüsselbauer
Maschinengefreiter Brunk
Maschinengefreiter Klein
Maschinengefreiter Knoll
Maschinengefreiter Koch
Maschinengefreiter Günter Schmengler

Seeleute:
Matrose II: Igl

Anlage 2: U 997 – ein U-Boot vom Typ VII-C/41

Werft:	Blohm & Voss, Hamburg
Bauauftrag:	14.10.1941
Baunummer:	197
Kiellegung:	07.12.1942
Stapellauf:	18.08.1943
Indienststellung:	23.09.1943
Feldpostnummer:	55 164

Technische Daten:

Länge:	67,1 Meter
Breite:	6,2 Meter,
Tiefgang:	4,8 Meter
Wasserverdrängung über Wasser:	759 Tonnen
Wasserverdrängung unter Wasser:	860 Tonnen
Besatzung:	44 bis 56 Mann
Reichweite über Wasser:	9.500 Seemeilen bei 10 Knoten (Diesel)
Reichweite unter Wasser:	80 Seemeilen bei 4 Knoten (elektrisch)
Tauchtiefe:	bis zu 250 Meter
Alarmtauchzeit:	30 Sekunden
Geschwindigkeit über Wasser:	17 Knoten
Geschwindigkeit unter Wasser:	7,6 Knoten
Dieselmotoren:	2 Dieselmotoren M.A.N. mit 2.800 PS
E-Motoren:	2 E-Motoren Brown, Boveri & Cie. mit 750 PS
Treibstoffvorrat:	114 Tonnen

Bewaffnung:

4 Bug- und 1 Hecktorpedorohr (53,3 cm),
10 Torpedos oder 30 Minen

Flak-Bewaffnung:
eine 3,7-cm-Fla-Kanone und
zwei 2-cm-Zwillingskanonen mit circa 8.500 Schuss

Modell eines U-Bootes vom Typ VII-C/41.

Anlage 3: U 997 – Embleme, Malings und Flottillenabzeichen

Nach Angaben von Vinzenz Koller war das Bootsabzeichen der „Rote Renner“, inspiriert durch das Bootsfahrrad, das unter dem Oberdeck von U 997 festgezurrt war und das Boot von Hamburg über die Ausbildungsfahrten in der Ostsee bis nach Hammerfest begleitete. Die Farben waren: Die Kleidung des Mannes blau, das Fahrrad rot, die Laterne mit Licht gelb und der Torpedo stahlblau.

Der „Rote Renner“ war nach Angaben von Vinzenz Koller
das Bootsabzeichen von U 997.

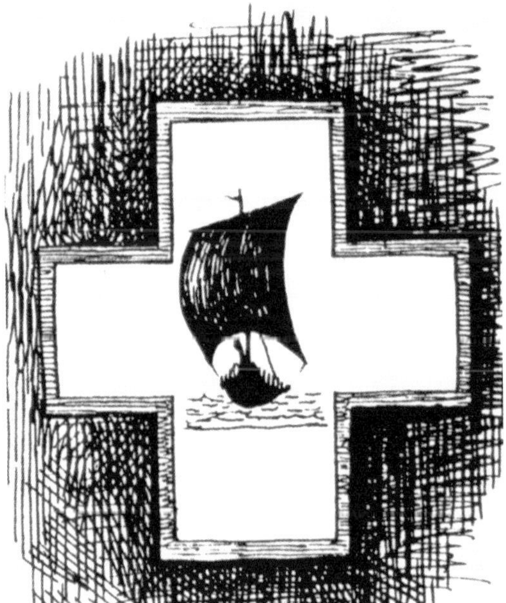

Das Flottillenabzeichen der
13. U-Flottille in Trondheim.

Das Flottillenabzeichen der
14. U-Flottille in Narvik.

Anlage 4: Deutsche Marine-Quadratkarten (Ausschnitte)

Diese Marine-Quadratkarten wurden erstmals in Jürgen Rohwers Buch „Die U-Boot-Erfolge der Achsenmächte 1939 – 1945“, herausgegeben von der Bibliothek für Zeitgeschichte bei J. F. Lehrmanns Verlag, München 1968, veröffentlicht. Gezeichnet wurden die Karten von Rolf Schindler nach Entwürfen von Professor Dr. Jürgen Rohwer. Formatbedingt mussten die Karten geteilt werden. Der Druck erfolgt mit freundlicher Genehmigung des Herausgebers o. g. Buches.

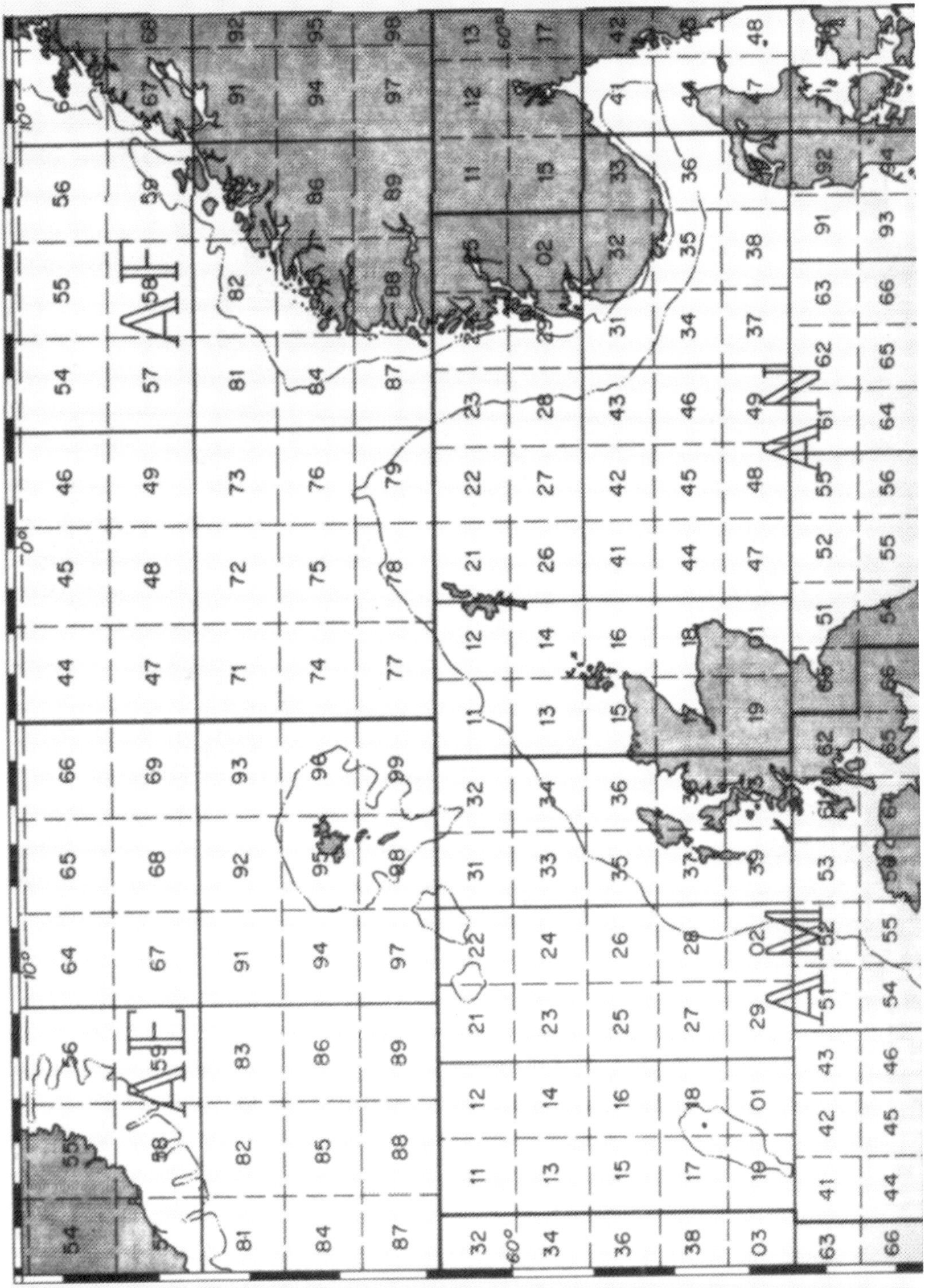

Deutsche Marine-Quadratkarten
(Nordsee, östlicher Nordatlantik und Nordmeer).

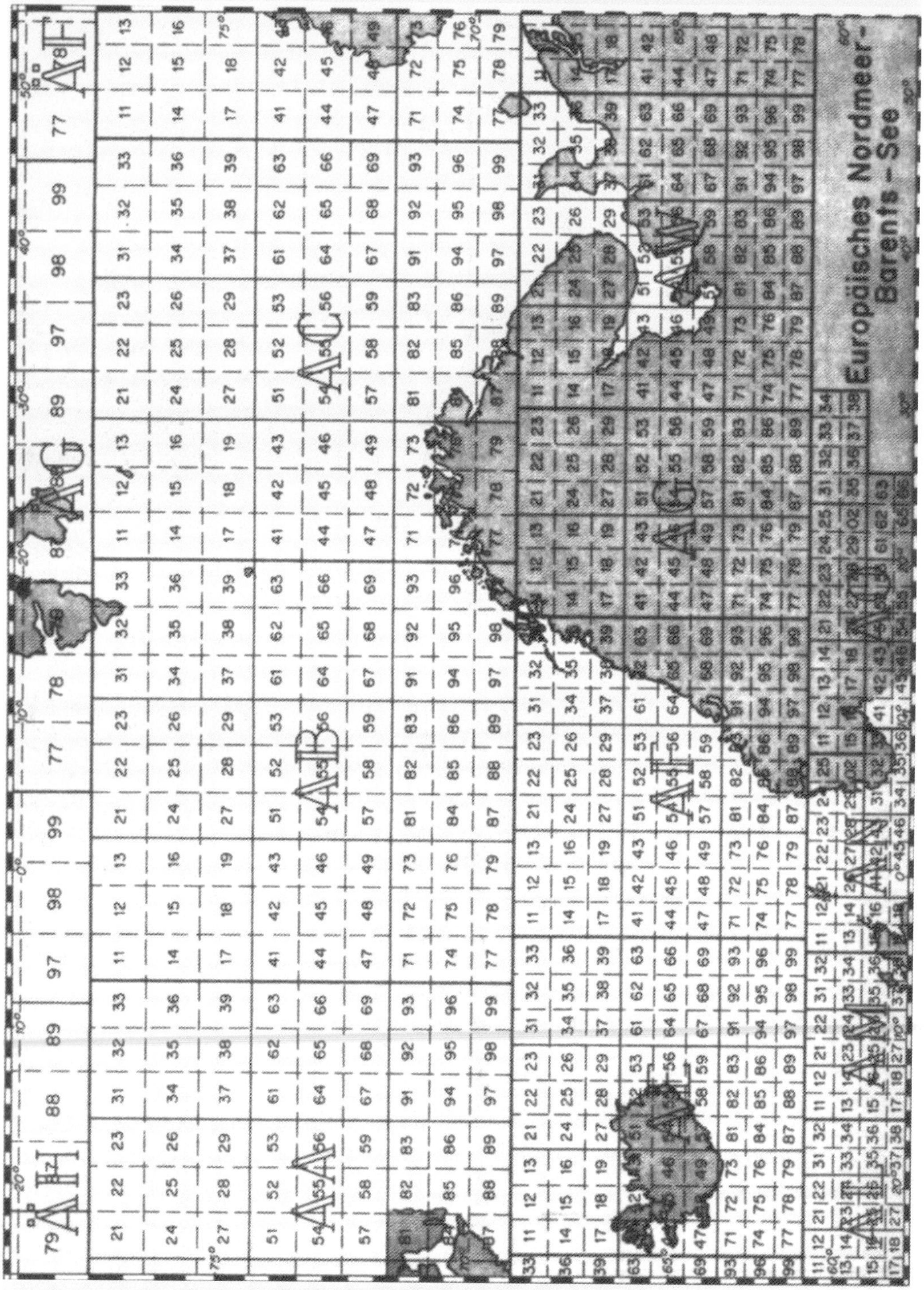

Deutsche Marine-Quadratkarten
(Nordsee, Europäisches Nordmeer und Barentssee).

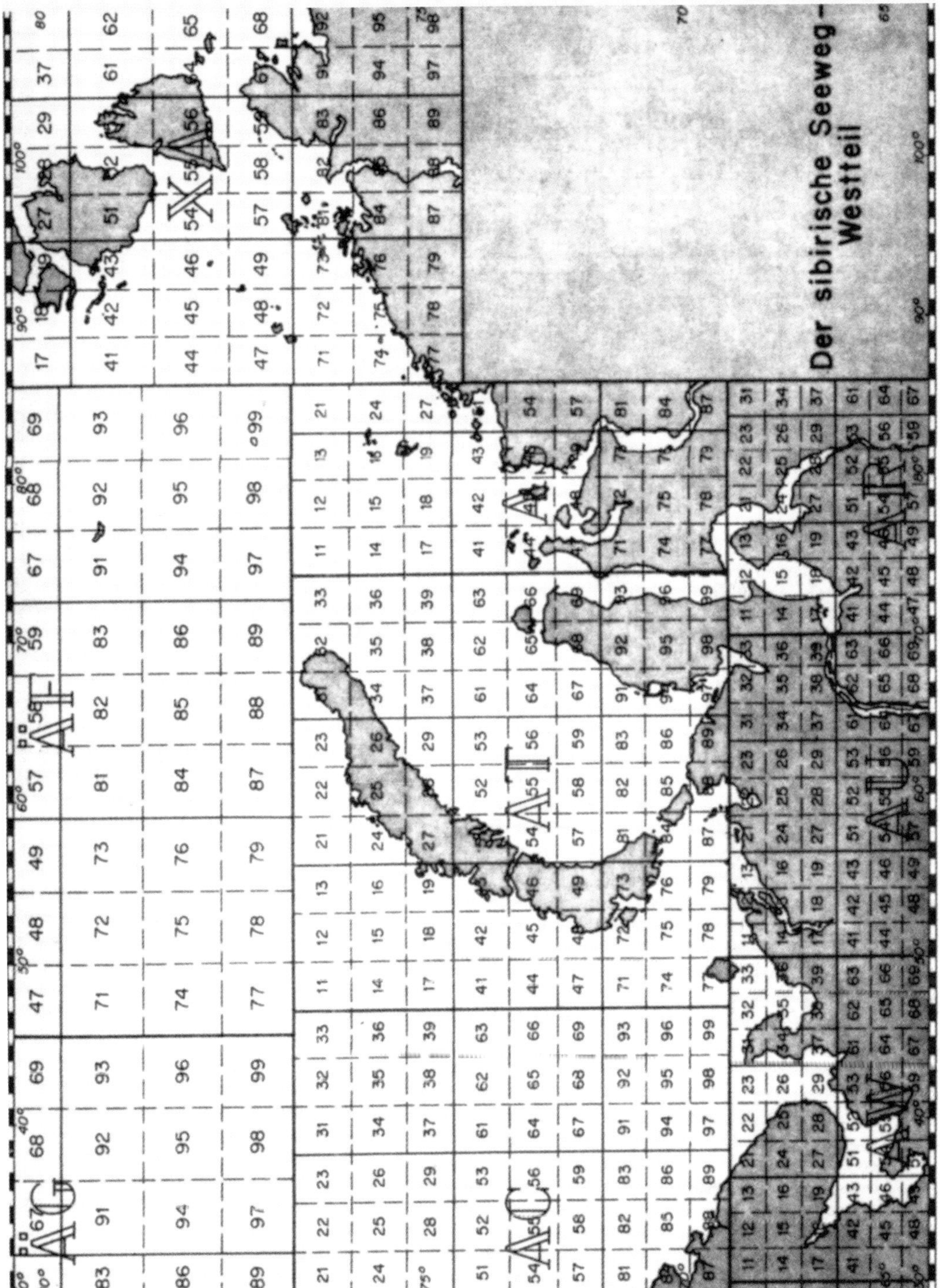

Deutsche Marine-Quadratkarten
(Eismeer, Karasee, Westteil des sibirischer Seeweges).

Anlage 5: Glossar

Aale: Marinejargon für Torpedos
achtern: nach hinten oder zum Heck des Bootes gehen
Agru-Front: Ausbildungsgruppe für Front-U-Boote
A.K.: Äußerste Kraft
Alberich: Gummibeschichtung des U-Bootes, das eine „Asdic"- oder Sonarortung des U-Bootes durch den Gegner erschweren sollte
Aphrodite: Schwebeballon, der Aluminiumstreifen hinter sich her zog und bei den alliierten Überwasserradars ein Radarecho erzeugte, das dem eines auftauchenden U-Boots ähnlich war. Der Austoß der Ballons diente zur Irritierung der gegnerischen Radarortung.
ASDIC: Anti Submarine Detection Investigation Committee (Ortungssystem durch Ultraschallwellen zum Aufspüren getauchter U-Boote, Vorläufer des Sonars)
Asto: Admiralstabsoffizier
A-Torpedo: Torpedo mit Pressluftantrieb
ausblasen: Ausdrücken der Luft aus den Tauchzellen mittels Pressluft

Back: Tisch
Back: vorderer Aufbau eines Schiffes oder Bootes
Backbord: Seemännisch für Links
backen und banken: Essenszeit
Ballast: Gewicht (in der Regel Fracht oder Seewasser), dass zur Kontrolle des Auftriebs des Bootes benutzt wird.
Banken: Bänke
Barkasse: Beiboot, auch großer Topf zum Essenholen
B-Dienst: Beobachtungsdienst; Dienst, der den gegnerischen Funkverkehr abhörte und auswertete
B.d.U.: Befehlshaber der Unterseeboote
Besteck nehmen: Standortbestimmung mit Hilfe der Sonne oder Sterne
Bilge: tiefster Raum im Boot, zum Sammeln von Schwitzwasser oder ins Boot eingedrungene Wasser. Mit Pumpen konnte das Wasser aus dem Boot herausgepumpt werden.
B-Meldung: Beobachter-Meldung
Bold: Täuschungskörper zur Irreführung des gegnerischen Sonar. Ein mit Calziumhydrit gefüllter Behälter wurde aus dem Boot ausgestoßen. Die Chemikalie erzeugte einen Blasenschwall, der die Sonarimpulse reflektierte und damit ein Scheinziel bildete.
BRT: Bruttoregistertonnen
Bug: Der Vorderteil eines Schiffes

cbm: Kubikmeter
Crew: Offiziersjahrgang, auch Besatzung

Dez: 1 Dez entspricht 10 Grad
Druckkörper: Hauptteil des U-Boots, der dem Tauchdruck standhalten muss
Durchpendeln: Das Boot in eine stabile Lage bringen, dass es weder sinkt noch steigt. Kleinere Abweichungen können dann mit dem Tiefenruder ausgeglichen werden.
Dwarslinie: Formation, bei der die Kriegsschiffe nebeneinander fahren
Dwarssee: Wellenbewegung von der Seite
Dwarswind: Wind von der Seite

E-Maschine: Elektro-Maschine
Enigma: Verschlüsselungsmaschine, um Funksprüche zu codieren und decodieren
E.S.: Erkennungssignal
Etmal: Die Entfernung, die ein U-Boot innerhalb von 24 Stunden zurücklegt. Gemessen wird die Zeit von 12.00 Uhr mittags bis 12.00 Uhr mittags des nächsten Tages.
ETO: Torpedo mit elektrischem Antrieb

F.A.A.: Fleet Air Arm der Royal British Navy
Fächer: Mehrere kurz hintereinander abgefeuerte Torpedos mit leicht versetztem Kurs
F.A.T.: Flächenabsuchender Torpedo oder Federapparat-Torpedo
F.d.U.: Führer der Unterseeboote
Fender: Ein Schutzkörper oder Puffer, der an der Bordwand eines Bootes befestigt wird, um Beschädigungen des Bootes durch Stoß oder Reibung an der Kaimauer oder einem anderen Boot oder Schiff, neben dem das Boot liegt, zu verhindern.
Flak: Flugzeugabwehrkanone
Flawaffen: Flugzeugabwehrwaffen
Flibo: Abkürzung für eine Fliegerbombe
Flüstertüte: Megaphon
FT: Funktelegraphie
Fu.M.B.: Funkmessbeobachtungsgerät
Fu.M.O.: Funkmessortungsgerät
Funkbeschickung: Dient zur Erstellung einer Funkbeschickungstabelle für Funkfeuer an Land. Vor dem Auslaufen eines U-Bootes, fuhr eine Messschiff um das U-Boot herum, um die Sektoren 90°, 180°, 270° und 360° auszumessen. Dabei wurde die Abweichung durch die metallene Masse des Bootes und seiner Aufbauten ermittelt.

G7a: Torpedo mit Druckluft- oder Dampfantrieb
G7e: Torpedo mit elektrischem Antrieb

Gast: Mannschaftsdienstgrad, an bestimmte Tätigkeiten gebunden, z. B. Signalgast oder Funkgast
G.H.G.: Gruppenhorchgerät
Gräting: Gitterrost z.B. auf dem Oberdeck des U-Bootes

Hartlage: äußerste Lage des Ruderblattes nach Steuer- oder Backbord
Heck: hinterer Teil des Bootes
Hedgehog (Igel): Eine von U-Boot-Jägern eingesetzte U-Boot-Abwehrwaffe, die einen Fächer von 24 Granaten, die mit Aufschlagzünder bestückt waren, nach vorne abschießen konnte. Beim Auftreffen einer Granate auf eine U-Boot detonierte die Ladung. Ein bis zwei Granattreffer konnten ausreichen, ein U-Boot zu versenken.
Hektometer (Hm): 1 Hm = 100 Meter, Entfernungsangabe
H.K.T.: Höherer Kommandeur der Torpedoschulen
H.S.O.: Handelsschiffsoffizier
Huff-Duff: gleichbedeutend mit Hf/Df oder High Frequency Direction Finder (Hochfrequenzpeiler)
Hydrophon: Unterwasserrichtmikrofon zur Ortung von Geräuschen.

Ju 52: Transportflugzeug der Junkers-Werke
Ju 88: zweimotoriges Kampfflugzeug der Junkers-Werke
Jumbo: Dieselmotor
Ju-Verdichter: Luftverdichter der Firma Junkers. An Bord von U-Booten diente er zur Erzeugung von Pressluft, die zum Anlassen der Dieselmotoren und zum Ausblasen der Tauchtanks benötigt wurde. Die Pressluft wurde in Pressluftflaschen gespeichert.

Kaleu: Abkürzung für Kapitänleutnant, übliche dienstliche Anrede
Kali-Patrone: Filter eines Atemgerätes, welcher Kohlendioxyd absorbiert
KDB: Kristallbasisdrehgerät. Zusätzliches Horchgerät zum G.H.G., jedoch mit geringer Reichweite zum Aufspüren von Schiffen
Keller: Ausdruck im Marinejargon für einen tiefen Tauchgang bis an die Belastungsgrenze eines U-Bootes
Kiel: Unterkante des U-Bootes, dass aus Eisenballast besteht
Kimm: Seehorizont
Kn: Knoten = Sm/h
Kombüse: Küche auf einem Schiff
Kompensieren, Kompensation: Ausgleich von Schiffsmagnetfeldern
Konvoi: Geleitzug von mehreren Handelsschiffen
Koppeln: Eintragung des zurückgelegten Seeweges auf der Seekarte nach Kursen und Geschwindigkeit, ohne Bestecknahme

Kreiselkompass: Anlage zur Bestimmung des Kurses auf der Grundlage eines richtungssuchenden Kreisels
Kreiseltochter (-töchter): Kompass, der vom Haupt-(Kreisel-)Kompass die Werte übermittelt bekommt (Hauptkreisel im Bootsinnern, Kreiseltöchter z. B. an der Ruderanlage in Turm, Zentrale, Brücke etc.)
KTB: Kriegstagebuch
Kugelschott: runder, druckfester Verschluss (Türe) zwischen den Abteilungen eines U-Boots
Kujambels: Marinejargon für Elektrizität
Kujambelwasser: Marinejargon für Limonade
Kurs: Fahrtrichtung des Bootes
KW: Kurzwelle
KW-Kanal: Kaiser-Wilhelm-Kanal
KzS: Kapitän zur See

Lage Null: Gegner in „Lage Null“ bedeutet, dass ein Feindschiff frontal auf das U-Boot zuläuft.
Lee: die dem Wind abgekehrte Seite
Leigh-Lights: starker, beweglicher Suchscheinwerfer an britischen Flugzeugen zur Zielausleuchtung bei Nachteinsätzen
Lenzpumpe: Pumpe, mit der der Bootsraum ausgepumpt wird
LI: Leitender Ingenieur
Lot: Wassertiefenmessung mit dem Echolot
Lüfter: Luftumwälzer
Luk: Öffnung (Türe oder Stahldeckel) im Bootskörper
LUT: lagenunabhängiger Torpedo
Luv: die dem Winde zugekehrte Seite
LW: Langwelle
LzS: Leutnant zur See

Maat: Unteroffizier
Malhalla: Marinejargon für große Menge
Mallung: Hin- und Herwechseln der Windrichtung
Mannen: Weiterreichen z.B. von Eimern (Pützen) in einer Kette
Marinequadrat: Teil der auf der Merkatorprojektion basierenden Quadratkarten der Kriegsmarine; die in ein System von Groß- und Kleinquadraten unterteilte Seekarte wurde durch eine Buchstaben- und Zahlenkombination aufgeschlüsselt
Maschinentelegraph: Signalgerät zwischen Zentrale und Maschinenräumen
Me 323 „Gigant“: sechsmotoriges Transportflugzeug der Messerschmitt-Werke

Metox: Radarbeobachtungsgerät
MG: Maschinengewehr
Milchkuh: Marinejargon für Versorgungs-U-Boote vom Typ XIV
Mittelwächter: Kaffee um Mitternacht
Mixer: Torpedomechaniker
M.L.A.: Marineunteroffizierslehrabteilung
M.Pi: Maschinenpistole
Mülltonne: Marinejargon für eine Wasserbombe

Naxos: Radarbeobachtungsgerät

ObdM: Oberbefehlshaber der Kriegsmarine
Oberdeckstube: Torpedobehälter an Oberdeck
O.K.M.: Oberkommando der Kriegsmarine
OlzS: Oberleutnant zur See

Pak: Panzerabwehrkanone
Peilung: Bezeichnung für den Winkel unter dem sich ein Objekt relativ zum Boot befindet.
Periskop: Sehrohr
Pier: ortsfeste Landungsstelle
PK: Propagandakompanie
PQ: Planquadrat
Pütz: Eimer

RAD: Reichsarbeitsdienst
Radar: Radio Dedection and Ranging (frei übersetzt: Funkortung und -abstandsmessung)
RAF: Royal Air Force (Königlich Britische Luftwaffe)
raken: angreifen
RDA: Rangdienstalter
Rechtweisender Kurs (rwK): bezieht sich auf geografisch Nord und bezeichnet den Wert des Winkels, der sich zwischen der geografischen Nord-Süd-Richtung und der Kielrichtung des Schiffes oder Bootes bildet
Reesen: viel sprechen oder quasseln
Rudeltaktik: von Karl Dönitz entwickelte Taktik: U-Boote greifen in Gruppen Geleitzüge an

S.A.S.: Schiffsartillerieschule
Saugebodenventil: ein nach dem Ejektorprinzip selbstlenzendes Ventil

Schapp: kleiner Raum auf einem Schiff
Schleichfahrt: langsame Unterwasserfahrt mit geringstmöglicher Geräuschentwicklung, gleichzeitig sparsamste Fahrt
Schnorchel: ausklappbarer Luftmast, mit dem hauptsächlich die späteren U-Boote 1944/1945 ausgerüstet waren.
Mit dem Schnorchel konnte die Luft angesaugt und die Auspuffgase ausgestoßen werden. So konnten die U-Boote mit ausgefahrenem Schnorchel unter Wasser mit den Dieselmotoren fahren.
Seekuh: Marinejargon für ein großes U-Boot der Typen IX, X B und XIV
Seemännische Nr. 1: 1. Maat an Bord
Seemeile: 1 Seemeile = 1.852 Meter
S-Gerät: Sonargerät
Sehrohr: optisches Instrument, um aus dem getauchten U-Boot Wasseroberfläche und Himmel einsehen zu können, auch Periskop, Spargel
Skl: Seekriegsleitung
Sm/h: Seemeile pro Stunde
Smut: Schiffskoch
SOS: Notruf auf See
Spargel: Sehrohr (umgangssprachlich)
Squadron: Staffel
SSS: Notruf auf See bei Sichtung oder Angriff eines U-Boots
S.St.Abt.: Schiffsstammabteilung
Steuerbord: seemännischer Ausdruck für Rechts
Süll: aufrechtstehende Einfassung von Öffnungen im Deck von Schiffen
Support Groups: Unterstützungsgruppe, U-Jagdgruppe

T-5, Zaunkönig: Horchtorpedo, der mikrophongesteuert dem lautesten Geräusch nachläuft, also ein fahrendes Kriegs- oder Handelsschiff selbstständig verfolgt und meist in Schrauben- und Ruderanlagen trifft, auch akustisch-zielsuchender Torpedo genannt
Tauchbunker: sind zunächst mit Treiböl gefüllt, das mit der Zeit verbraucht und durch Seewasser ersetzt wird; nach dem Ausblasen können sie als Tauchzellen verwendet werden
Tauchretter: Sauerstoffgerät zum Verlassen gesunkener U-Boote, bis zu 80 Metern Tiefe einsatzbereit
Tauchzelle: bei Überwasserfahrt mit Luft gefüllt, wird beim Tauchvorgang durch Entlüften geflutet
T.E.K.: Torpedoerprobungskommando
Tiefenruder: eine Art Seitenflügel am U-Boot zur Steuerung der Auf- und Abwärtsfahrt

Tons (ts): Tonnenangabe bei Kriegsschiffen, bezeichnet das Gewicht des verdrängten Wassers. Bei Handelsschiffen wird das Raummaß der Wasserverdrängung Bruttoregistertonnen (BRT) genannt
Törn: Schicht
Torpedo: selbst angetriebene Mine
Trimm: das Aufrechterhalten des Auftriebs in einer gegebenen Tiefe
Triton Null: Befehl des B.d.U. Karl Dönitz vom September 1942 nach der Versenkung des britischen Truppentransporters „Laconia". Beim Versuch Schiffbrüchige der Laconia zu retten, wurde U 156 von einem US-Flugzeug angegriffen und dabei schwer beschädigt.
Der Befehl besagte, das den Überlebenden versenkter Schiffe keine Hilfe mehr geleistet werden dürfte, um das eigene U-Boot nicht zu gefährden.
Tunisgerät: Funkmessortungsgerät
T.V.A.: Torpedoversuchsanstalt

U.A.A.: U-Boot-Ausbildungsabteilung
U.A.G.: U-Boot-Abnahmegruppe
U.A.K.: U-Boot-Abnahmekommando
U-Fl.: U-Boot-Flottille
UJ: U-Boot-Jäger
UKW: Ultra-Kurzwelle
U.L.D.: U-Boot-Lehrdivision
Untertriebszellen: zwei Tauchzellen innerhalb des Druckkörpers, die dem Boot beim Entlüften zehn Tonnen Untertrieb geben und dadurch schnelles Tauchen ermöglichen. Die Untertriebszellen müssen aber bei 50 Meter wieder ausgeblasen werden, da sie bei größerer Tiefe nach innen platzen können
U-Raum: Unteroffiziersraum, auch Unteroffiziersmesse
UT: Unterwassertelefonie
U.T.O.: Torpedooffizier (zumeist Kommandant und I. Wachoffizier)
U.v.D.: Unteroffizier vom Dienst
U.W.O.: U-Boot-Wachoffizier
U.Z.O.: Überwasser-Zieloptik

Verdrängung: Die Größe eines Schiffes gemessen an der Masse des Seewassers (in Tonnen), die es verdrängt
Vierlings-Flak: Flugabwehrkanone 4 x 2 cm
Vorhalterechner: elektrisches Rechengerät, das nach Eingabe von Entfernung, Gegnerkurs, Gegnerfahrt, Eigenkurs und Eigenfahrt den Lauf der Torpedos errechnet
Vorreiber: Schließhebel

Wabos: Wasserbomben
wahrschauen: informieren, Bescheid geben
Werftgrandies: Marinejargon für Werftarbeiter
Whuling: Marinejargon für wildes Durcheinander
Wintergarten: Plattform hinter dem U-Boot-Turm
WO: Wachoffizier

zacken: Zickzackkurs eines Geleitzuges oder Wegzacken eines Schiffes
Zentrale: Raum unterhalb des Kommandoturmes, auch „Gehirn" eines U-Boots genannt
Zentralemaat: für die Zentrale eines U-Boots verantwortlicher technischer Unteroffizier
Zossen: abfällige Bemerkung für ein altes, heruntergekommenes Schiff
Zustand: Marinejargon für ein großes Durcheinander
Zweier-Fächer: gleichzeitiger Abschuss von zwei Torpedos
Zwillings-Flak: Flugzeugabwehrkanone 2 x 2 cm

Anlage 6: Quellen und Literatur

Ungedruckte Quellen:

- Kriegstagebuch von U 997 auf Mikrofilm-Rolle T 1022 (Rollen 3380 und 3764).
- Kriegstagebuch des Führers der Unterseeboote Norwegen bzw. Nordmeer auf Mikrofilm T 1022 (Rollen 4067, U 4068 und 4069).

Literatur

- Adrian, Kurt: Kapitänleutnant Max-Martin Teichert. Flechsig Verlag, Würzburg 2008.
- Bauer, Arthur O.: Funkpeilung als alliierte Waffe gegen deutsche U-Boote 1939 – 1945. Selbstverlag 1997.
- Blair, Clay: Der U-Boot-Krieg. Band 2: Die Gejagten von 1942 – 1945. Wilhelm Heyne Verlag, München 1999.
- Blond, Georges: Kurs Murmansk. Gerhard Stalling Verlag, Oldenburg und Hamburg, 1957.
- Brennecke, Jochen: Jäger – Gejagte – Deutsche U-Boote 1939 – 1945. Koehlers Verlagsgesellschaft, Herford 1989.
- Busch, Rainer/Röll, Hans-Joachim: Der U-Boot-Krieg 1939 – 1945.
  Band 1: Die deutschen U-Boot-Kommandanten 1939 – 1945.
  Mittler & Sohn, Hamburg 1996.
  Band 2: Der U-Boot-Bau auf deutschen Werften.
  Mittler & Sohn, Hamburg 1997.
  Band 3: Deutsche U-Boot-Erfolge 1939 – 1945.
  Mittler & Sohn, Hamburg 2001.
  Band 4: Deutsche U-Boot-Verluste 1939 – 1945.
  Mittler & Sohn, Hamburg 1999.
  Band 5: Die Ritterkreuzträger der U-Boot-Waffe.
  Mittler & Sohn, Hamburg 2003.
- Dönitz, Karl: Zehn Jahre und zwanzig Tage – Erinnerungen 1935 – 1945. Bernard & Graefe, Koblenz 1985.
- Franks, Norman: Search, Find and Kill. Coastal Command‘s U-boat Successes. Harvest Hill 1990.
- Göbeler, Hans mit Vanzo, John: Im Stahlmantel. Ullstein Taschenbuch Berlin 2009

- Golowko, Arseni Grigorjewitsch: Zwischen Spitzbergen und Tiksibucht. VEB Militärverlag, Berlin (Ost) 1986.
- Hadley, Michael: Der Mythos der deutschen U-Bootwaffe. Mittler & Sohn, Hamburg 2001.
- Herbschleb, Axel: Vom Schiffsjungen zum U-Boot-Kommandanten. Flechsig Verlag, Würzburg 2009.
- Högel, Georg: Embleme – Wappen – Malings deutscher U-Boote 1939 – 1945. Koehlers Verlagsgesellschaft, Hamburg 1996.
- Knudsen, Svein Aage: Deutsche U-Boote vor Norwegen 1940– 1945, Hamburg. Berlin Bonn, 2005.
- Kurowski, Franz: An alle Wölfe: Angriff! Deutsche U-Boot-Kommandanten im Einsatz 1939 – 1945. Friedberg 1986.
- Kurowski, Franz: Jäger der sieben Meere – Die berühmtesten U-Boot-Kommandanten des II. Weltkriegs. Flechsig Verlag, Würzburg 2006.
- Kurowski, Franz: U 48 – Das erfolgreichste U-Boot des II. Weltkrieges. Flechsig Verlag, Würzburg 2007.
- Kurowski, Franz: Korvettenkapitän Günther Prien – Der Stier von Scapa Flow. Flechsig Verlag, Würzburg 2008.
- Lloyd's War Losses. The second World War.
  Volume 1. London 1989.
  Volume 2. London 1991.
- Mallmann-Showell, Jak P.: Die U-Boot-Waffe, Kommandanten und Besatzungen. Motorbuch Verlag, Stuttgart 2001.
- Mallmann-Showell, Jak P.: Deutsche U-Boot-Stützpunkte und Bunkeranlagen. Motorbuch Verlag, Stuttgart 2002.
- Rohwer, Jürgen: Die deutschen U-Boot-Erfolge der Achsenmächte 1939 – 1945. Lehmanns Verlag, München 1968.
- Rohwer, Jürgen/Hümmelchen, Gerhard: Chronik des Seekrieges 1939 – 1945. Pawlak Verlagsgesellschaft, Herrsching 1968.
- Röll, Hans-Joachim/Besler, Michael: U 1223 „Das Rosenboot“. Flechsig Verlag, Würzburg 2009.
- Röll, Hans-Joachim/Besler, Michael: U 79 – Das Kriegstagebuch. Flechsig Verlag, Würzburg 2011.
- Röll, Hans-Joachim/Besler, Michael: U 380 „Das Kleeblattboot“. Flechsig Verlag, Würzburg 2010.
- Röll, Hans-Joachim: Kapitänleutnant Joachim Schepke. Flechsig Verlag, Würzburg 2009.
- Röll, Hans-Joachim: Kapitän zur See Werner Hartmann. Flechsig Verlag, Würzburg 2010.

- Röll, Hans-Joachim: U 156, Werner Hartenstein und die Versenkung der „Laconia“. Flechig Verlag, Würzburg 2010.
- Ruge, Friedrich: Der Seekrieg 1939 – 1945. K. F. Koehler Verlag, Stuttgart 1962.
- Scherzer, Veit: Ritterkreuzträger 1939 – 1945. Scherzers Militaire Verlag, Ranis/Jena 2005.
- Tarrant, V. E.: Das letzte Jahr der deutschen Kriegsmarine Mai 1944 – Mai 1945. Podzun-Pallas, Wölfersheim/Berstadt 1996.
- Vause, Jordan: Die Wölfe – Deutsche U-Boot-Kommandanten im II. Weltkrieg. Motorbuch Verlag, Stuttgart 1999.
- Wiggins, Melanie: Davongekommen – Schicksale deutscher U-Boot-Fahrer im II. Weltkrieg. Mittler & Sohn, Hamburg 2007.

Hans-Joachim Röll
Michael Besler

U 1223 – „Das Rosenboot“

Die Geschichte eines deutschen U-Bootes und seiner Besatzung von 1943-1945

319 Seiten, 245 Abbildungen,
Format 17 x 24 cm,
gebunden mit farbigem Überzug

ISBN 978-3-88189-777-8

€ 14,95 (D)/€ 15,40 (A)

Dieses Buch erzählt die Geschichte eines Unterseebootes und seiner Besatzung im Zweiten Weltkrieg. U 1223, das „Rosenboot“ genannt, gehört zu den wenig bekannten und in der Literatur kaum beachteten Unterseebooten.

Eingebettet in die allgemeinen Rahmenbedingungen der Kriegsjahre 1943 bis 1945 wird die Geschichte des Bootes geschildert: von seiner Indienststellung am 6. Oktober 1943, den ersten Ausbildungsfahrten in die Ostsee, über die Feindfahrt, die das Boot bis vor die kanadische Küste und in den Sankt-Lorenz-Strom führte, bis zur glücklichen Heimkehr des U-Bootes in die Heimat. Am 16. April 1945 außer Dienst gestellt, teilten die Heimkehrer von U 1223 somit nicht das Schicksal der etwa 30.000 U-Boot-Soldaten, die ihr Leben auf See ließen. Zahlreiche noch nicht veröffentlichte Fotografien, Augenzeugenberichte und Anekdoten von Besatzungsmitgliedern vermitteln ein eindrucksvolles Bild von der Wirklichkeit des harten U-Boot-Alltags. Komplettiert wird das Werk durch die vielen Lebensläufe von Offizieren und Mannschaften.
Hans-Joachim Röll, widmet sich in seiner Freizeit mit großer Begeisterung dem Hobby der Marinegeschichte des Zweiten Weltkrieges. Seit Jahren wertet er Unterlagen des U-Boot-Archivs Cuxhaven aus, und ist so in der Lage, fundierte und umfassende Zusammenstellungen über den U-Boot-Krieg zu verfassen. Im Verlagshaus Würzburg werden von ihm seit ca. 2007 Bücher veröffentlicht.

Hans-Joachim Röll

U 156 – Werner Hartenstein und die Versenkung der „Laconia"

Die größte Rettungsaktion von Schiffbrüchigen in der Seekriegsgeschichte

238 Seiten, 124 Abbildungen,
Format 17 x 24 cm,
gebunden mit farbigem Überzug

ISBN 978-3-8035-0018-2

€ 14,95 (D)/€ 15,40 (A)

Als U 156 unter dem Kommando von Korvettenkapitän Werner Hartenstein auf dem Höhepunkt des U-Boot-Krieges vor der Westküste Afrikas am 12. September 1942 zwei Torpedos auf den mit über 3.000 Menschen besetzten britischen Truppentransporter „Laconia" abfeuerte und das Schiff versenkte, ahnte noch niemand, was darauf folgen sollte. Nachdem auf U 156 festgestellt worden war, dass sich auf dem Schiff auch Frauen, Kinder und Kriegsgefangene befanden, leitete Werner Hartenstein unter dem Eindruck der sich entwickelnden Katastrophe eine Rettungsaktion ein, die in der Geschichte des Seekrieges beispiellos ist. Unterstützt von zwei weiteren deutschen und einem italienischen U-Boot, die von Admiral Dönitz zur Unglückstelle dirigiert worden waren, und unbeirrt durch den Angriff eines amerikanischen Bombers auf U 156 während der Rettungsaktion, der das U-Boot schwer beschädigte, konnten ungefähr ein Drittel aller Schiffbrüchigen der „Laconia" gerettet und an französische Kriegsschiffe, die von Dakar ausgelaufen waren, übergeben werden.

Dieses Buch beschreibt die dramatischen Ereignisse der Versenkung der „Laconia" und der darauf folgenden größten Rettungsaktion der Seekriegsgeschichte. Gleichzeitig ist es die Biografie des U-Boot-Kommandanten und Ritterkreuzträgers Werner Hartenstein, der nicht nur bei dieser Rettungsaktion, der die ARD eine der größten Fernsehproduktionen der Nachkriegszeit widmet, zutiefst menschliche Züge offenbarte, als er für die Rettung von Schiffbrüchigen die Sicherheit seines eigenen Bootes, die seiner Besetzung und sein eigenes Leben aufs Spiel setzte.

Hans-Joachim Röll
Michael Besler

U 380 – „Das Kleeblattboot“

Mit Röther und Brandi auf Feindfahrt im Atlantik und Mittelmeer

394 Seiten, 341 Abbildungen,
Format 17 x 24 cm,
gebunden mit farbigem Überzug

ISBN 978-3-8035-0020-5

€ 19,95 (D)/€ 20,60 (A)

Dies ist die Geschichte von U 380, eines weniger bekannten und in der Marineliteratur des Zweiten Weltkrieges kaum beachteten deutschen Unterseeboots vom Typ VII-C, und seiner Besatzung. Von Kapitänleutnant Josef Röther am 22. Dezember 1941 als „Kleeblattboot“ in Dienst gestellt, führte der Träger des „Deutschen Kreuzes in Gold“ U 380 auf neun Feindfahrten im Nordatlantik und im Mittelmeer. Als Josef Röther aus gesundheitlichen Gründen sein Kommando abgeben musste, übernahm der spätere Träger des „Ritterkreuzes mit Eichenlaub, Schwertern und Brillanten“ Albrecht Brandi das Boot und führte es auf seiner zehnten Unternehmung im Mittelmeer bis zur Zerstörung des Bootes bei einem alliierten Bombenangriff auf den Hafen von Toulon am 11. März 1944. Beiden Kommandanten war es durch geschicktes operatives Denken und seemännisches Können gelungen, U 380 immer wieder zum Heimatstützpunkt zurückzubringen.
Dieses Buch überzeugt nicht nur durch die nahezu lückenlose Recherche der historischen Daten und Fakten, sondern bietet auch von Anfang bis Ende Spannung und Dramatik. Es schildert Leben, Kampf und Sterben deutscher U-Boot-Fahrer und damit ein Stück Seekriegsgeschichte, die nicht vergessen werden darf.
Über 340 in vielen Fällen bisher noch unveröffentlichte Fotografien, Karten und Lageskizzen sowie Berichte und Lebensläufe der Offiziere und Mannschaftsdienstgrade von U 380, vermitteln ein eindrucksvolles Bild von der Wirklichkeit des harten U-Boot-Alltags.

Axel Herbschleb

Vom Schiffsjungen zum U-Boot-Kommandanten

Kapitänleutnant Karl-Heinz Herbschleb – Eine Biografie in Wort und Bild

432 Seiten, 600 Abbildungen,
Format 24 x 30 cm,
gebunden mit farbigem Schutzumschlag

ISBN 978-3-88189-778-5

€ 39,95 (D)/€ 41,10 (A)

Karl-Heinz Herbschleb, am 19. Oktober 1910 in Eisenach geboren, zog es, von einer ungeheuren Sehnsucht getrieben, nach seiner Schulzeit direkt zur Seefahrt.
Als 17-Jähriger beginnt seine Ausbildung in der Handelsmarine, die ihn über die Segelschulschiffe „Großherzogin Elisabeth“ und „Bremen“, den Turbinenschnelldampfer „Europa“ und den Fracht- und Passagierdampfer „Alster“ vom Schiffsjungen bis zum Steuermann, um die ganze Welt geführt haben. Am 5. April 1935 in die Kriegsmarine eingetreten, begann für Karl-Heinz Herbschleb die Ausbildung eines Offiziers zur See der Reichsmarine. Er gehörte zur Crew 34. Neben theoretischen Lehrgängen und Schulungen an den verschiedenen Marineschulen, beinhaltete die Ausbildung auch viele praktische Verwendungen die Karl-Heinz Herbschleb von der „Schleswig-Holstein“, über den Kreuzer „Nürnberg“ die 1. Schnellbootflottille bis hin zur U-Boot-Waffe führten. Nach seinem ersten Kommando als Kommandant von U 21 und Kommandanten-Schüler auf U 85, stellte er am 22. April 1942 sein geliebtes U 354 in Flensburg in Dienst. Mit diesem Boot unternahm er als Kommandant sieben Feindfahrten ins Eismeer, die ihn mit seinem Boot bis zum Polarkreis führten.
Auf über 400 Seiten und mit über 600 Bildern, schildert der Autor und älteste Sohn von Karl-Heinz Herbschleb, Axel Herbschleb, das faszinierende Leben seines Vaters von seiner Zeit als Schiffsjunge in der Handelsmarine bis zum Ende des Krieges als Chef der 7. Kompanie an der Marineschule Flensburg-Mürvik. Die privaten Lebensumstände seiner Familie im Krieg, der Wiedereinstieg ins zivile Leben und der Aufstieg von Karl-Heinz Herbschleb in der Nachkriegszeit vom Künstler zum Direktor einer Werbefirma, sind ein Zeugnis von besonderer Brisanz.